本书由安徽大学创新发展战略研究院、合肥区域经济与
城市发展研究院、合肥市人民政府政策研究室资助出版

U0671497

QUYU JINGJI YU
CHENGSHI FAZHAN YANJIU BAOGAO
2019-2020

REUD智库丛书 ▮REUD

区域经济与城市发展研究报告

2019~2020

——服务地方的路径与
策略研究

胡 艳 黄传霞 主编

经济管理出版社
ECONOMY & MANAGEMENT PUBLISHING HOUSE

图书在版编目（CIP）数据

区域经济与城市发展研究报告（2019~2020）——服务地方的路径与策略研究/胡艳，黄传霞主编.
—北京：经济管理出版社，2021.5
ISBN 978-7-5096-8033-9

Ⅰ.①区…　Ⅱ.①胡…②黄…　Ⅲ.①区域经济发展—研究报告—合肥—2019-2020②城市建设—研究报告—合肥—2019-2020　Ⅳ.①F127.541②F299.275.41

中国版本图书馆 CIP 数据核字（2021）第 108187 号

组稿编辑：张巧梅
责任编辑：张巧梅
责任印制：黄章平
责任校对：王淑卿

出版发行：经济管理出版社
　　　　　（北京市海淀区北蜂窝 8 号中雅大厦 A 座 11 层　100038）
网　　址：www.E-mp.com.cn
电　　话：（010）51915602
印　　刷：唐山昊达印刷有限公司
经　　销：新华书店
开　　本：787mm×1092mm/16
印　　张：16
字　　数：379 千字
版　　次：2021 年 7 月第 1 版　　2021 年 7 月第 1 次印刷
书　　号：ISBN 978-7-5096-8033-9
定　　价：98.00 元

序 言

由安徽大学胡艳教授和合肥市政研室黄传霞主任主编的《区域经济与城市发展研究报告（2019～2020）》即将付梓，该报告是安徽大学创新发展战略研究院、合肥区域经济与城市发展研究院、合肥市政府政策研究室共同组织撰写的聚焦合肥城市发展的年度丛书，该书由3篇重大课题研究报告、5篇重点课题研究报告、2篇储备性课题、7篇政策解读专题报告组成，涉及合肥市经济、社会、文化、产业、创新等诸多领域，详细记录了合肥市的产业创新成就，深入剖析了合肥市的经济民生短板，精准研判了一体化和都市圈的融合趋势，坦言提出了提升城市能级的有效举措，是一部了解合肥、研究合肥、回顾合肥、展望合肥的力作，分析鞭辟入里，内容力透纸背。我作为安徽大学创新发展战略研究院专家委员会的专家，特向广大读者隆重推荐本书。

回顾刚刚过去的"十三五"时期的合肥经济发展，开局就是决战，起步就是冲刺，既有始料未及的惊险，又有超出预期的喜悦。2020年合肥地区生产总值首破万亿元大关，经济总量跃上一个新台阶；战略性新兴产业发展迅猛，创新能力显著提升；合肥都市圈扩容升级，深度融入长三角一体化；城乡面貌飞速变化，民生福祉全面增强，为"十四五"时期全市开好局、起好步、谋好篇，务实笃行，行稳致远奠定了坚实基础。然而，我们也必须认识到，面对"十四五"时期，全市科技创新综合实力有待增强、都市圈引领能力亟须提升、现代服务业竞争优势尚不明显，这些均是实现高质量发展不容忽视的问题。

本书从以下几方面给出了解答：一是加大力度打造具有国际影响力的创新高地。以合肥综合性国家科学中心建设为抓手，推动合肥制造业智能升级和城市智慧化发展，通过培育高技术服务业和专业孵化器塑造创新氛围，将科技创新融入城市发展的每一个"毛细血管"。二是全面融入长三角一体化，在协同创新、交通建设等重点领域率先实现融合发展。做强做优合肥都市圈，深化与长三角其他地区的协调联动，跻身长三角第一阵营，共建长三角世界级城市群。三是加速服务业高质量发展，通过强化城市文化品牌建设、完善金融监管体系、创新夜间经济发展模式、构建房地产调控机制，推动生产性服务业向专业化和价值链高端延伸、生活性服务业向高品质和多样化升级。四是抓住数字经济机遇，推动原始创新。总之，新征程的目标已然敲定，合肥建设将有怎样的新作为，我们拭目以待！

展望"十四五"时期，合肥市仍然处于重要的战略机遇期，"机会良多、竞争激烈、逆水行舟、不进则退"的基本判断没有改变，但机遇和挑战也发生了新的变化。"天时人事日相催，冬至阳生春又来"，合肥市应准确识变、科学应变、主动求变，趋利避害、奋勇前进，持续提升创新策源力、产业竞争力、城市承载力、人才吸引力和辐射带动力。

祝合肥以优异成绩迎接中国共产党成立 100 周年。

是为序。

全国经济地理学会会长

中国人民大学应用经济学院教授

2021 年 6 月 6 日于北京

目　录

第四篇　政策解读专题报告

第一篇

重大课题研究报告

▶ 长三角一体化战略下的合肥都市圈建设研究
▶ 合肥综合性国家科学中心建设研究
▶ 以城乡一体化发展促进合肥乡村振兴研究

长三角一体化战略下的合肥都市圈建设研究

合肥区域经济与城市发展研究院课题组

第一章　理论基础

2019年2月19日，国务院发展和改革委员会出台了《关于培育发展现代化都市圈的指导意见》（以下简称《意见》），提出都市圈是城市群内部以超大特大城市或辐射带动功能强的大城市为中心、以一小时通勤圈为基本范围的城镇化空间形态。都市圈是城市群的发展核心，是一体化的空间骨架。建设现代化都市圈是推进新型城镇化的重要手段，既有利于优化人口和经济的空间结构，又有利于激活有效投资和潜在消费需求，增强内生发展动力。它的直接目的是以区域内一体化发展为目标，以体制机制为抓手，实现都市圈内不同行政区域之间多元主体的互动良性发展，以及不同都市圈行政区域内经济、社会、生态、空间的联动，由此实现区域的高质量提升。

一、都市圈演变机制

（一）工业化推进城市化

工业化促进了人口、资本和技术等各种生产要素在城市的高度集中，由此带来城市产业规模、人口规模和用地规模的不断扩张。城市化是指居住在市、镇地区的人口占总人口比例的增长过程，其本质应该理解为城市地域空间结构、城市经济结构的转换和重组过程，以及城市要素和城市经济关系的创造和扩散过程，即以非农业生产劳动为立体形式的价值创造过程和生活方式的创造和扩散过程。工业化是一个工业不断发展、产业结构以及就业结构不断变化的过程，是推动城市化的根本动力。

在工业化进程中，由于规模经济的存在，企业生产规模扩大，将诱导有条件的企业追求规模经济效益而扩大生产，这无疑将会带来产业工人、生产设备和土地利用以及产值的增加，从而必然造成城市规模的扩张。由于聚集经济的存在，会诱导逐利的各类企业在某一地理空间集中，形成企业集群或产业集群，这样不自觉地扩大了城市规模、提高了城市效益。随着工业化进程的推进，人均收入水平提高，第一产业在总产值和劳动力就业构成中的份额会显著下降，第二产业和第三产业的产值份额和就业构成份额都会增加，生产结构的这种基本变化引起资本和劳动从农村向城市转移，城市化由此发生。一般来说，在地区工业化初期，由于绝大部分劳动者集中于农业部门，工业部门相对较弱；在工业化迅速发展过程中，人口向工业部门集聚，城市化水平推进；在地区工业化高度发达后期，由于第三产业职工大幅度增加，城镇人口比重又明显上升。随着工业化国家的产业结构调整，第三产业开始崛起，并逐步取代工业而成为城市产业的主角，生产性服务业的需求增加与消费性服务的需求增加促进了城市第三产业的蓬勃发展，城市化的动力从此传到了第三产业身上，并带来了就业机会与人口的增加，大大加速城市化进程。

（二）城市化向都市化迈进

都市化的形成离不开城市化这一前提，已经城市化的地区内才具有都市化的可能。都市化是不断完善城市自身基础设施建设及城市功能、提升城市发展水平与质量、满足日益提升的城市居民需求的过程，是城市化地区的内部再升级，是在城市化量的基础上的提质过程。城市建设用地如"摊大饼"般延伸，将农业用地及其他非城市建设用地转为城市建设用地，越来越多的农村人口转为城镇人口且集中于城市中心地区，影响了城市不同地域的土地价值、发展需要并促成小区域内的劳动地域分工，也就使得中心城区土地集约化水平以及基础设施建设水平不断提高，在城市化地域中形成了不同于城市边缘都市化进程。因此，它是城市化的升级版本与当代形态。

都市化与城市化的共同之处是人口等各类要素、资源从自然向社会、从农业地区向城市空间的流动与聚集。其不同之处主要表现在流动与聚集的规模、流动的方向与聚集的空间上。第一，人口的流动与聚集规模有着重大差别。以世界城市人口在近两个世纪中的增长为例，在城市化起步的 19 世纪初期，世界城市人口十分有限，并且增长缓慢。1800年，世界城市人口比例为 1%，100 年后则为 13.6%，但与 20 世纪的增长数字仍有天壤之别。1998 年，世界城市人口迅速上升到 47%，比 19 世纪提高了 33.4 个百分点。2014 年世界城市人口达到 54%，预计 2050 年将达到 66%。由此可知，都市化进程对人类空间聚集规模与方式的巨大影响。第二，流动方向与聚集空间有着本质不同。都市化意味着人口、资金、信息等社会资源向少数国际化大都市、国家首位城市或区域中心城市的高速流动与大规模聚集，这不仅在时间上表现为节奏越来越快，在空间上也呈现出以大城市为中心的新特点。第三，城市化注重规模，都市化注重程度和质量。城市化强调范围与数量的变化，即城市新纳入了多少非城市因素的过程，其最终结果是城市数量的增多与范围的扩大；都市化强调程度与质量的变化，即在已有城市范围内更新换代与提升水平的过程。我国新型城镇化的具体要求，就是要更加注重城市化质量的提升，其实在很大程度上与都市化水平提升的需求相对应。第四，城市化具有限度，都市化可以持续提升。由于空间与人口总量的有限性，城市化有极限值而都市化可以是无限的城市逐渐更新、完善，以提供更优质的服务与更强大的城市功能的过程。

都市化进程最重要的推动力可以称之为后现代工业，如信息技术、生物技术、高科技产业、文化产业、创意产业等。在这个进程中，政治、经济、社会与文化问题越来越紧密地结合在一起，且区域发展越来越多元化。要素向地区中心城市的高度集中，促进中心大城市的飞速发展，继而发挥涓滴效应，实现区域高质量发展。

（三）都市化向都市圈拓展

都市圈的形成往往需要一个或几个经济实力较强的、对都市圈的形成和发展起重要作用的中心城市带动。中心城市经济实力强大、市场范围广阔、服务功能齐全、信息交流频繁、辐射影响深远，容易发挥增长极的作用，带动都市圈中其他城市的经济，共同促进都市圈的经济发展。此外，还需要完善的城市等级体系和城市间密切联系。在都市化的加速期，由于中心城市的极化作用，各种要素资源向城市集中，城市之间联合发展的趋势不断增强，在地域空间范围内形成城市功能区域相连的复合体，以打破特殊时期造成的行政区模式，形成一体化局面。

市场机制是都市圈发展演化的根本动力。都市圈是一种超越行政区经济的模式，市场机制在其中发挥着基础性作用。要素集聚与扩散是都市圈发展演化的表现形式。生产要素的集聚和扩散塑造了都市圈内部的经济联系形态，选择和培育了都市圈的中心城市，推动各城市之间的原始功能定位，进而在城际经济增长过程中推动了都市圈的形成。都市圈的形成发展使得城市间不再是独立发展，而是逐渐形成群体竞合之势，逐步走向区域经济一体化。中心城市作为人口、资金、技术、文化高度集聚的场所，成为创新的发源地。无论是经济条件、人口素质、技术水平，还是社会文化环境，中心城市都与周围城市存在着"位势差"，这些都促使中心城市的某些功能如居住功能和制造业功能向周边城市的梯度性扩散。在中心城市的扩散作用下，周边城市的经济得以发展、技术水平得以提高、各种基础设施建设得以加强。实体网络和无形网络是都市圈发展演化的基本载体。实体网络包括基础设施网络、产业网络、市场网络、职能组织网络等，无形网络包括各个城市政府的各种制度以及社会文化构成的网络。

（四）都市圈发展阶段

都市圈同城化阶段。所谓"同城化"，就是在城市化发展到一定阶段，都市圈中的相邻城市实现资源和要素的合理配置，使要素的流动不受城市空间距离和行政边界的约束，在较短时间内（通常为一小时通勤时间）实现城市之间的通达，并实现城市间公共服务和基础设施水平的均等化。同城化不是"同一化"，也不是简单的规模扩张，而是中心城市与成员城市联动发展所形成的空间形态，有利于辐射力、扩散力与竞争力越来越强的板块经济发展。

都市圈一体化阶段。在这个阶段，首先是集聚效应占主导。中心城市在发展的初始时期，集聚是形成其自身实力的必由之路。而且，也适应了生产性服务业和新兴产业具有集聚特征的需要。其次是"溢出效应"。中心城市发展到一定程度，需要寻求更大的发展空间，于是资本、技术等要素会向周边地区流动，呈现梯度扩散，促进周边地区的发展。周边城市也希望得到它的辐射，促进产业升级，实现城市高质量发展。由此，中心城市产生溢出效应，一如上海边上的苏州，深圳边上的东莞，在很大程度上就是在上海、深圳的溢出下发展起来的。最后是"波及效应"：中心城市和周边的城市（镇）形成了相对均衡的发展态势，地区之间实现联动发展，一体化程度不断拓深，区域资源要素得到整合，市场机制促进要素向发挥最大效用的地区流动。产业差异化发展，分工明确，提升区域比较优势，实现互补性竞合发展；公共服务、基础设施等互联互通推动都市圈整体性发展；生态补偿与共保机制促进城市之间可持续绿色发展；空间融合，行政壁垒逐渐破除，区域差距问题逐渐改善，联动性增强。

都市圈国际化阶段。在都市圈一体化基础之上，中心城市能级得到提升，都市圈整体实力迅速增强，整体性竞争优势凸显，对外开放度不断扩大，跨国公司、国际技术和人才大量涌入，在一定程度上实现全球资源配置，国际化水平和影响力大大提高，成为参与全球竞争的重要力量。

二、都市圈：城市群发展的极核

都市圈是以某个大城市为中心，以经济、社会联系为纽带，以发达的交通通道为依托，以时间距离为标尺来划分的大城市及其毗邻区域。城市群一般具有很大的空间尺度，往往由规模和功能不同但空间连绵的都市圈构成。城市群并不能单纯视为城镇体系自然发育的结果，而是带有一定的区域发展战略意图，其内部各城镇空间联系强度较弱，中心城市难以辐射整个城市群。与城市群相比，都市圈是突破城市行政边界、促进生产要素跨区域优化配置、密切城市联系的更小空间尺度。都市圈是城市群的核心，在区域协调发展与城市群建设中，都市圈特别是大都市圈发挥着关键作用，是我国新型城镇化格局中承上启下的关键一环，"大城市—都市圈—城市群"的三个空间尺度紧密相连。

（一）都市圈是完善我国空间发展战略的选择

《意见》提出了我国建设现代化都市圈的定义、目标与路径。自此，我国构建了包括城市、都市圈、城市群在内的多层级的发展框架，城镇体系发展的逻辑基本理顺、格局近于完整。从党的十八大到党的十九大，党中央、国务院对中国的新型城镇化进程做出过各种各样的战略部署和思考，从城市群到国家中心城市，到大中小城市的区域协同发展，到特色小城镇，再到乡村振兴。但无论是从空间尺度出发，还是从区域格局出发，其中一直缺少一个环节，即都市圈。《意见》的出台补全了不同尺度空间发展战略。

（二）都市圈是城市到城市群的衔接点

与单个城市相比，都市圈的作用在于实现城市跨区域合作，从而形成发展的整体空间。中国作为一个广域人口大国，城镇化仍处于人口向发达地区、向大都会地区高速集聚的过程中。城市间的交通一体化水平不高、分工协作不够、低水平同质化竞争严重、协同发展机制不健全等问题都是城市发展进程中遗留下来的隐患。解决这些问题就要促进中心城市与周边城市，乃至城镇与乡村同城化的协调发展。与城市群相比，都市圈的作用在于从更小的空间尺度深化城乡之间、城市之间的联系，进而推进联通发展。

对于当前的城市群建设而言，都市圈是一个重要的空间单元，通过放大城市群中心城市的辐射能力和与周边城市的各方面联系，形成城市群发展的一个"强核"，改善城市体系结构，提高城市群建设和区域政策的有效性。尽管城市作为当前以及未来人类活动的主要集中地，承载了大量的经济社会资源，然而在有限的自然资源约束下，城市资源环境承载力存在阈值，使得大城市发展将突破自身行政边界，促使大城市与周边小城市形成统一的劳动力市场、产品市场，实现大城市与周边地区的融合发展。都市圈既有利于优化城镇化进程，优化人口和经济的空间格局，又有利于增强内生发展动力。通过都市圈建设，将中心城市的非核心功能疏解到周边的中小城市和小城镇，有利于缓解大城市病，同时有效解决中小城市人口外流导致的城市收缩问题。而从世界范围内的城市发展规律来看，以都市圈建设来实现集约高效、分工合理的跨区域协调发展，也是发达国家主要城市发展的普遍做法。

三、都市圈：区域协调发展抓手

发展都市圈是重塑城市区域格局的重要手段。一方面，都市圈会促进城乡融合发展，另一方面，又会促进宏观的区域联动发展，是区域协调发展的重要抓手。从城市和区域发展的角度看，发展都市圈是顺应人口、产业等相关要素向大都市区聚集的趋势，顺应城乡协调发展趋势，在实现人口、产业高度集聚、城乡协调发展的同时，又能预防和治理大都市核心区由于过度聚集带来的大城市病。

（一）都市圈是城乡融合发展的地域空间

都市圈是一个日常生活意义上的城乡一体化、劳动力等要素和产品的统一市场。有利于乡村实现与城市的市场、基础设施和公共服务互联互通，有效整合整个城市的资源和市场，形成发展优势，实现乡村发展目标；有利于乡村实现与城市的生产链、供应链和价值链互联互通，有效分享和利用其辐射带动作用；有利于乡村居民更好地分享城市的就业创业机会、个人消费服务和公共服务，有效满足居民高质量、多样化的需要；有利于增强乡村居民在城乡之间选择工作、居住、游憩、通勤的自由度；有利于乡村引进城市观念、技能和人才，增强乡村社会的包容性和多样性。在都市圈中，乡村能够最大限度地接近和抓住发展机会，分享城镇集聚经济红利，降低对外交流成本，彰显自身特色。

（二）都市圈是区域联动发展的关键节点

都市圈实现过程的实质是深化改革、创新体制机制。中国强行政管控的运行逻辑使得行政边界效应明显，即界内界外两家事。发展都市圈虽无法彻底消除这种行政区经济的运行逻辑，但在建构了更高层次的协调机制后，这种行政边界效应将有可能得到整体弱化和部分消除。从这个意义上来说，发展都市圈是建立更加有效的区域协调发展新机制的突破口。通过建立健全都市圈地区的区域合作机制、区域互助机制、区际利益补偿机制等，找到可行路径和有效办法，进而成为区域协调发展的突破口，成为中国深化改革的重点领域。

中国东、中、西、东北"四大板块"区域发展战略是在大空间尺度上统筹地区发展、破除行政壁垒的有效尝试。但由于涉及范围较大，区域内不同地区的地理条件与发展水平差异较大，且联系不够紧密，利益诉求不一致，在较大的空间范围内的区域发展政策的有效性仍有待提高，当前更需要进一步做好小尺度、跨区域、更加精准的区域协调发展规划。进入 21 世纪以来，跨越行政边界的各类国家级城市群规划相继推出，城市群成为推进城镇化的主体形态。但是我们也要看到，部分城市群规划的面积仍然过于庞大，城市之间协调成本高昂，城市群规划存在"拉郎配"的现象，地区间联系仍然不够紧密，这需要我们继续探索在更小空间尺度、有更好合作基础、有更多合作诉求的空间地域来推进区域协调发展，更好地实行因地制宜、分类指导的区域政策。都市圈就是这样的合适空间单元，它是区域协调发展的关键抓手，也是城市群重要的空间支撑。

合肥都市圈建设是安徽在长三角一体化与长江经济带中的责任担当。合肥都市圈是安徽省重要的增长极，在长三角一体化战略下，突出合肥都市圈的战略地位，实现长三角和都市圈的协同发展，是安徽高质量发展与深层次推动长三角一体化的着力点。合肥都市圈在长江中下游城市群的交接处，又由于其中四角成员城市的历史背景，可作为关键节点实现长三角城市群与中游城市群的辐射带动作用，连贯东中西三大板块。长江经济带三大城市群经济发展不协调，区域发展不平衡现象严重，长三角一体化上升为国家战略就是为了发挥长三角的龙头带动作用，带动长江经济带三大城市群的联动发展，推进长江经济带高质量发展、区域协调发展，其在都市圈中的节点作用不可忽视。

四、都市圈：区域一体化空间骨架

都市圈是我国新型城镇化进程中无法跨越的阶段，也是新型城镇化格局中承上启下的关键一环。中国区域协调发展与城市群建设、区域一体化也要求以大都市圈为核心，打造都市圈这一"强核"，进一步发挥好中心城市的龙头带动作用。由区域一体化与都市圈的内涵可知，都市圈的形成过程也就是区域一体化过程，在我国发展区域一体化过程中，大都市圈将成为推动区域一体化发展的支撑骨架。都市圈同城化的推进过程也就是一体化的实现过程。

长三角一体化是中国经济从高速度转向高质量的主要引擎。当其从高速度向高质量转变之时，中国经济既面临增长下行压力加大的风险，也面临转型升级步履蹒跚的问题，急需一些转型初步成功、经济增长势头良好的区域中心发挥外溢效应，带动更大范围的周边地区增长和转型。环视中国东部区域，尽管京津冀、粤港澳也具有带动周边城市群、都市圈增长的潜力，但是由于受到京津冀内部市场化水平不高，粤港澳外部不确定性因素增加的影响，长三角一体化是肩负这一重任的不二主体。习近平总书记提出长三角一体化上升为国家战略，不仅仅是破除市场壁垒，利用规模效应促进经济发展，更重要的是盘活三省一市等资源要素，加快把长三角建设成为科技创新示范区、经济发展新引擎。一方面发挥增长极作用，扩大辐射半径，带动中国经济联动发展，改变不协调的空间经济格局；另一方面又借助区域资源，夯实支撑基础，建设世界第六大城市群，增强国际竞争力。长三角城市群通过都市圈建设，建立世界级资源配置平台和创新平台，可以充分整合区域内外、国内外的资源，加速提升经济发展的速度与质量，加快推进区域一体化进程。所以，都市圈建设对于"长三角"区域一体化具有十分巨大的战略价值。

与东京都市圈和纽约都市圈相比，长三角缺乏高质量的不同等级都市圈，长三角区域统筹规划布局的能力无法得到很好的释放，往往导致城市战略目标不清晰，产业结构雷同的现象也比较明显。此外，长三角35.9万平方千米，常住人口2.2亿，经济总量超过21万亿元，在长三角如此巨大的体量范围内，一步实现区域一体化是非常困难的。因此，从当前的发展看，长三角需要都市圈崛起。

2019年9月，蚌埠加入合肥都市圈，这不仅是都市圈的规模扩容，更重要的是提升都市圈的功能定位，提升合肥都市圈能级，发挥都市圈对整体经济的拉动作用。《长江三角洲城市群发展规划》提出了长三角"一核五圈"的构想，即上海是长三角城市群的核心城市，另有南京都市圈、杭州都市圈、宁波都市圈、苏锡常都市圈和合肥都市圈。旨在以都市圈作为区域一体化的空间骨架，构建区域一体化的空间发展形态。

区域一体化不是立即实现区域内的空间发展完全均等化，而是以区域内现有大城市尤其是特大城市为中心，形成城市群，在城市群内率先实现城乡制度上的公平化、产业分工上的互补化、公共产品享受上的平等化。这就首先要形成以大都市圈为核心的经济增长极，核心城市是极点。城市群或大都市圈作为区域内的经济增长极一旦形成，则可通过其溢出效应对周边产生影响与辐射。因此，都市圈的形成是区域一体化的重要路径。

第二章　长三角城市群内都市圈发展现状分析

一、长三角一体化战略下五大都市圈发展历程

（一）长江三角洲城市群的演变与发展

长江三角洲城市群（以下简称长三角城市群）的历史最早可以追溯到1982年国务院提出建立的上海经济区，主要包括上海、苏州、无锡、常州、南通、杭州、嘉兴、湖州、宁波、绍兴10个城市。这是第一次以"经济区域"的概念提出长三角地区。此后，长三角城市群的区域范围经地方层面的会议协调和国家层面的规划慢慢演变形成。2016年，国家发展改革委和住房城乡建设部联合发布了《长江三角洲城市群发展规划（2016－2020）》（以下简称《规划》）。《规划》中以上海、江苏9市、浙江8市和安徽8市共26个城市为规划区域（见表2－1）。

表2－1　长三角城市群规划范围详情（3省26市）

省（市）	直辖市、副省级城市、地级市
上海	上海

省（市）	直辖市、副省级城市、地级市
江苏	南京、无锡、常州、苏州、南通、盐城、扬州、镇江、泰州
浙江	杭州、宁波、嘉兴、湖州、绍兴、金华、舟山、台州
安徽	合肥、芜湖、马鞍山、铜陵、安庆、滁州、池州、宣城

《规划》同时提出构建"一核五圈四带"的网络化空间格局，发挥区域内南京都市圈、杭州都市圈、合肥都市圈、苏锡常都市圈、宁波都市圈五大都市圈的同城化发展，强化沿海发展带、沿江发展带、沪宁合杭甬发展带、沪杭金发展带的聚合发展。

国家"十三五"规划、《国家新型城镇化规划（2014 – 2020 年）》和 2019 年 2 月国家发改委发布的《关于培育发展现代化都市圈的指导意见》，都明确以城市群作为推进城镇化的主体形态，而都市圈则是我国城镇化总体格局中承上启下的关键环节。发展都市圈是促进经济高质量发展的强大引擎，是推动大中小城镇协调发展的突破口，是推动区域协调发展的有力支撑，是实现乡村振兴目标的重要途径。

（二）五大都市圈的形成及主要特征

——南京都市圈。南京都市圈是以南京为中心城市的经济区域，位于长江中下游沿江城市地带核心地区，地跨苏皖两省，包括江苏省的南京市、扬州市、镇江市、淮安市以及安徽省的马鞍山市、滁州市、芜湖市和宣城市。作为长三角城市群五大都市圈之一的南京都市圈区位优势明显，连南接北、承东启西，拥有丰富的城市类型，不仅是长三角带动中西部地区发展的重要传导区域，还在国家长江经济带发展战略中具有重要地位。

南京都市圈的发展历史最早可以追溯到 1986 年召开的"南京区域经济协调会"，这次会议为日后南京都市圈的规划发展奠定了基础。2000 年 7 月，江苏城市工作会议上提出了要打造以省会城市南京为中心的经济联合体——"南京都市圈"。次年 3 月，在江苏省计委的召集下，江苏省的南京、镇江、扬州和安徽省的芜湖、马鞍山、滁州 6 个城市计委负责人首次围绕"南京都市圈"的建立以及后续发展问题展开了讨论。6 个城市达成了"以南京为中心，范围锁定在其周边 100 千米，即 1 小时车程以内，其他城市为中间传导"的共识。这也是南京都市圈又被称为"一小时都市圈"的由来。这是我国首次尝试，也是当时我国唯一跨省的都市圈。2003 年 1 月，《南京都市圈规划（2002 – 2020）》获江苏省政府批准发布。南京都市圈成立以后，成果显著。至 2006 年底，南京都市圈经济联合体经济总量高达 7300 亿元，一跃成为我国重要的区域经济平台之一。2007 年 4 月，南京都市圈成员城市市长们在南京都市圈市长论坛上签署了《南京都市圈共同发展行动纲领》，明确都市圈发展目标是区域经济联合体，确定了在交通、物流、金融、市场、产业、公共服务等九个方面的合作重点。此后，南京都市圈内成员城市不断扩大合作范围，深化合作程度，切实发挥了南京都市圈的作用。2013 年 8 月，"南京都市圈第一届党政领导联席会议暨南京都市圈城市发展联盟成立大会"于南京召开，来自苏皖八市的党政一把手均出席，会上宣城正式成为南京都市圈新成员。2015 年 3 月，南京市委办公厅和南京市政府办公厅联合下发《健全南京都市圈协同发展机制改革实施方案》。2016 年 6 月，国家发改委和住房城乡建设部发布了《长江三角洲城市群发展规划（2016－2020）》，明确提出要提升南京中心城市功能，加快建设南京江北新区，加快产业和人口集聚，辐射带动淮安等市发展，促进与合肥都市圈融合发展，打造成为区域性创新创业高地和金融商务服务集聚区。2018年12月，南京都市圈党政联席会议审议通过《南京都市圈一体化高质量发展行动计划》，并决定启动《南京都市圈发展规划》编制工作。

——杭州都市圈。杭州都市圈位于中国东南部、长江三角洲经济圈的南翼，东邻国际大都市上海，北接经济发达的苏南地区，是长三角城市群的重要组成部分。杭州都市圈是以杭州市区为极核，湖州、嘉兴、绍兴、衢州、黄山为副中心，杭州市域四县（市）及与杭州相邻的德清、安吉、海宁、桐乡、柯桥、诸暨为紧密层，联动湖州、嘉兴、绍兴、衢州、黄山市域的长江三角洲的"金南翼"，是长三角城市群五大都市圈之一，面积约占长三角城市群的1/3。目前，杭州都市圈正努力建设成为世界第六大城市群——长三角城市群的重要板块、亚太国际门户长三角地区的有机组成部分、全国科学发展和谐发展先行区和浙江创业创新核心区。

2007年，杭州都市圈第一次市长联席会议召开，杭州、湖州、嘉兴和绍兴四城所在的土地从此有了共同的名字——杭州都市圈，标志着杭州都市圈启动建设，杭州都市圈进入1.0时代。2008年，杭州都市经济圈发展规划编制完成，到2010年，浙江省政府批复《杭州都市经济圈发展规划》。该规划提出要明确杭州都市经济圈的功能定位、战略目标与空间布局；提出区域内产业发展、基础设施建设、生态环境保护、市场体系建设、社会发展的指导性意见；构建资源整合、优化配置、共建共享、统筹协调的体制机制，推进杭湖嘉绍四市一体化发展。2012年杭州都市圈蓝皮书发布，对未来发展进行更细致的谋划。2014年，国家发改委批复杭州都市圈经济转型升级的综合改革试点。试点以经济转型升级为主线，以资源要素市场化配置改革为突破口，以激发市场主体活力、提升创新驱动能力、增强城市化发展潜力为关键，着力在重要领域和关键环节改革上取得实质性突破，在杭州都市经济圈率先建成充满活力、富有效率、更加开放、有利于科学发展的体制机制。2016年，国家《长江三角洲城市群发展规划》明确提出构建"一核五圈四带"的网络化空间格局，杭州都市圈被列为"五圈"之一。规划中指出杭州都市圈包括杭州、嘉兴、湖州、绍兴四市，要发挥创业创新优势，培育发展信息经济等新业态新引擎，加快建设杭州国家自主创新示范区和跨境电子商务综合试验区、湖州国家生态文明先行示范区，建设全国经济转型升级和改革创新的先行区。至此，杭州都市圈一跃成为国家战略，并进入2.0时代。2018年10月25日，杭州都市圈第九次市长联席会议召开，浙江衢州市、安徽黄山市正式加入杭州都市圈，四市一体转变为六市一体。衢州和黄山的加入是杭州都市圈首次扩容，表明杭州都市圈的辐射力、影响力正在持续扩大，两市加入有利于杭州都市圈进一步做大做强，有利于进一步推动区域合作发展，有利于推进长三角城市群建设，对于杭州都市圈积极参与国家"一带一路"建设，主动融入长江经济带发展，协调推进"四个全面"战略布局具有重大意义。杭州都市圈正式进入3.0时代。

——合肥都市圈。合肥都市圈位于长江中下游沿江、长三角西端，包括安徽省合肥市、淮南市、六安市、滁州市、芜湖市、马鞍山市和桐城市（县级市），国土面积占全省的40.6%左右，人口占据整个安徽省的43.2%，2018年，合肥都市圈生产总值17543.06

亿元，财政收入 2984.53 亿元，均占全省 55% 以上，在全省经济发展格局中占有重要位置。合肥都市圈是以合肥为中心，打造合滁宁、合芜马、合淮、合六、合安宜产业发展带，推动创新链和产业链融合发展，逐步建立和完善产业链合作体系，推动圈内城市合作构建高水平、多功能、国际化的对外开放平台，建设具有较强影响力的国际化都市圈。

2006 年，安徽省委、省政府在全省第八次党代会上明确提出合肥要"提高经济首位度，形成具有较强辐射带动力的省会经济圈"，这也是合肥都市圈的由来。到 2007 年初，省十届人大五次会议上进一步确定了"规划建设以合肥为中心，以六安、巢湖为两翼"的省会经济圈。2008 年 5 月 28 日，安徽省人民政府颁布实施《安徽省会经济圈发展规划纲要（2007—2015 年）》（以下简称《纲要》）。该《纲要》指出，建设以合肥为中心，六安、巢湖为两翼的"省会经济圈"，是省第八次党代会和第十届人大五次会议省政府工作报告中提出的战略构想，也是贯彻落实党的十七大精神的体现。省会经济圈的建设有利于发挥省会合肥的政治、经济、科技、文化中心作用及六安、巢湖的比较优势；有利于资金、技术、人才等要素资源在更大范围内优化配置，提高区域整体竞争力；有利于联动沿江和沿淮城市群发展，带动安徽奋力崛起。省会经济圈规划范围包括合肥、六安、巢湖。该规划纲要以推进省会经济圈一体化发展，提高区域整体竞争力为目标，分析构建省会经济圈的基础和环境条件，提出加快省会经济圈建设的指导思想、发展目标和开发时序，重点围绕规划区三市共同关注的区域城镇体系建设、城乡统筹发展、提升产业整体竞争力、基础设施建设、要素市场构建、推进环境保护、打造公共服务平台等方面，提出主要任务和相关政策措施。2009 年 8 月，省委、省政府下发了《关于加快合肥经济圈建设的若干意见》（以下简称《意见》），正式将"省会经济圈"更名为"合肥经济圈"，同时把淮南市和桐城市纳入经济圈范畴。这是合肥都市圈的第一次扩容。《意见》指出加快合肥经济圈建设，培育安徽核心增长极，对于促进全省区域协调发展、加速安徽崛起具有重要意义。同时，在加快构建快速交通网络、培育壮大优势产业、加强环境保护和综合治理、打造合肥区域性金融中心、保障建设用地需求、推进科教信息资源合作共享、建立统一市场体系和完善工作协调推进机制八个方面提出了若干意见。2011 年 8 月，因巢湖市行政区划调整和定远县的加入，合肥经济圈的范围发生了变化，包括合肥市、淮南市、六安市、桐城市和定远县。2013 年底，合肥经济圈建设领导小组办公室会议研究决定，同意滁州市整体加入合肥经济圈。这是合肥都市圈第二次扩容。

2016 年 2 月，安徽省第十二届人大六次会议上提出了推动合肥都市圈一体化发展战略，加快合肥经济圈向合肥都市圈战略升级，努力成为全省核心增长极乃至全国有重要影响力的区域增长极。2016 年 5 月，国务院常务会议审议通过的《长江三角洲城市群发展规划》明确提出构建"一核五圈四带"的网络化空间格局，合肥都市圈被列为"五圈"之一，标志着合肥都市圈上升为国家发展战略。2016 年 12 月 3 日，安徽省人民政府办公厅印发《长江三角洲城市群发展规划安徽实施方案》（以下简称《方案》），该《方案》指出要扩容升级合肥经济圈，增加芜湖市、马鞍山市，完善都市圈协调推进机制，建设合肥都市圈，形成区域增长新引擎。同时《方案》指出要加快基础设施一体化，建设覆盖圈内主要城镇、产业集聚区、重点风景区的轨道交通"一小时通勤圈"，加强与省内其他经济区域、长三角及周边地区铁路连接，推动水利、能源、信息基础设施共建共享。共同打造优质生态圈，健全环境保护协调机制，加强环境污染联防联治，进一步改善区域环境质量。依托沪汉蓉、沿江交通廊道，围绕沪宁合杭甬发展带，加快合肥都市圈与南京都市圈融合发展，积极打造合芜宁成长三角，推动合肥、芜湖、马鞍山、滁州等与上海、杭州、苏州、宁波等合作发展。至此合肥都市圈已包括合肥、芜湖、马鞍山、滁州、六安、淮南和桐城（县级市），实现了合肥都市圈的第三次扩容。2016年以来，每年初合肥都市圈建设领导小组办公室都会制定印发年度重点工作计划，细化任务分工，狠抓工作落实，并且先后在合肥市、淮南市召开了两次都市圈城市党政领导会商会。2018年11月，省委常委、常务副省长邓向阳主持召开了合肥都市圈建设领导小组会，听取合肥都市圈建设推进情况汇报，研究部署下一步工作，并审议通过《都市圈更高质量一体化发展行动纲要》。2019年9月5日，合肥都市圈建设领导小组会议在合肥召开，会议研究通过了蚌埠市整体加入合肥都市圈的决定，蚌埠成为合肥都市圈中的一员，从而丰富了合肥都市圈的功能内涵。近年来，围绕省委、省政府的决策部署，合肥都市圈成员城市以"共建、共治、共享"为目标，以合作专题为抓手，在体制机制、基础设施、产业融合、社会服务等多方面深化合作、联动发展，都市圈一体化发展取得了阶段性成效，已成为五大发展美好安徽建设的重要引擎。

——苏锡常都市圈。苏锡常都市圈包括苏州、无锡、常州三市，位于长江三角洲地区，东邻上海西接南京，是一个非常重要的承接区。江苏历来是一个经济强省，2018年全国百强县名单中，江苏上榜23位，且包揽前三甲，江苏省内有许多自己的都市协同发展圈，其中苏锡常都市圈是典型代表，该都市圈内拥有昆山、江阴、张家港、常熟等全国百强县，其实力非常强劲，被称为江苏最富裕的都市圈。

苏州、无锡和常州的合称"苏锡常"最早源于民间，至于源于何人何时已经无法追溯了。1983年5月，时任江苏省社科院副院长的沈立人，在一篇论文中使用了"苏锡常"这一名词，这被大家认为是官方认可的起点。早在2001年，江苏省就开始依据省城镇体系规划确定的城镇空间布局，开始谋划省内南京、徐州、苏锡常三大都市圈。2002年1月，江苏省政府批复了由省建设厅主编、苏锡常三市以及江苏省各有关部门参编的《苏锡常都市圈规划》，标志着苏锡常都市圈的建设开始启动。《苏锡常都市圈规划》是江苏省三大都市圈的第一个规划，也是国内首部经省政府批准实施的都市圈规划。2003年，江苏省政府正式发布要建设三大都市圈，即南京都市圈、苏锡常都市圈和徐州都市圈。2012年11月，江苏省政府委托省住房和城乡建设厅编著的《江苏省城镇体系规划（2012－2030)》（以下简称《规划》）历时3年完成，该《规划》中明确提出要将苏锡常都市圈建设成为在更高层次上参与国际分工的先导区、全国创新型经济、转型发展、现代化建设的先行区。2016年5月，国务院发布的《长江三角洲城市群发展规划》将苏锡常都市圈列为长三角城市群五大都市圈之一，要求苏锡常全面强化与上海的功能对接与互动，加快推进沪苏通、锡常泰跨江融合发展。这标志着苏锡常都市圈在长江三角洲一体化发展中具有重要的承载作用。伴随着经济形势的变化、城市竞争格局的改变、江苏战略的转变，苏锡常组合渐渐淡去，关于苏锡常都市圈的权威资料，只能看到2016年的这份规划。2018年，苏州、无锡和常州的人均GDP分别约为17.3万元、17.4万元和15.4万元。这样的收入水平在全国也是排得上名的，但是苏锡常都市圈的经济实力和行政地位不相匹配，未能真正发挥苏锡常都市圈的真正实力。苏锡常都市圈紧邻上海，上海先进的发展经验最先助力其经济发展，苏锡常都市圈融入上海大都市圈是个选择。但苏锡常也急需与经济实力相匹配的经济管理权限，才能在未来与同类城市、同类都市圈同台共舞，发挥出更深、更多的经济发展潜能，助力江苏巩固经济地位，助力长三角城市群在世界城市群中更上一层楼。

——宁波都市圈。宁波都市圈位于长江经济带与南北沿海运输大通道的"T"形结构的交汇点处，紧邻亚太国际主航道要冲，是长三角地区与海峡西岸经济区的联结纽带，是中共浙江省委、浙江省人民政府为建设宁波及浙东地区立足长三角，打造"长三角南翼经济中心"的重要战略举措，是加大推进宁波市辖区城市地位和加快推进余姚、慈溪、奉化、舟山、象山、宁海同宁波市辖区一体化的步伐的有力抓手。宁波都市圈始终坚持以宁波主城区为核心，进行一系列优化合作。

千年古城宁波在改革开放以后，发生了翻天覆地的变化。宁波都市圈的发展历史由来已久，早在20世纪末，国务院批准的《浙江省城镇体系规划（1995－2010）》（以下简称《规划》），该《规划》中就明确提出宁波都市区由宁波市区、舟山市区、奉化市区组成，实现甬—舟港口整体开发。从各城市的规划和合作阶段，宁波都市圈的发展可以大致分为三个阶段：①中华人民共和国成立后至20世纪90年代初：各自形成独立并较为完善的城市体系结构城市间相对独立，经济合作不多。②1994～2005年：浙东合作区进入实质性发展阶段，政府部门合作和企业交流增多，形成以制造业为核心的产业结构，都市圈开始进入协调发展阶段。③2006年至今：交流和经济合作实现统一规划与实施，产业结构调整和基础设施建设得到统筹，都市圈进入全面协调和综合发展阶段。2015年3月国务院批复的《宁波市城市总体规划（2006－2020年）》（2015年修订），强调"重点加强中心城及外围组团的规划统筹"，促进中心城区与外围组团的联动发展。2016年6月国务院常务会议通过的《长江三角洲城市群发展规划》（以下简称《规划》），明确宁波都市圈为长三角城市群中"一核五圈四带"的重要组成部分。《规划》明确，宁波都市圈包括宁波、舟山、台州三市，从国家层面对宁波都市圈的空间范围和功能定位予以明确，对拓展宁波都市格局、提升宁波城市国际化水平具有十分重要的意义。2016年10月通过的《宁波都市区规划纲要》界定宁波都市区包括宁波市域和舟山市域；2019年2月召开的浙江省大都市区建设新闻发布会界定宁波都市区包括宁波市域、舟山市域及台州市域，而宁波都市圈是以宁波都市区为核心、并且扩展到涵盖嵊州市与新昌县组团的范围。全面推进宁波都市圈建设，需要圈域内的宁波、台州、舟山三市在现有合作基础上实现优势互补、扬长避短，强化发展共同体意识，做到战略和平台同谋共筑、交通等基础设施共建互通、资源和产业共用共兴、公共服务和利益共建共享、创业创新互促共进、生态环境协同共保，从而促进宁波都市圈经济社会文化实现全方位、多层次、宽领域的一体化发展。

南京都市圈、杭州都市圈、合肥都市圈、苏锡常都市圈、宁波都市圈五大都市圈必须趋利避害、各扬所长才能真正发挥好长三角城市群在我国的建设发展中的作用，五大都市圈的优势、劣势如表2－2所示。

表2－2　五大都市圈优、劣势分析

名称	优势	劣势
南京都市圈	区位优势显著，成员城市经济联系紧密，市场化程度较高	跨省都市圈，行政壁垒较高；核心城市南京经济首位度不高；重工业较好，轻工业相对较差，人口凝聚力低
杭州都市圈	区位优势显著，经济实力较强，曾被评为我国都市圈综合竞争力第一	核心城市杭州的辐射带动能力不足；缺乏跨行政区协调机制
合肥都市圈	区位优势显著，行政力量较强，科教优势显著	创建较晚；经济总量偏小，结构不优；成员城市经济联系较少，市场化程度低；核心城市合肥凝聚力、辐射力、带动力不足；区域内城市产业同质化程度较高
苏锡常都市圈	区位优势显著，成员城市经济实力雄厚；紧邻上海，最先得益于上海的辐射效应	经济地位与行政权限不相匹配；近几年慢慢淡出，相关规划减少
宁波都市圈	区位优势显著，宁波的国际强港优势是长三角地区重要的港口物流基地，是台州的民营经济优势	传统动能弱化，新兴动力培育不足，核心城市宁波转型受阻；台州立场不坚定，时而脱圈，时而入圈

二、五大都市圈发展现状的比较分析

随着长三角一体化进程的不断推进，长三角五大都市圈都得到了快速发展，但是五大都市圈之间仍然存在着很大的差距。本节将对长三角城市群内的五大都市圈的发展现状进行研究，五大都市圈具体城市范围如表2－3所示。

表2－3　长三角五大都市圈规划范围

南京都市圈	南京、镇江、扬州、滁州、芜湖、马鞍山、淮安、宣城
杭州都市圈	杭州、嘉兴、湖州、绍兴、衢州、黄山
合肥都市圈	合肥、淮南、六安、滁州、芜湖、马鞍山、桐城、蚌埠
苏锡常都市圈	苏州、无锡、常州
宁波都市圈	宁波、舟山、台州

（一）经济发展现状

2016～2018年长三角城市群五大都市圈的主要经济指标如表2－4所示，可以看出合肥都市圈在GDP、人均GDP和人均可支配收入方面整体水平在五大都市圈中排名比较靠后，2016～2018年平均值均排在第五名。合肥都市圈内所包含的城市整体规模较小，经济发展水平相对其他都市圈城市也较低，如六安、淮南、蚌埠、马鞍山等市2018年GDP均未超过2000亿元，并且六安、淮南和滁州等市人均GDP尚未超过50000元，使得合肥都市圈整体经济发展水平相对较低。另外，合肥都市圈规模以上工业增加值增长率在五大都市圈内排名第一，在合肥都市圈内各市目前规模以上工业产值增长率均较高，反映了合肥都市圈目前整体产业结构相似、产业竞争严重、产业分工不合理等现象。

表 2-4 2016~2018 年五大都市圈主要经济指标发展现状

指标	都市圈	2016 年	2017 年	2018 年	2016~2018 年涨幅率（%）	2016~2018 年平均值排名	涨幅率排名
GDP（亿元）	合肥都市圈	1949	2222	2407	23.50	5	2
	南京都市圈	3563	3984	4281	20.15	4	5
	杭州都市圈	3931	4420	4775	21.47	3	4
	苏锡常都市圈	10127	11478	12363	22.08	1	3
	宁波都市圈	4537	5151	5645	24.42	2	1
人均 GDP（元）	合肥都市圈	47226	54224	57668	22.11	5	1
	南京都市圈	77324	86989	92349	19.43	4	3
	杭州都市圈	78896	85671	92951	17.81	3	4
	苏锡常都市圈	136340	149881	165685	21.52	1	2
	宁波都市圈	93113	100580	108579	16.61	2	5
规模以上工业增加值增长率（%）	合肥都市圈	9.1	9.4	9.9	8.79	1	3
	南京都市圈	8.14	8.65	7.7	-5.41	3	4
	杭州都市圈	6.13	10.6	7.0	14.19	4	2
	苏锡常都市圈	5.1	8.9	7.2	41.18	5	1
	宁波都市圈	10.3	10.7	7.4	-28.16	1	5
人均可支配收入（元）	合肥都市圈	27445	30691	35319	28.69	5	1
	南京都市圈	30403	34021	37279	22.62	4	3
	杭州都市圈	36190	38235	44791	23.77	3	2
	苏锡常都市圈	42550	46312	50594	18.90	1	4
	宁波都市圈	41040	44622	48530	18.25	2	5

资料来源：都市圈各市 2016~2018 年《国民经济和社会发展统计公报》。

但是从近 3 年的涨幅排名来看，2016~2018 年合肥都市圈在 GDP、人均 GDP 和人均可支配收入方面涨幅率排名相对均比较靠前。人均 GDP 和人均可支配收入涨幅均排在第一位，GDP 涨幅排在第二位。可以看出合肥都市圈虽然整体经济发展水平与其他四大都市圈还有一定差距，但是发展潜力十足。

（二）产业发展现状

从产业结构来看，2018 年，南京都市圈的三产增加值占比为 3.06∶41.66∶55.28，杭州都市圈的三产增加值占比为 2.81∶41.79∶55.4，苏锡常都市圈的三产增加值占比为 1.34∶47.62∶51.04，宁波都市圈三产增加值占比为 4.21∶47.93∶47.86，合肥都市圈的三产增加值占比为 6.6∶48.23∶45.17，具体见图 2-1。

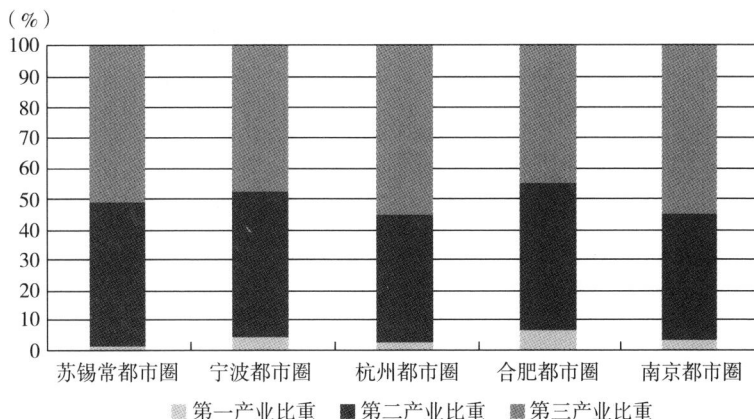

图 2 - 1 五大都市圈三次产业比重

可以看出在五大都市圈中合肥都市圈的产业结构相对较差，一产比重相对较高，三产比重相对较低，以一二产为主，并且二产比重超过三产比重。在合肥都市圈中，马鞍山市、淮南市和桐城市都属于资源型城市，其二产占比较高。六安市和滁州市一产占比相对较高，均高于10%。合肥都市圈整体产业结构有待于进一步高级化与合理化。

（三）教育、医疗卫生和交通发展现状

从教育、交通和医疗卫生角度来看，2016～2018年，合肥都市圈的整体水平在五大都市圈中也排在较靠后的位置，具体见表2-5。在客运量和货运量方面，由于合肥都市圈整体能级较小，再加上交通基础设施暂时落后于其他都市圈，所以3年来平均值排名在最后一位。但是在涨幅率方面，合肥都市圈排在五大都市圈之首。这也反映了合肥都市圈近几年大力推动交通基础设施的建设，整体交通基础设施水平在快速提升。从在校学生数来看，合肥都市圈整体在校学生数在五大都市圈中排名也相对靠后，并且2018年合肥都市圈在校学生数比2016年有所下降，这也侧面反映了合肥都市圈内学生部分流向其他地区，合肥都市圈内教育水平还有待提升。从医疗发展现状来看，合肥都市圈2016～2018年整体水平排在五大都市圈的第4位，整体医疗水平相对其他四个都市圈有待提高。但是从涨幅率来看，合肥都市圈排在第一位，医疗基础设施水平也在快速提升中。

表 2 - 5 2016～2018 年五大都市圈教育、医疗卫生和交通发展现状

指标	都市圈	2016 年	2017 年	2018 年	2016～2018 年涨幅率（%）	2016～2018 年平均值排名	涨幅率排名
客运量（万人）	合肥都市圈	7906.82	9922	11201	41.66	5	1
	南京都市圈	10353	11216	10835	4.66	3	3
	杭州都市圈	17121	15699	14764	-13.77	1	5
	苏锡常都市圈	8890	10249	11048	24.27	4	2
	宁波都市圈	11967.7	12110	10927	-8.70	2	4

续表

指标	都市圈	2016 年	2017 年	2018 年	2016～2018 年涨幅率（％）	2016～2018 年平均值排名	涨幅率排名
货运量（万吨）	合肥都市圈	16868.28	24431	28675	69.99	3	1
	南京都市圈	15375.8	17153	18196	18.34	4	5
	杭州都市圈	14068	15651	16834	19.66	5	4
	苏锡常都市圈	22036	31256	28171	27.84	2	3
	宁波都市圈	25366.4	28000	35583	40.28	1	2
在校学生数（万人）	合肥都市圈	67.74	56.4	60.5	−10.69	4	5
	南京都市圈	62.8	68	70.5	12.26	3	2
	杭州都市圈	100.78	112	91	−9.70	2	4
	苏锡常都市圈	44.8	62.8	65	45.09	5	1
	宁波都市圈	85.6	131.7	90.5	5.72	1	3
医疗机构床位数（张）	合肥都市圈	21207	22071	25447	19.99	4	1
	南京都市圈	25353	27809	29402	15.97	2	3
	杭州都市圈	42628	44900	47600	11.66	1	4
	苏锡常都市圈	18037	20337	21202	17.55	5	2
	宁波都市圈	22451	23670	24766	10.31	3	5

资料来源：都市圈各市 2016～2018 年《国民经济和社会发展统计公报》。

整体来看，合肥都市圈在教育、医疗卫生和交通等公共服务方面与长三角其他都市圈也存在一定的差距。在教育和医疗卫生方面，一方面都市圈内资源流向其他发展水平高的城市如南京；另一方面都市圈内部规划的不完善，使得合肥都市圈教育和医疗卫生等公共服务水平相对较低。在交通方面，合肥都市圈交通发展水平也相对较低，客运量相对较少，也反映了合肥都市圈人员流动较少。同时合肥都市圈交通网络体系也尚未完善，有待于进一步提升。但是从涨幅来看，合肥都市圈在医疗卫生和交通方面发展动力较强，潜力较大，一直在稳步提升中。

（四）科技创新发展现状

从科技创新发展现状来看，2016～2018 年，合肥都市圈的平均专利授权量在长三角城市群五大都市圈中排在第 4 位，具体见表 2－6。可以看出在整体科技创新发展水平方面，合肥都市圈与长三角其他都市圈的差距正在逐步缩小，这得益于省、市政策的扶持和民营企业的活力。但合肥都市圈作为一个整体，圈内其他城市科技创新发展水平不高以及对科技创新的不重视，拉低了合肥都市圈的整体科技创新水平。

众所周知，合肥都市圈中合肥市作为综合性国家科学中心、具有国际影响力的创新之都，其创新水平远高于都市圈内其他城市。2016～2018 年，合肥都市圈专利授权量涨幅居长三角城市群五大都市圈第二位，可以看出合肥都市圈创新动力十足，政策实施成效显著，未来发展可期。

表 2 - 6 2016～2018 年五大都市圈科技创新发展现状

指标	都市圈	2016 年	2017 年	2018 年	2016～2018 年涨幅率（%）	2016～2018 年平均值排名	涨幅率排名
专利授权量（件）	合肥都市圈	9140	5649	21202	131.97	4	2
	南京都市圈	8773	10813	16722	90.61	3	3
	杭州都市圈	4503	5140	7177	59.38	5	4
	苏锡常都市圈	11791	32857	35047	197.24	1	1
	宁波都市圈	20901	19352	24501	17.22	2	5

资料来源：都市圈各市 2016～2018 年《国民经济和社会发展统计公报》。

（五）生态环境发展现状

从生态环境发展现状来看，2018 年，合肥都市圈的建成区绿地率达到了 41.2%，居于长三角城市群五大都市圈的第 3 位，与排在第二的南京都市圈只差 0.8%，与排在第一的杭州都市圈只差 1.3%，具体见表 2 - 7。可以看出在建成区绿地率方面，合肥都市圈在长三角五大都市圈中排名中等。近几年围绕着"绿水青山就是金山银山"的生态文明理念及省委、省政府做出的打造水清岸绿产业优美丽长江（安徽）经济带的重大战略决策，合肥都市圈在环境污染联防联治、生态环境保护和绿色发展等方面近几年取得了一定成效，从涨幅率方面得以体现。但是合肥都市圈在生态环境发展中仍然存在一定问题，如规划协调统筹不够、环保治理投入不足、环境执法联动不强。针对这些问题，各地各部门要加大生态环境治理力度，努力破解环保难题，实现经济发展和环境保护相互促进、有机统一。

表 2 - 7 2016～2018 年五大都市圈建成区绿地率

指标	都市圈	2016 年	2017 年	2018 年	2016～2018 年涨幅率（%）	2016～2018 年平均值排名	涨幅率排名
建成区绿地率（%）	合肥都市圈	41	42.5	41.2	0.49	5	2
	南京都市圈	42	42.7	42	0.00	2	3
	杭州都市圈	41.5	42	42.5	2.41	3	1
	苏锡常都市圈	42.9	43	41.2	-3.96	1	4
	宁波都市圈	41.1	44	39.6	-3.65	4	5

资料来源：都市圈各市 2016～2018 年《国民经济和社会发展统计公报》。

整体来看，2016～2018 年合肥都市圈在经济发展、产业结构、公共服务设施、科技创新和生态环境发展水平等方面与长三角其他四大都市圈还有一定差距，这与合肥都市圈内城市整体规模较小、发展水平较低有很大关系。尤其是合肥都市圈包含了桐城这一县级市，因此在一些经济总量指标方面要低于其余四大都市圈。但是可以看到，在涨幅度方面，合肥都市圈基本都是排在第一、第二位。这也说明，合肥都市圈虽然目前整体发展水平落后，但是发展的潜力巨大，上升空间很大。

三、五大都市圈一体化水平评价

基于都市圈理论及一体化发展理论，本节将对长三角城市群内的南京都市圈（南京、镇江、扬州、淮安、滁州、马鞍山、芜湖、宣城）、杭州都市圈（杭州、嘉兴、湖州、绍兴、衢州、黄山）、合肥都市圈①（合肥、淮南、六安、滁州、芜湖、马鞍山、蚌埠）、苏锡常都市圈（苏州、无锡、常州）和宁波都市圈（宁波、舟山、台州）五大都市圈的一体化发展进行深入研究，通过建立都市圈一体化水平评价指标体系，利用综合评价方法对五大都市圈一体化水平进行评价，以便能够更加准确地了解各都市圈的一体化进程，为推动长三角城市群高质量一体化发展奠定良好基础。

（一）都市圈一体化指标体系构建与数据来源

1. 都市圈一体化评价指标体系的构建原则

科学合理的指标评价体系是评价都市圈一体化水平的核心内容，对得出可信的评价结果具有重要的作用。本书结合长三角城市群内各都市圈的实际情况，同时为了定量分析的需要，在构建都市圈一体化评价指标体系时，主要依据科学性、综合性、针对性、可行性四个原则。

（1）科学性原则。科学性是保持评价结果的可靠性和完备性的重要条件。都市圈一体化评价指标体系的各个指标应当科学可靠，并且应当满足综合、多层次、全方位的要求，因此需要从不同的维度和方面收集数据，以保证数据的采集、加工与处理具有代表性和可靠性，从而可以保证分析结果的准确性和有效性。

（2）综合性原则。任何整体都是由部分组合而成的，都市圈是一个各方面联系极为密切的有机整体。因此，指标体系的内容应当全面、层次结构清晰完整，各评价维度之间应当相互联系，考虑周全，统筹兼顾，从整体联系出发，注重多维度的综合性分析，以便达到最佳的评价效果。

（3）针对性原则。针对性原则应当确保选取评价指标时具有一定的代表性，并且进行一定的取舍，并不是要求将所有都市圈一体化的影响因素都包括在内，而是要根据都市圈的发展特征来建立评价指标体系。

（4）可行性原则。在指标选取时，要充分考虑到数据的可获得性，由于本书选取的指标已经涉及地市的层面，许多数据难以取得，因此在选取指标时也要充分考虑到这一限制，尽量选取可获得的数据，以便能够充分实现对都市圈一体化水平的评价。

2. 都市圈一体化评价指标体系的结构

都市圈一体化所涉及的内容非常广泛，本书通过归纳研究综合指标的选取原则，并借鉴相关研究成果，构建了都市圈一体化评价指标体系，具体包括以下几个方面：

（1）经济空间一体化。经济空间上的一体化是当前研究的重点，这里将经济空间的

---

① 考虑到桐城市是县级市，在测都市圈一体化时将桐城市排除。

一体化细分为市场的一体化与产业的一体化两个方面。

市场一体化是区域一体化发展的微观基础。市场一体化是消除区域内经济和非经济壁垒，实现区域内平等竞争条件与产品互相准入、生产要素自由流动、企业跨区经营的基础机制。要推进市场一体化，必须打造充满活力、运行有序的市场环境，形成各种商品和要素市场的有机统一体，因此把市场一体化分为要素市场一体化和产品市场一体化。从要素市场来说，劳动力是极其重要的要素，劳动力的流动主要是受工资的差异驱动，因此选取职工平均工资水平的差异来衡量要素市场一体化。由于产品市场一体化程度的衡量主要是根据"一价定律"，即研究市场上销售的商品在同一种货币的度量下是否具有相同的价格，价格差异越小，产品市场一体化水平越高。因此，这里选择商品相对价格指数差异来衡量产品市场一体化程度。

产业一体化是区域一体化发展的强力支撑。考虑到各产业的当年生产总值之和就是一个地区的生产总值，所以选择两地 GDP 增长率的相关系数来表示产业一体化程度。从理论上来说，两地的一体化程度越高，GDP 增长率之间的相关性也就越高，GDP 增长率的差异越小。

（2）自然空间一体化。自然空间一体化是都市圈一体化发展的重要载体。这里将自然空间一体化分为空间一体化与交通一体化两个方面。

对于空间一体化，借鉴已有文献，用可达性指数来表示。可达性指数本质上是时间的度量，从区域中一点到区域内其他点所用的时间越短，则证明这一个区域具有更加紧密的联系。其计算公式如下：$A_i = \dfrac{1}{n} \sum_{j=1}^{n} A_{ij}$，$a_i = 1/A_i$。

其中，A_{ij} 表示城市 i 到城市 j 的时间，a_i 表示城市 i 的可达性系数，a_i 越大表示城市 i 到其他城市所用时间越短，则空间一体化水平越高。研究采用公路、铁路、高铁三种交通方式，测算都市圈各城市到核心城市所需时间来综合表示都市圈空间一体化程度。

交通一体化是区域一体化发展的硬件基础。交通一体化是都市圈一体化的骨骼系统，也是一体化发展的先行官。交通一体化的实施能够使区域形成一个全新的、融合的、顺畅的、互联的网络系统，为经济和市场一体化提供更多的基础保障，同时使区域联系更加紧密，建立起高效的协作机制，形成顺畅的客运和物流体系，加速一体化进程。研究将交通一体化分为交通基础设施一体化和交通服务一体化。交通基础设施一体化情况主要反映两地目前所拥有交通基础设施的总量、质量等方面，本书采用城市道路面积与城市面积之比来衡量交通基础设施一体化。交通服务一体化情况主要反映两地公交客运的服务水平和管理运营对接情况，用每万人拥有公共汽车数量与是否实现交通一卡通两个指标来衡量。

（3）社会空间一体化。社会空间的一体化具体是指社会公共服务的一体化。都市圈公共服务一体化是都市圈一体化的关键因素。目前，都市圈成员城市在教育、文化、医疗与社会保障方面资源严重不平衡。促进公共服务一体化有利于促进社会的公平、公正，使经济社会保持一个稳定的状态，政治意义重大。因此通过公共服务共建共享，将区域内各地间基本公共服务水平的差距控制在合理范围之内，优化资源布局，从而减小公共服务差距，加快都市圈整体的一体化进程。本书从教育一体化、文化一体化、医疗卫生一体化和就业社保一体化四个层面反映公共服务一体化。其中，教育一体化以每万人教师数衡量，文化一体化以人均拥有公共图书馆藏量衡量，医疗卫生一体化以每万人拥有卫生技术人员数、每万人医疗机构床位数衡量，就业社保一体化以城镇常住人口基本养老保险覆盖率、城镇常住人口基本医疗保险覆盖率、是否实现异地就业社保信息共享衡量。

（4）生态环境一体化。生态环境一体化是区域一体化发展的必然要求。坚持绿色发展、建设生态文明有助于社会生产力持续发展和人民生产生活质量不断提高。当前，推动长三角生态环境一体化，关键就在于加强区域环境保护协调，努力促成共同行动纲领和实践措施的落实。本书从节能减排一体化和环境保护一体化两个层面反映生态环境一体化。节能减排一体化以单位 GDP 用电量、单位 GDP 废水排放量、单位 GDP 固体废物排放量、单位 GDP 二氧化硫排放量来衡量，环境保护一体化以固体废物处理率、生活垃圾无害化率、污水处理率来衡量。

（5）科技创新一体化。科技创新一体化是区域一体化发展的不竭动力。习近平总书记指出，"抓住了科技创新就抓住了牵动我国发展全局的牛鼻子"。通过科技创新一体化，突破一批重大科学难题和前沿科技瓶颈，进而引发颠覆性技术的突破和带动新兴产业成长，产生区域和城市创新要素集聚的"连锁效应"，将真正推动都市圈高质量发展和竞争力提升。这里用政府科技支出占总支出的比例来衡量创新空间一体化。

都市圈一体化评价指标体系如表 2-8 所示。尽管"一体化"并不等同于"一样化"或者"一起化"，但是，从一定程度上来讲，促进区域内部职工平均工资、交通基础设施、教育、医疗卫生、文化、就业社保、节能减排、环境保护、科技创新等差距不断缩小，也是区域一体化发展的一种重要表现。鉴于数据可获得性以及一体化水平测度标准并不完善，因此，对于部分指标，本书采用变异系数法分析序列内部差异，即测度指标内部数据的离散程度。其计算公式为：变异系数 = 标准差/平均值，可以看出用变异系数来测度数据的内部差异比用方差或标准差更有说服力。另外，变异系数越大，离散程度越高，一体化水平越低，本书为了更好地观测一体化水平，对部分指标的变异系数做取倒数处理，具体见后文。

表 2-8 都市圈一体化评价指标体系

一级指标	二级指标	三级指标	测度指标
经济空间一体化	市场一体化	要素市场一体化指数	职工平均工资
		产品市场一体化指数	主要商品相对价格
自然空间一体化	产业一体化	产业一体化指数	GDP 增长率相关系数
	空间一体化	空间一体化指数	可达性指数
	交通一体化	交通基础设施一体化指数	道路面积率
		交通服务一体化指数	是否实行交通一卡通服务、每万人拥有公共汽车数
社会空间一体化	公共服务一体化	教育一体化指数	每万人教师数
		医疗卫生一体化指数	每万人拥有卫生技术人员数、每万人医疗机构床位数

一级指标	二级指标	三级指标	测度指标
社会空间一体化	公共服务一体化	就业社保一体化指数	城镇常住人口基本养老保险覆盖率、城镇常住人口基本医疗保险覆盖率、是否实现异地就业社保信息共享
		文化一体化指数	人均拥有公共图书馆藏量
生态环境一体化	节能减排一体化	节能减排一体化指数	单位 GDP 用电量、单位 GDP 废水排放量、单位 GDP 固体废物排放量、单位 GDP 二氧化硫排放量
	环境保护一体化	环境保护一体化指数	固体废物处理率、生活垃圾无害化率、污水处理率
创新空间一体化	科技创新一体化	科技创新一体化指数	科技支出占 GDP 比重

3. 数据来源

为了保证数据的准确度与科学性，本书所用数据来自于 2014～2018 年的《中国城市统计年鉴》以及都市圈各市的统计年鉴和《国民经济和社会发展统计公报》，考虑到数据的可获得性，这里将桐城市去掉，并对个别缺失的数据，采用均值进行了填补处理。另外，空间一体化衡量数据由铁路 12306 官方网站及高德地图提供。

（二）合肥都市圈与长三角其他都市圈一体化水平的比较分析

1. 经济空间一体化的比较分析

（1）要素市场一体化。要素市场一体化的测度是根据都市圈各城市平均工资水平的变异系数来衡量。合肥都市圈与其他都市圈的平均工资变异系数如图 2-2 所示，平均工资变异系数越小，要素市场一体化水平越高。总体来看南京都市圈、杭州都市圈以及宁波都市圈这三大都市圈平均工资变异系数有缓慢上升趋势，意味着这三大都市圈要素市场一体化水平在下降。但是苏锡常都市圈及合肥都市圈平均工资变异系数呈下降趋势，且合肥都市圈要素市场一体化水平在五个都市圈中排名相对靠前，要素流动性较强，区域资源配置较为合理，但是一体化提升速度却相对缓慢，市场完全一体化任重道远。

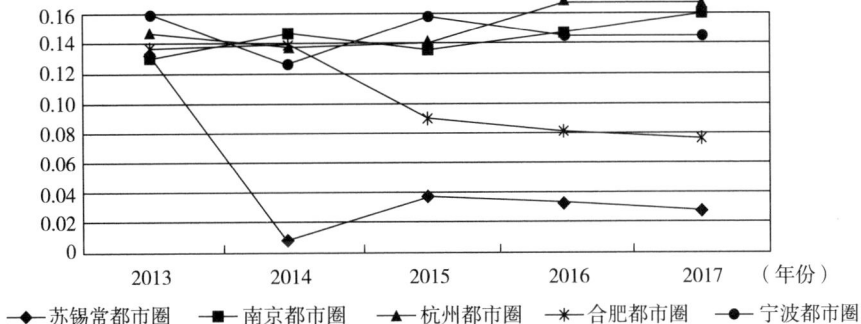

图 2-2　都市圈平均工资变异系数

（2）产品市场一体化。产品市场一体化水平由商品相对价格来衡量，鉴于数据可获得性，本书选取五大都市圈各市食品、烟酒饮料、服装鞋帽三类商品相对物价指数来测量各都市圈市场分割指数，市场分割指数越低，产品市场一体化水平越高。如图2-3所示，可以看出合肥都市圈市场分割指数总体呈下降趋势，即各市之间商品价格差距逐渐缩小，合肥都市圈产品市场一体化水平在逐年提高。另外，合肥都市圈产品一体化水平在五大都市圈中排名也相对靠前。

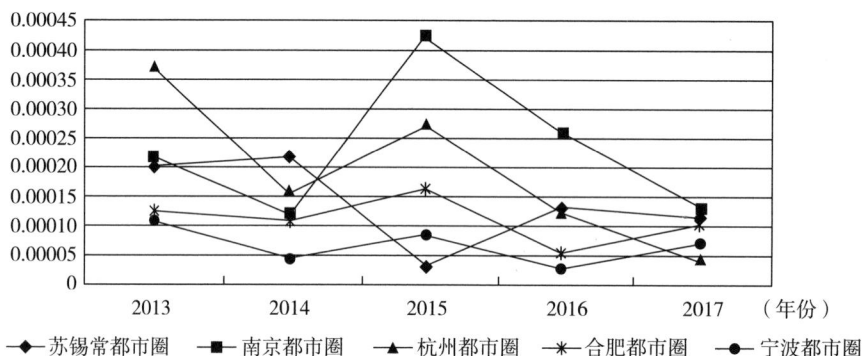

图2-3　都市圈市场分割指数

（3）产业一体化。产业一体化水平以GDP增长率的相关性来衡量。五大都市圈产业一体化水平如图2-4所示。可以看出，合肥都市圈产业一体化水平有下降的趋势，相对于其他都市圈仍有待提高。合肥都市圈成员城市产业发展存在一定的同构现象，产业发展差异性不足，未能很好地实现区域产业互补发展。对于南京都市圈，可以看出其产品市场一体化水平呈下降趋势，这是因为南京市与镇江和扬州GDP增长率差异在变大，尤其扬州市近几年GDP增长率相对偏低，故其产业一体化水平呈下降趋势。

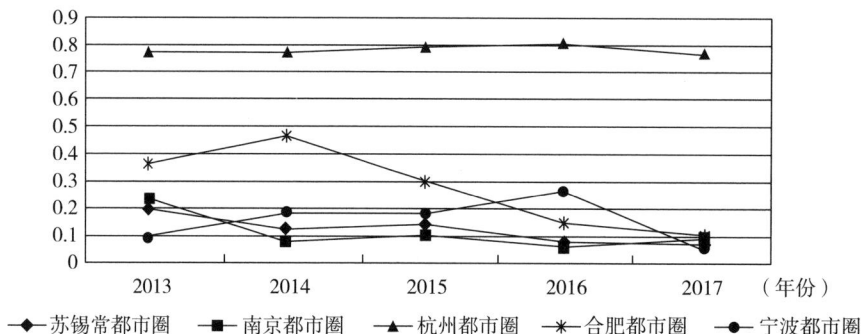

图2-4　都市圈产业一体化指数

2. 自然空间一体化

（1）空间一体化。空间一体化通过可达性指数来衡量，具体由都市圈城市通过公路、铁路、高铁三种交通方式抵达核心城市的时间来反映，可达性指数越高，空间一体化水平越高。具体结果如图 2-5 所示。五大都市圈中苏锡常都市圈空间一体化水平最高，宁波都市圈一体化水平最低。另外，合肥都市圈空间一体化水平相对较低，主要是由于合肥与芜湖、马鞍山和滁州之间高铁尚未开通。一体化发展，交通网络体系的完善是关键，应加速推进合肥都市圈交通网络的构建，提高空间一体化水平。

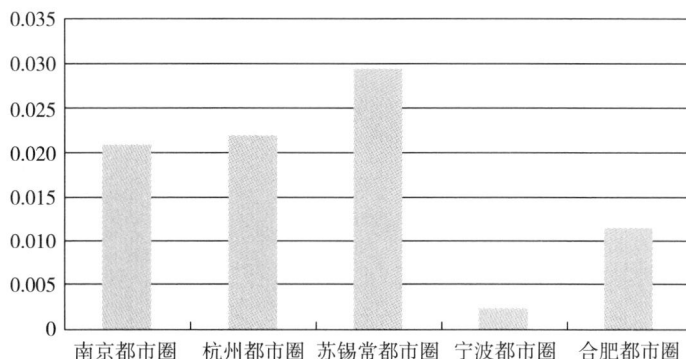

图 2-5　都市圈可达性指数

（2）交通基础设施一体化。交通基础设施一体化由城市道路面积占城市面积比率来反映，具体结果如图 2-6 所示，交通基础设施一体化指数越高，交通基础设施一体化水平越高。可以看出合肥都市圈交通基础设施一体化水平在五大都市圈中处于中等水平，并且整体呈下降趋势。合肥都市圈中马鞍山市与滁州市道路面积率相对较低，使得整体交通基础设施一体化化水平偏低。

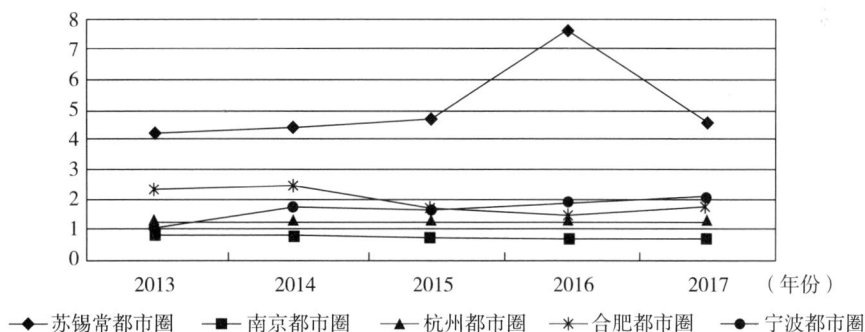

图 2-6　都市圈交通基础设施一体化指数

（3）交通服务一体化。交通服务一体化是由是否实行交通一卡通服务和每万人拥有公共汽车数来反映。具体结果如图 2-7 所示，交通服务一体化指数越高，交通服务一体化水平越高。可以看出苏锡常都市圈交通服务一体化水平较高，南京都市圈和杭州都市圈次之，合肥都市圈与宁波都市圈交通服务一体化水平较低。合肥都市圈至今尚未实行交通一卡通服务政策，交通服务一体化指数较低，阻碍了都市圈的要素流动与资源配置。

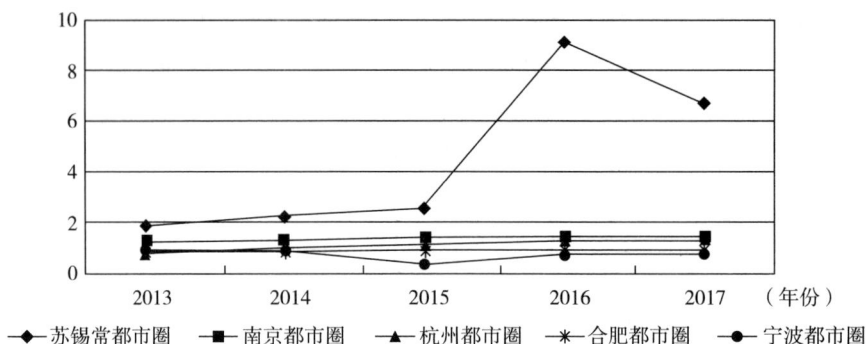

图 2 - 7 都市圈交通服务一体化指数

3. 社会空间一体化

（1）教育一体化指数。教育一体化指数由每万人教师数衡量，具体结果如图 2 - 8 所示，教育一体化指数越高，教育一体化水平越高。可以看出，苏锡常都市圈教育一体化水平远高于其他都市圈，杭州都市圈教育一体化水平较低。另外，合肥都市圈教育一体化水平相对较高，并且整体呈上升趋势。合肥是国家重要的科研教育基地，教育投入大，一直以来坚持教育优先发展战略不动摇，以扩充优质教育资源为目标，大力推进改革，大幅增加优质教育供给。

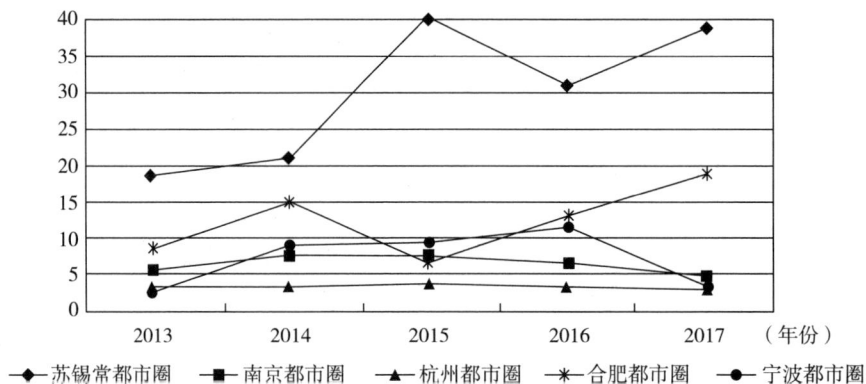

图 2 -8 都市圈教育一体化指数

（2）医疗卫生一体化。医疗卫生一体化由每万人拥有医生数、每万人医疗机构床位数来衡量，具体如图 2 -9 所示，医疗卫生一体化指数越高，医疗卫生一体化水平越高。可以看出，苏锡常都市圈医疗卫生一体化水平远高于其他都市圈，合肥都市圈、南京都市圈和杭州都市圈相对较低。其中，合肥都市圈医疗卫生一体化水平从 2013～2017 年没有明显变化，基本保持不变。

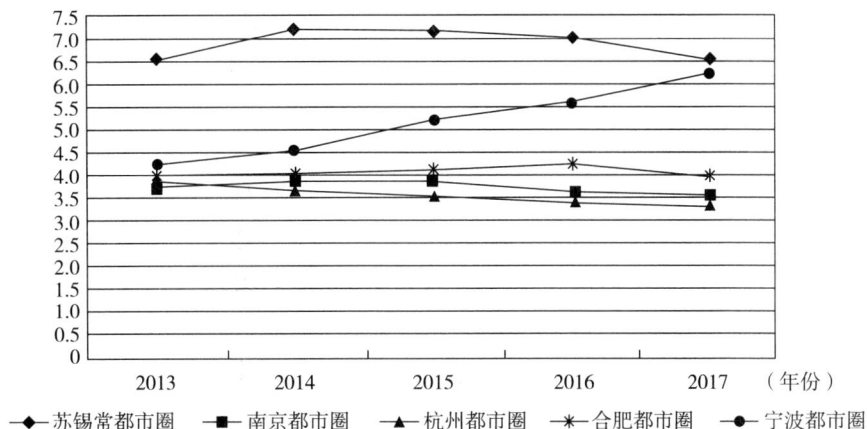

图 2-9　都市圈医疗卫生一体化指数

（3）就业社保一体化。就业社保一体化由城镇常住人口基本养老保险覆盖率、城镇常住人口基本医疗保险覆盖率、是否实现异地就业社保信息共享来衡量，具体如图 2-10 所示，就业社保一体化指数越高，就业社保一体化水平越高。可以看出合肥都市圈在 2014 年就业社保一体化水平排名第二，但是随着时间推移，就业社保一体化水平在逐步下降，且近年来总体呈下降趋势。一方面，合肥都市圈异地就业社保信息共享机制尚未健全。另一方面，由于合肥都市圈内，如淮南、马鞍山等市制造业占比较大，受环境规制影响，部分企业倒闭，造成部分员工失业与参保率下降，最终使得合肥都市圈就业社保一体化水平在下降。

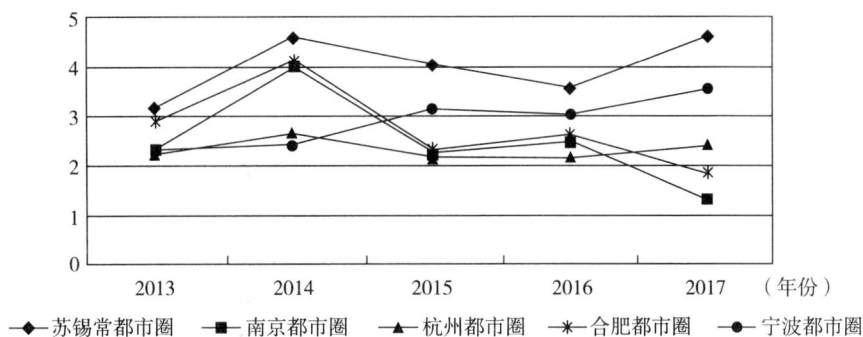

图 2-10　都市圈就业社保一体化指数

（4）文化一体化。文化一体化由每万人拥有图书量来衡量，具体结果如图 2-11 所示，文化一体化指数越高，文化一体化水平越高。可以看出，宁波都市圈文化一体化水平随时间推移呈上升趋势，相比较而言，合肥都市圈文化一体化水平随时间推移呈基本保持不变的趋势，并且 2017 年合肥都市圈文化一体化水平在五大都市圈中排名第三。

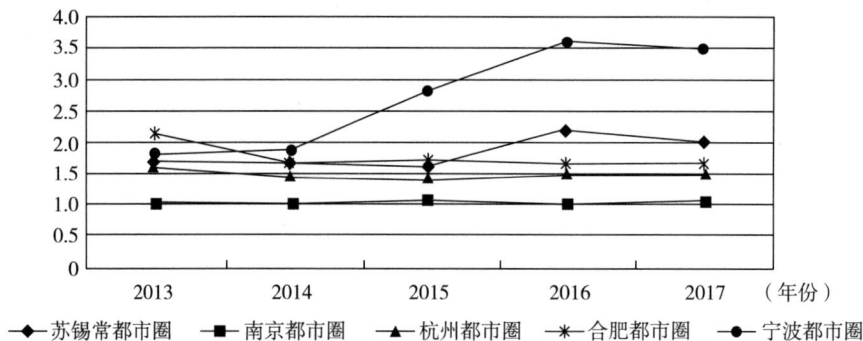

图 2-11　都市圈文化一体化指数

4. 生态环境一体化

（1）节能减排一体化。节能减排一体化由单位 GDP 用电量、单位 GDP 废水排放量、单位 GDP 固体废物排放量、单位 GDP 二氧化硫排放量来衡量，具体如图 2-12 所示，节能减排一体化指数越高，节能减排一体化水平越高。可以看出，在五大都市圈中，合肥都市圈节能减排一体化水平最低，并且略有下降的趋势。合肥都市圈整体工业化水平较高，制造业占比较大，在发展过程中，污染排放相对较高，能耗较大，对环境造成了一定的负面影响。另外，随着环境规制的加强，如淮南、马鞍山等市受影响较大，而合肥市自身受影响相对不大，城市间分异性变大，这也是节能减排一体化下降的原因。合肥都市圈在节能减排方面仍然任重道远。

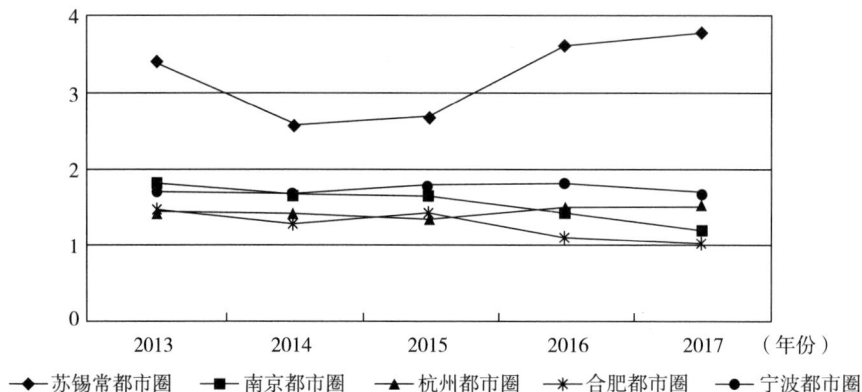

图 2-12　都市圈节能减排一体化指数

（2）环境保护一体化。环境保护一体化由固体废物处理率、生活垃圾无害化率、污水处理率来衡量，具体如图 2-13 所示，环境保护一体化指数越高，环境保护一体化水平越高。可以看出，合肥都市圈环境保护一体化水平呈下降的趋势，在城市快速发展的同时对环境的影响也逐渐显现出来，合肥都市圈对环境保护方面仍要加大投入。

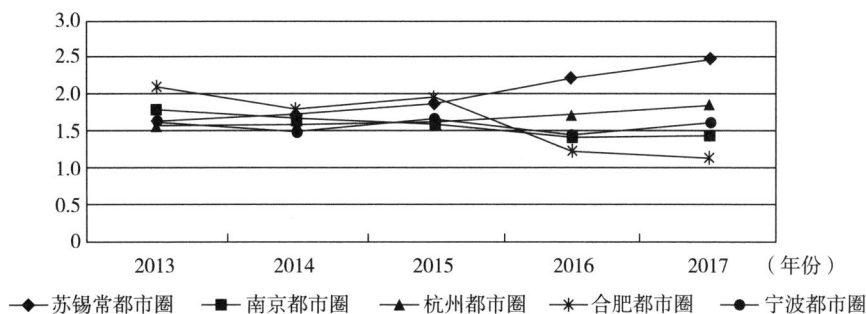

图 2 – 13   都市圈环境保护一体化指数

5. 创新空间一体化

创新空间一体化由政府科技支出占总支出比率来衡量，具体结果如图 2 – 14 所示，科技创新一体化指数越高，创新空间一体化水平越高。可以看出，合肥都市圈创新空间一体化水平在五大都市圈中一直处于较低水平，苏锡常都市圈创新空间一体化水平相对较高。合肥都市圈中，合肥市创新水平较高，远高于都市圈内其他城市，因此科技支出占比变异系数较大，合肥都市圈创新空间一体化水平较低。

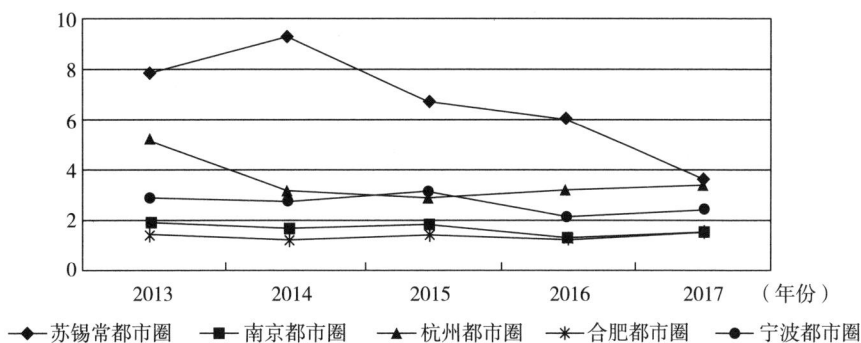

图 2 – 14   都市圈科技创新一体化指数

以上通过构建多指标评价体系，对长三角五大都市圈多方面一体化水平进行了客观评价。总体来看，合肥都市圈在市场一体化方面排名相对较高，反映了合肥都市圈各市之间要素流动性较强，市场相互开放程度较高。在社会空间一体化和环境保护一体化方面，一体化水平排名相对处于中等位置，近年来合肥都市圈内各市均加大力度提升公共服务设施和环境治理水平，促进了都市圈在这些方面一体化的稳定发展。但是，合肥都市圈在产业一体化、自然空间一体化、节能减排一体化和创新空间一体化方面，其排名相对较低。反映了合肥都市圈在产业发展、交通基础设施、科技创新等方面各市之间差距较大，合肥都市圈内合肥市遥遥领先于其他城市。

但是从 2013 年到 2018 年趋势来看，合肥都市圈在社会空间一体化、自然空间一体化、生态环境一体化和创新空间一体化方面都有着下降的趋势，意味着都市圈内各市之间的差距在扩大。在今后合肥都市圈仍需要通过建立区域经济利益协调机制，破除都市圈内部城市间的制度壁垒，提高合肥都市圈区域合作效率和资源配置效率，推进都市圈生态环境联防联治工作，全面高质量地提升合肥都市圈一体化水平，以都市圈发展安徽全省与沪苏浙全面对接，推动长三角一体化安徽行动方案的落实，提升区域整体竞争力。

第三章　合肥都市圈发展成效与不足

一、合肥都市圈发展现状

（一）核心城市龙头地位凸显，但其他城市相对较弱

从经济发展来看，合肥都市圈 2018 年 GDP 均值为 2407.21 亿元，其中合肥市 GDP 达到了 7822.91 亿元，在合肥都市圈 GDP 总量方面，合肥市占都市圈整体的 40.62%，其次为芜湖市 3278.53 亿元，再次为马鞍山 1918.1 亿元，三者远高于都市圈内的其他城市；常住人口指标方面，合肥市 2018 年末常住人口 808.7 万人，其次为六安 483.7 万人，滁州市 411.4 万人，芜湖市 374.8 万人，结合来看合肥市在圈内核心城市的地位突出。

从人均 GDP 的角度来看，2018 年，合肥都市圈人均 GDP 均值为 57668.63 元，其中合肥市人均 GDP 达到了 97470 元，在都市圈中排名最高，芜湖市和马鞍山人均 GDP 也已达到 8 万元以上，其他城市人均 GDP 相对较低。从进出口总额来看，合肥市 2018 年进出口总额达到了 308.13 亿美元，在合肥都市圈中排名最高，其余各市进出口总额相对合肥来说太少。在合肥都市圈进出口总额中，合肥市占圈内整体的 63.92%，比其余各市总进出口额还多。在财政收入方面，合肥市财政收入为 1378.33 亿元，其次为芜湖 603.1 亿元，滁州 324.5 亿元，而淮南市财政收入仅为 173.9 万元，地方财政举步维艰（见表 3-1）。

表 3-1　2018 年合肥都市圈各市经济发展现状

	GDP（亿元）	常住人口（万人）	人均 GDP（万元）	进出口总额（亿美元）	财政收入（亿元）
合肥	7822.91	808.7	9.7	308.13	1378.33
淮南	1133.3	349	3.2	4.83	173.9
六安	1288.1	483.7	2.7	8.13	205.2
滁州	1801.7	411.4	4.4	31.03	324.5
芜湖	3278.53	374.8	8.8	68.76	603.1
马鞍山	1918.1	233.7	8.2	44.80	270.66
蚌埠	1714.66	339.2	5.1	14.8	294.7
桐城	300.4	75.4	4.0	1.55	30.3

资料来源：都市圈各市 2018 年《国民经济和社会发展统计公报》。

总体来看，合肥近几年凭借"一带一路"和长江经济带双节点城市的战略通道，借助国家交通枢纽地位和长三角世界级城市群副中心定位，把独具特色的区位优势、国家战略优势和政策叠加优势转化为竞争优势，吸引人力资源、科技资源等创新要素不断流入，成为汇聚各类资源要素的高地，经济发展获得质与量的飞跃。

在新的时代背景下，随着城际铁路的陆续开通，圈内的芜湖、马鞍山、蚌埠等城市也积极推进更高起点的深化改革和更高层次的对外开放，承接产业转移，促进经济发展；六安作为大别山腹地，革命老区等红色资源丰富，绿色发展有先天优势，正积极践行"绿水青山就是金山银山"的发展理念；滁州既是农业大市，又是家电、汽车等制造大市，经济发展日益向好。相对而言，圈内老工业城市淮南以单一煤化工为主的产业结构受到煤炭价格、产业政策等影响，地方企业转型发展不顺利，经济发展出现困境。

（二）合蚌交通优势明显，但其他城市线路偏少

表 3 - 2　合肥都市圈城市沿途高速铁路与高速公路数目

	合肥	芜湖	马鞍山	滁州	蚌埠	淮南	六安	桐城
高速铁路	9	3	2	2	3	1	2	1
高速公路	7	7	2	3	5	4	4	1

合肥都市圈中合肥市拥有9条高速铁路，郑合高铁、合蚌高铁、合武高铁、合安高铁、合福高铁、合宁高铁、沪蓉沿江高速铁路、商杭高铁、合安九客运专线相互交叉，构成了钟字形的高速铁路网络；此外，合肥市沿途有7条高速公路，合肥绕城高速（G4001）、京台高速（G3）、沪陕高速（G40）、沪蓉高速（G42）、合安高速公路、合淮阜高速公路、合芜高速（G5011），使得合肥市的公路运输网络愈发成型，辅以圈内唯一的4E级国际机场新桥机场以及二类水运口岸合肥港，合肥市具有突出的交通外联优势。

蚌埠市交通条件也较为突出，拥有京沪高铁、京福高铁、合蚌客运专线三条高速铁路，京台高速（G3）、宁洛高速 G36）、蚌合高速（S17）、蚌五高速（在建）、徐明高速五条高速公路，同时辅以二类水运口岸蚌埠港，形成了贯通皖北、苏中、苏南直至宁波的河海联运体系。

芜湖水运条件突出，2017年完成港口吞吐量1.28亿吨，集装箱吞吐量70万标准箱，远超同期马鞍山港（1.1亿吨）、蚌埠港（188万吨）、合肥港（130万吨），但芜湖市铁路与陆路运输条件一般，仅拥有商合杭（尚未通车）、宁安、合福三条高铁和芜合高速（G5011）、宁芜高速（G4211）、沪渝高速（G50）、溧芜高速（S28）、铜南宣高速（S32）、芜黄高速（S11）、天潜高速（S22）七条高速公路。

其他城市的高速铁路与高速公路数目较少。马鞍山市拥有宁安高铁、商合杭两条高铁，宁芜高速公路（G4211）和G205两条高速；滁州市拥有京沪高速铁路、沪汉蓉高速铁路两条高铁，宁洛高速公路、沪陕高速公路、马滁扬高速公路三条高速；淮南市拥有合蚌高铁一条高铁，合淮高速（S17）、阜淮高速（S12）、淮蚌高速（S17）、滁新高速（S12）等高速公路穿过淮南；六安市拥有合九、沪汉蓉高速铁路和济广、沪陕、沪蓉、

京台四条高速公路；桐城市拥有合安九客运专线和合安高速。

（三）同属省辖区利于协调，但互联互通短板明显

圈内各市同属省辖区范围，便于行政协调，但尚未达到一小时通勤圈标准。这里选取铁路站点间的行驶时间作为圈内城市之间的时间距离，发现合肥市东向前往蚌埠市（41分钟）、滁州市（95分钟）、马鞍山市（160分钟）、芜湖市（86分钟）的时间远远大于南京市到达这三市所需的时间，上海市去往马鞍山市（120分钟），杭州市去往滁州市（89分钟）也较合肥更为快捷，尽管在空间距离上合肥市与这些城市更为接近，但城市间交通基础设施建设的严重不足，使得圈内城市反而与圈外核心城市时空联系更为紧密，这不利于合肥都市圈一体化进程的发展与合肥核心城市地位的提升（见表3-3）。

表3-3　各城市前往长三角主要城市与圈内城市的时间距离　　　单位：分钟

	合肥	芜湖	马鞍山	滁州	蚌埠	淮南	六安	桐城
上海	126	140	120	100	110	196	188	—
南京	52	37	17	38	41	97	82	—
杭州	124	210	209	89	119	188	208	—
合肥	0	86	160	95	50	38	24	83

从现状来看（见表3-4），合肥都市圈联系最为紧密的城市组合为芜湖—马鞍山、合肥—六安—淮南、滁州—蚌埠。其中，六安、淮南属于合肥市传统腹地区域，也是前期合肥都市圈基础设施互联互通的重点投资领域，这进一步促成了六安、淮南与合肥市的紧密联系；芜湖—马鞍山，滁州—蚌埠两对城市前往合肥的耗时大于前往南京，与南京形成了更紧密的时空联系，四市同时也属于南京都市圈范围，是合肥都市圈与南京都市圈的竞争区域。合肥都市圈需要不断完善综合运输通道和区际交通骨干网络，强化与这四市的交通联系，重点加强东向发展轴线，发展肥东、定远、含山等中小城市，点轴互动，铺平东向前往长三角的道路。

表3-4　各城市前往圈内城市的时间距离　　　单位：分钟

	合肥	芜湖	马鞍山	滁州	蚌埠	淮南	六安	桐城
合肥	0	86	160	95	50	38	24	83
芜湖	86	0	18	150	242	171	—	—
马鞍山	160	18	0	106	192	—	—	—
滁州	95	150	106	0	28	157	—	—
蚌埠	50	242	192	28	0	16	112	—
淮南	38	171	—	157	16	0	85	—
六安	24	—	—	—	112	85	0	—

（四）产业合作不断深化，但同质竞争并存

表 3 – 5　合肥都市圈产业发展现状

	一产占比	二产占比	三产占比
合肥	0.03	0.46	0.50
淮南	0.10	0.47	0.43
六安	0.15	0.41	0.44
滁州	0.12	0.52	0.36
芜湖	0.04	0.52	0.44
马鞍山	0.05	0.53	0.42
蚌埠	0.11	0.44	0.43
桐城	0.09	0.64	0.27

从产业发展来看，都市圈成员城市中合肥第三产业占比最高，已达到50%，滁州与桐城最低，其余城市均在40%以上，现代服务业取得高质量发展。"工业立市"发展战略为合肥打下良好的经济基础，推动现有传统产业的转型升级，助力新兴产业的发展壮大。2018年，合肥高新技术产业增加值比上年增长14.7%，战略性新兴产业增加值增长19.1%。在长三角一体化大背景下，合肥都市圈城市积极参与长三角分工与合作，有利于凭借丰富的土地和低廉的劳动力资源、广阔的市场潜力、良好的交通区位优势等，吸收长三角向外转移的资本技术等要素和产业，优化产业结构，促进产业转型升级。

合肥都市圈内部合淮六产业结构差异明显，互补性较强。合肥、淮南一产比例都在10%以下，二产占据绝对主导地位，三产有待培育。六安农业还占较大比重，工业地位还不稳固。合肥以家电、汽车、装备制造为主，战略性新兴产业加速成长，而淮南主要以煤电化的重工业为主，桐城主要以包装印刷、机械制造、家纺等民营企业为主，六安主要以钢铁、汽车零部件、农产品加工、纺织服装、装备制造、电力、建材等产业为主。合肥与六安、淮南、桐城等市有较为长期的农业合作项目，2018年在舒城、霍山、金寨、霍邱、寿县、桐城、定远等县，合作共建19个项目3429亩蔬菜基地，提供给合肥安全优质蔬菜1万多吨。

新型显示产业链：以OLED产业链为例，上游组零件包括制造设备（显影/刻蚀、镀膜/封装、检查/测试）、材料制造（ITO玻璃、有机材料、偏光板、封装胶）、组装零件（驱动IC、电路板、被动元件）。中游制造环节为OLED面板制造，包括面包制造和模组组装。下游制造环节为OLED应用，包括手机显示、OLED TV、VR、穿戴设备、平板、电脑、车载显示、照明领域等。合肥市具有显示面板、模组、装备、基板玻璃、光学膜、偏光片、显示光源、驱动IC、电子化学品、大宗气体、整机生产的全产业链。蚌埠市以玻璃产业为核心支撑，目前已经形成了从"硅砂加工—高强度盖板玻璃、超薄触控玻璃—ITO导电玻璃、玻璃盖板等—触摸屏—显示模组—终端应用产品"的新型显示产业链条。

集成电路产业链。IC 设计—IC 制造—IC 封测，其间涉及 EDA、IP 供应商、硅晶圆、拉晶片、长晶圆、蚀刻等基础配套以及光化胶显影液、高纯气体、刻蚀气体等原材料供应商。目前合肥市已形成涵盖设计、制造、封装、测试、材料、设备等环节的全产业链，拥有集成电路企业 200 余家 IC 设计企业包括联发科技、群联电子、兆易创新、君正科技、灿芯科技等，芯片制造、封测企业包括力晶科技、晶合、长鑫、中电科三十八所、芯碁微装等。蚌埠集成电路发展目前集中在太赫兹设备生产制造和无损检测服务、元器件可靠性检测、高绝缘导电膜、砷化镓 MMIC 微波集成电路芯片。

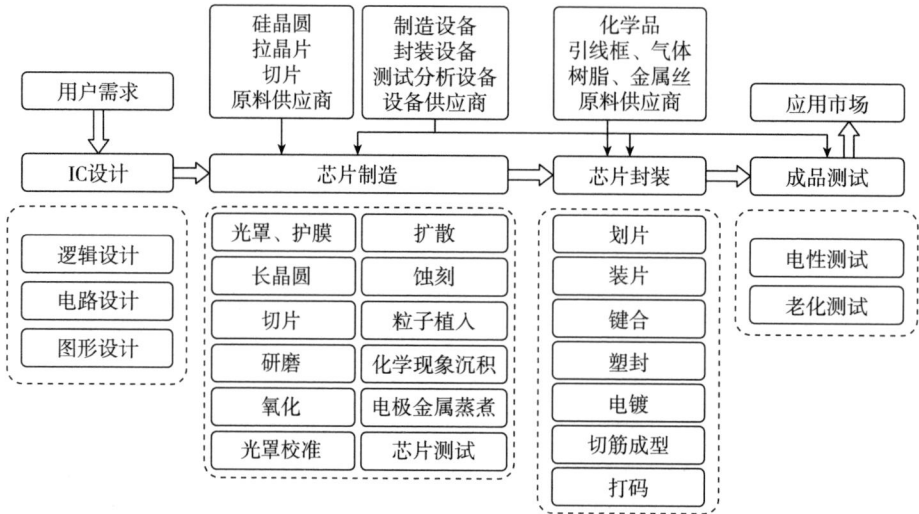

图 3－1　集成电路全产业链

人工智能产业链。合肥市智能语音及人工智能、智能装备产业优势突出，拥有科大讯飞、巨一自动化、华米科技、朗坤物联网等行业领军企业。芜湖市形成了涵盖关键零部件、本体制造、系统集成的工业机器人产业链，埃夫特智能装备生产的自主品牌多关节机器人市场占有率居全国首位。马鞍山市是安徽省特种机器人产业集聚地。蚌埠市初步集聚一批人工智能及机器人零部件相关企业。

在产业合作的同时，也能看到圈内城市的竞争行为。以智能家电产业为例，合滁芜蚌均为主导产业，相似度较高。合肥是全国三大家电生产基地之一，聚集了海尔工业园、长虹美菱产业园、美的荣事达工业园、格力工业园、荣事达三洋工业园、南岗工业园等家电生产园区；滁州经开区作为安徽省首批 14 个战略性新兴产业集聚发展基地之一，已经落成康佳、扬子、KKTV、博西华、万爱电器、欧品电器、韩上电器、金帅、富达等众多家电企业，年产值接近 400 亿元；芜湖是全国较大的空调生产基地，家用空调年产能达2000 万台，并形成了以鑫龙电器、明远电力设备为代表的输及控制配电器件的产业体系。圈内城市应形成框架性协议来疏导圈内城市的竞争行为，明确各城市产业发展的精细领域与主攻方向，以此做大合肥都市圈特色产业。

表3-6 圈内城市重点发展产业

城市	重点发展产业
滁州	智能家电、新能源汽车、电子核心产业、智能仪器仪表、轨道交通、新材料、食品加工
桐城	智能制造、节能环保、新能源产业、新材料产业、羽毛绒及制品加工
蚌埠	电子信息、高端装备制造、生物产业、新能源及新材料、金融业、文化产业、食品加工业、金融业
六安	家用电器、智能家居、生物药品、建材、发动机、先进零部件、智能电网
马鞍山	机械加工制造、汽车产业、轨道交通装备、高端数控机床、高端装备、生物医药
淮南	装备制造、电子信息、现代医药、光电新能源、高新技术、现代服务、文化旅游
合肥	新型显示器件、集成电路、人工智能、新能源汽车及光伏、装备制造、大基因及生物医药、量子产业、先进制造业
芜湖	电子电器、新型建材、生物制药、汽车产业

（五）公共服务逐步开放共享，但一体化尚须深入推进

积极开展教育合作。加强培训资源合作，充分发挥各市教学资源优势，结合党校主体班次、专题班次情况到对方市开展异地教学；组织教育教学观摩，每个市组织小学、初中、高中不同层次中小学骨干教师10名，分别与其他市开展一次中小学教学观摩交流活动。优质教育资源以合办、设立分支机构或托管等方式向都市圈各城市发展，合肥八中设立霍邱分校。

推进医疗合作机制建设。2019年10月底圈内各市就《合肥都市圈卫生健康合作框架协议》（征求意见稿）提出意见和建议，围绕承担卫生健康发展理念和政策研讨、医疗卫生单位间重大科研技术项目攻关协作、推进区域内医联体建设、卫技人员双向交流、突发公共卫生事件和卫生应急救援方面的交流与合作，推动疾病控制、妇幼保健、卫生健康综合监督等机构建立信息共享、联防联控、相互合作等工作机制，推进区域内社区卫生服务机构、乡镇卫生院等基层医疗卫生机构间交流合作和区域内流动人口计划生育服务与管理等相关工作进行商榷，并达成初步共识。

社保一体化。合肥都市圈城市间已落实住房公积金缴存实行异地互认，异地认证养老金、转接社保、异地就医直接结算。2016年在省社保基金结算支付中心支持下，利用现有的省级医保结算平台，在不打破各市现有的政策框架，以及不改变现有经办管理体制的前提下，实现了合肥、六安、淮南、滁州、桐城市异地住院及时结算。合肥市已与圈内其他四市开展了工伤认定案件的协助调查或委托调查，建立了劳动能力鉴定专家互助机制。推动圈内统筹地区异地居住退休人员养老金领取资格认证的协查协力，通过认证信息系统在圈内社保经办机构之间传递。基本建立圈内各市失业保险无障碍跨地区领取机制，失业人员可选择在原用人单位失业保险缴费地或户籍所在地领取失业保险待遇。

（六）合肥科创优势突出，但教育投资占比相对较低

在校学习的大学生数在一定程度上能够反映一个地区教育水平的高低和教育资源的分布情况，同时也是地区科技创新人才供应的最主要来源。圈内城市合肥人力资源最为富

集，常年稳定在 62 万人左右，芜湖居第二位为 16 万，其次为淮南（7.7 万）、蚌埠（6.4 万）、滁州（5.7 万）、马鞍山（5.6 万）和六安（3.6 万）。圈中合肥市作为综合性国家科学中心、具有国际影响力的创新之都，其创新水平远高于都市圈内其他城市。值得注意的是，尽管成人高等教育及研究生在校生保有量有一定份额，但是距离东部省份发达地区及全国教育资源密集地区相比，都市圈整体教育基础仍相对薄弱，教育投资占比相对较低，未能紧抓政策优势和教育发展先机，其发展速度较慢。

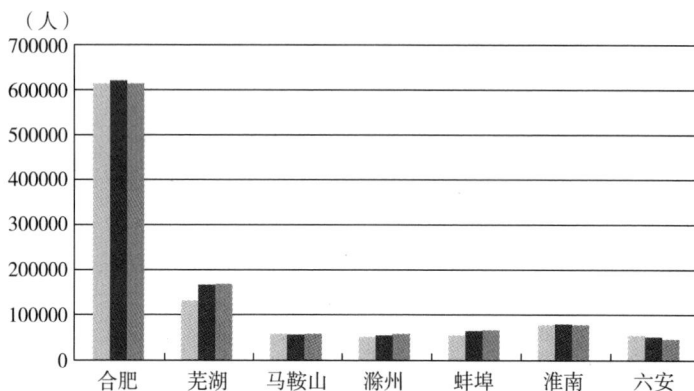

图 3-2　各城市在校大学生人数（2015～2017 年）

（七）外商投资总额稳步增长，但各地发展不平衡

良好的营商环境是海内外客商在安徽投资发展、开拓事业的有力保障。2015～2017 年圈内城市的外商投资金额稳步增长，合肥、芜湖、马鞍山经济外向程度接近，2017 年三市的实际利用外商直接投资金额分别为 30.02 亿美元、26.87 亿美元、22.76 亿美元，其次为蚌埠 16.1 亿美元、滁州 12.23 亿美元、六安 4.37 亿美元和淮南 2.38 亿美元。合肥都市圈应鼓励各地在法定权限范围内完善招商引资优惠政策，鼓励外资以特许经营方式参与基础设施建设，支持外资企业在国内上市和发债融资。积极引进中高端产业和知名跨国公司，推进中德、中新苏滁等合作产业园建设。积极扩大对外投资，完善"走出去"政策和信息服务体系，加强国际产能和装备制造合作，积极发展境外经贸合作区。

（八）圈内各市要素价格相对均衡，但房价与地价悬殊较大

这里选取土地出让价格与职工平均工资来表示要素成本价格。根据房天下数据，2019 年 7 月合肥市有 20 宗土地出让交易，土地出让平均价格为 8445.9 元/平方米，住宅用地出让价格为 14040.85 元/平方米，工业用地出让价格为 254.43 元/平方米；同期，芜湖市发生 12 宗土地出让交易，土地出让平均价格为 4344.44 元/平方米，住宅用地出让价格为 8100.86 元/平方米，工业用地出让价格为 206.16 元/平方米。合肥市居民住宅用地价格远高于其他城市，而工业用地出让价格与其他城市相差不大。合肥市政府通过高价出让住宅用地，低价出让工业用地，一方面利于招商引资进而拉动产业升级与就业，另一方面也

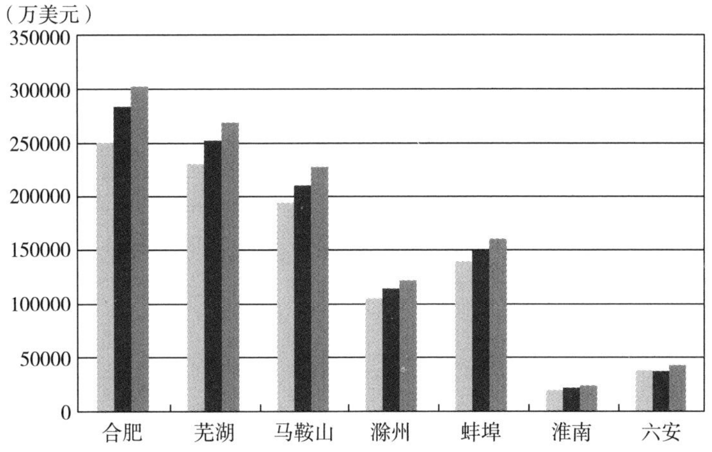

图 3-3　各城市当年实际利用外商直接投资金额

获得了超额的地方财税收入。需要指出的是，合肥市较低的工业用地出让价格，可能会激化圈内城市的招商引资竞争与产业结构趋同，而阻碍合肥都市圈一体化进程推进。

劳动力成本方面，2017 年合肥市职工平均工资 7.7 万元，其次为马鞍山（7.2 万元）、淮南（7.1 万元）、滁州（6.7 万元）、芜湖（6.7 万元）、六安（6.5 万元）和蚌埠（6.2 万元）。职工平均工资指企业、事业、机关单位的职工在一定时期内平均每人所得的货币工资额，这在统计时难以考虑中小企业、自主经营等经济主体的收入所得，而重点统计机关事业单位的在岗平均工资。由这项指标可以看出，合肥市劳动力成本要高于其他城市。

表 3-7　各城市职工平均工资　　　　　　　　　　　单位：元

年份	合肥	芜湖	马鞍山	滁州	蚌埠	淮南	六安	桐城
2015	65806	57372	60093	56336	51146	59424	51354	—
2016	71054	61385	65060	61436	56015	58543	59107	—
2017	77484	66883	71809	67264	61537	71218	65070	—

（九）合作机制逐步成形，但仍需完善

其一，都市圈间的政府合作机制。合肥都市圈建设在宏观层面隶属于长三角一体化建设体系中的重要构成部分，因此，推进合肥都市圈建设势必需要从长三角的视角考虑问题。该层面现行的合作机制主要包括：①副省（市）长级别的"沪苏浙经济合作与发展座谈会"；②市长级别的长江三角洲城市经济协调会；③长三角各城市政府职能部门之间的协调会。其中，长江三角洲城市经济协调会是最具实质性的一个工作会议。

该会议的前身是 1992 年建立的长江三角洲 15 个城市协作部门主任联席会议制度，1997 年升格为城市经济协调会。协调会按照城市笔画每两年在执行主席方城市举行一次市长会议，由市长或分管市长参加一次工作会议。常务主席方是上海市，常设联络处设在

上海市人民政府合作交流办公室。2004 年 11 月第五次会议上，规定协调会的市长会议由两年一次改为一年一次。历次会议的举办情况如表 3 - 8 所示。

表 3 - 8　历次长三角城市经济协调会

会议	时间	举办地	会议	时间	举办地
第 1 次	1997 年 4 月 28 ~ 30 日	扬州	第 11 次	2011 年 3 月 31 日至 4 月 1 日	镇江
第 2 次	1999 年 5 月 6 ~ 7 日	杭州	第 12 次	2011 年 4 月 17 ~ 18 日	台州
第 3 次	2001 年 4 月 26 ~ 28 日	绍兴	第 13 次	2013 年 4 月 13 ~ 14 日	合肥
第 4 次	2003 年 8 月 15 ~ 16 日	南京	第 14 次	2014 年 3 月 29 ~ 30 日	盐城
第 5 次	2004 年 11 月 2 日	上海	第 15 次	2015 年 3 月 26 ~ 27 日	马鞍山
第 6 次	2005 年 10 月 22 日	南通	第 16 次	2016 年 3 月 24 ~ 25 日	金华
第 7 次	2006 年 11 月 24 日	泰州	第 17 次	2017 年 3 月 30 ~ 31 日	淮安
第 8 次	2007 年 12 月 11 日	常州	第 18 次	2018 年 4 月 12 日	衢州
第 9 次	2009 年 3 月 27 日	湖州	第 19 次	2019 年 10 月 15 日	芜湖
第 10 次	2010 年 3 月 26 日	嘉兴			

资料来源：http：//www.baidu.com.

其二，都市圈内的政府合作机制。目前在推进合肥都市圈发展过程中，地方政府注重完善高层领导沟通协商、市长协调会调度推进、牵头部门具体落实、市县共同配合的联动运行机制，建立了合肥都市圈党政领导高层会商制度与合肥都市圈常务副市长协调会制度，自 2010 年以来，已先后举办八次都市圈城市党政领导会商会议与五次常务副市长协调会。其中，圈内建立了部门联席会议制度，圈内发改、经信等部门建立了主任联席会议制度，以进一步筹划具体合作项目，加强各圈内统计相关部门的联系与沟通。这些专业领域内的合作机制成为城市间开展专题合作的基础平台。其中，《合肥都市圈中长期发展规划（2014 - 2030 年)》的制定加速了合肥都市圈的一体化建设进程。都市圈政府还颁布有关工业、农业、社会服务、交通基础设施、环保等专项规划。

2017 年合肥都市圈城市党政领导第八次会商会议期间，7 个城市相关部门分别签署了交通、工业、农业、科技、商贸、旅游、环境保护、人才等方面开展专题合作。从产业层面来看，合肥都市圈从城市产业优势出发，先选择高端装备产业、家用电器产业、汽车产业和电子信息产业四大产业，推进集群发展，逐步构建合肥都市圈核心发展带，加快推进合六、合淮、合滁工业走廊等核心发展带建设，打造产业转移的重要承接平台。

但都市圈政府—企业的合作机制以及都市圈内社会组织的合作机制有待建立。

二、突出问题

（一）龙头合肥带动力不强，部分城市合作意愿不足

合肥市本身处于快速发展阶段，自身对周边的虹吸效应较为明显，但是辐射带动能力

有限，导致部分城市认为合肥市难以承担推进合肥都市圈建设的重任，且加入合肥都市圈后不但不能享受到合肥市发展带来的溢出效应，反而会因合肥市自身发展需求增加自身经济发展的压力。合肥都市圈内的部分城市（如滁州、马鞍山、芜湖等地）由于和南京市合作历史悠久、空间距离较短、文化认同较高，对于融入南京都市圈建设更加热情，导致合肥都市圈未来面临来源于南京都市圈带来的竞争压力。

（二）合肥都市圈战略定位有待拔高，相关规划落地性差

首先，合肥都市圈虽是长三角城市群五圈之一，但与其他都市圈的关系及其在长三角城市群的功能定位上不明确，影响了合肥都市圈对长三角一体化推动作用的发挥。

其次，由于合肥市和都市圈内其他城市不存在强制性的权力制约关系，无法通过行政力量有效推动合肥都市圈工作的开展，因此仅凭合肥市的一己之力无法推动合肥都市圈的建设。加之省委省政府对合肥都市圈的政策支持力度不够，导致合肥都市圈缺乏强有力的推进主体和战略发展方向。

最后，尽管发布了各类都市圈规划，但调研过程中各市普遍反映关于合肥都市圈的相关规划数量不少，但落地性差，规划的实践指导意义并不明显。

（三）交通一体化进程缓慢严重制约了都市圈的同城化

合肥都市圈交通基础设施建设主要面临以下几大问题：一是道路交通建设受到用地指标限制和较强的生态环境约束性制约。比如道路交通项目大多为线性工程，经常存在基本农田占用情况。合芜高速裕溪河大桥，项目为原址扩建，但相关水域均属于生态红线保护区，导致项目无法正常开工建设。二是各城市与合肥市道路连接网络不够密集，交通运力不足。比如六安市内铁路、高速公路等陆路交通的路网密度相比南京、芜湖等城市尚有一定的差距，在一定程度上影响陆路枢纽的发挥。三是部分城市与合肥市的高铁尚未开通，如马鞍山、芜湖、滁州等地与合肥市没有直达高铁，极大影响了合肥都市圈交通一体化进程。

（四）缺乏大项目抓手，产业合作滞后

合肥都市圈成员城市的产业战略规划雷同度高，多数致力于智能家电、先进制造等新兴产业，会导致中长期热点产业的产能过剩，不同城市之间缺乏科学合理的产业分工。目前合肥都市圈尚未形成不同城市产业的差异化发展格局，恶性竞争问题凸显，未完成从城市产业竞争局面向产业竞合状态的过渡。

（五）人才"引不进、留不住"，人才集聚功能较弱

相对于长三角发达省市，安徽省对人才的吸引力较弱，且近年来本土人才流失也较为严重。人才流失主要存在两个行业，一是制造加工业，二是教育行业。滁州、马鞍山等地工业基础较强，但是企业无法提供具有竞争力的薪酬水平，叠加邻近江苏浙江等经济发达地区，人才流失到外地的现象普遍存在，导致工业发展缺乏人才配套。淮南、桐城等地师资力量较好，但是近年来部分名师前往合肥、沪苏浙等地的居多，导致自身教育实力严重

下滑。此外，合肥都市圈部分城市缺乏优质的高等院校，无法有效培养服务于本土的高素质人才。

（六）公共服务不均等，教育、医疗、养老、社保一体化有待加强

合肥都市圈各城市公共服务水平差距较大，在教育方面，合肥市基础教育和高等教育占据明显优势，对周边城市优质师资的虹吸效应明显。在医疗方面，合肥市高水平医疗机构数量较多，对于都市圈内患者更具吸引力，挤压了其他城市医疗机构的生存空间。在养老和社保方面，都市圈内各城市对接力度不够，无法实现都市圈居民对相关服务的完全共享。

第四章 建设目标与路径

一、建设目标与定位

（一）建设目标

坚持五大发展理念，坚持推动高质量发展，紧扣"一体化"和"高质量"两个关键，按照创新共建、协同共进、绿色共保、开放共赢、民生共享基本原则，坚持上海龙头带动，联动杭州都市圈、南京都市圈、苏锡常都市圈、宁波都市圈，打造具有国际影响力的创新之都、国际组织和总部经济集聚区、长三角世界级城市群副中心，推动制造业高质量发展，推进城乡深度融合，建设统一开放市场体系，成为长三角向中西部延伸的重要枢纽，为长三角世界级城市群建设开创新局面。

（二）重点方向

提升合肥省会城市能级，加快都市圈国际化步伐，建设具有较强影响力的国际化都市圈、引领全省高质量发展的核心增长极。联动皖江、皖南、皖北三大板块，推动安徽省内协调发展，打造具有国际影响力的创新之都、国际组织和总部经济集聚区、长三角世界级城市群副中心，促进经济社会协调发展，提升区域整体实力。

推进都市圈同城化步伐。建设合芜马跨市合作区，加快合六经济走廊、合淮蚌产业走廊建设，积极建设合芜、合马、芜滁、合滁、淮滁、合桐发展带，有序推进都市圈扩容提质。以基础设施一体化和公共服务一体化为着力点，构建便捷的都市通勤圈、优质生活圈。

深化与长三角都市圈合作联动。重点加强与南京都市圈协同发展，打造跨省都市圈协调发展典范。强化与上海大都市圈对标对接，深化与杭州、宁波都市圈互动互补，促进合肥都市圈参与区域产业分工与国际要素分工，共建长三角世界级城市群。

（三）空间格局

立足比较优势，坚持整体推进，重点突破，进一步明确发展定位，确定"功能互补、城市联动、轴向集聚、节点支撑"的空间布局思路，明确以"一核、九城、五轴、多节点"为骨架，以战略性功能区平台为载体，以交通干线、生态廊道为纽带的都市圈网络型空间结构。五轴：合滁宁、合芜马、合淮埠、合六、合铜宜产业发展带；战略性功能区平台指四个一创新主平台等；九城：现在1+7，未来1+8（合淮蚌六马芜铜滁宜）。

加强与沪苏浙对标对接、合作并进，形成核心引领、组团联动、多点支撑、特色鲜明的"一核两组团"空间发展格局。

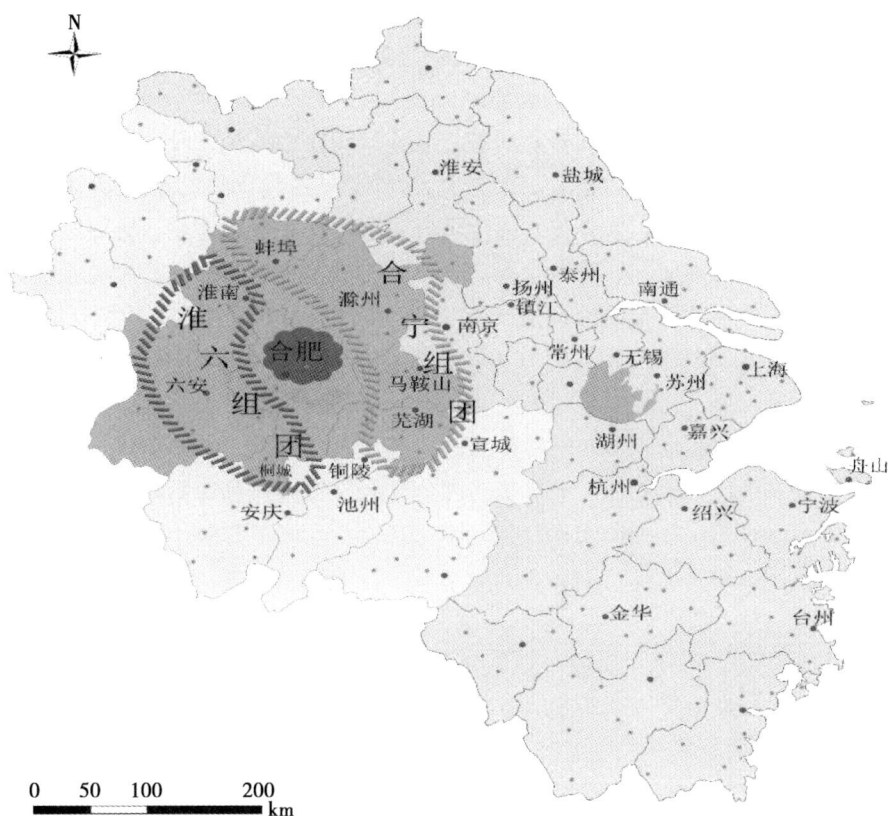

图 4-1 合肥都市圈示意图

1. **核心城市：合肥**

利用"一带一路"和长江经济带双节点城市的区位优势，依托综合性国家科学中心，将合肥打造成有国际影响力的创新之都，长三角世界级城市群副中心，战略性新兴产业集聚区、全国性综合交通枢纽，引领都市圈跃升、带动全省发展的核心增长极。

2. **合宁组团**

合肥都市圈与南京都市圈双圈交叉、融合发展，共建长三角一体化跨省合作示范区，比如合芜宁科技创新合作示范区；建设合芜马跨市合作区，强化产业分工与区域协作，合力打造全国电子信息产业集聚区；推动基础设施互联互通，积极发展河海联运、铁海联运，做大合肥港物流船运规模，做强合肥都市圈内陆开放发展新格局。

3. 淮六组团

深耕合肥传统经济腹地，推动新兴产业集聚发展，强化环境保护，加快淮南资源型城市经济转型升级；促进大别山革命老区振兴发展，推动生态文明与脱贫攻坚协调发展，打造合肥都市圈绿色样板区，为合肥都市圈的永续发展打下坚实基础。

二、合肥都市圈建设路径

（一）强化区域协同，促进联动发展

1. 转变政府职能，构建区域协同新机制

在新时代背景下，地方政府的核心职能是服务，相应地，地方政府的行政理念也应实现从传统管制型政府向以服务为核心，以竞争、开放、透明、有限、法治、民主、高效为价值理念的服务型政府转变。要充分发挥市场资源配置的决定性作用，更好地发挥政府在规划政策引领、空间开发管制、公共资源配置、体制机制改革等方面的作用。在城市群区域一体化发展的框架下，转变政府职能具有更加丰富的内涵，包括摒弃原有的"唯 GDP 论"的政治考核体系、打破"一亩三分田"的狭隘思维，以城市间共下"一盘棋"的思维推进区域的联动发展。目前，促进长三角地区一体化发展的共识已经达成，现实基础也比较坚实，区域一体化发展机制也已经建立，但跨区域发展的协调机构发挥作用还不够。与长三角城市群其他都市圈相比，合肥都市圈创建较晚，整体品牌影响力不强，且特色不显著，影响了对外吸引力和竞争力。此外，南京都市圈不断扩充腹地范围，徐州、郑州的发展也挤压着空间。对合肥都市圈而言，周边城市群的相继发展，使得竞争不断加大，协作倾向不断弱化。

（1）完善长三角区域协同机制。长三角地区各级政府应充分发挥引领作用，进一步完善区域协调机制，从制度源头上加强法律监管，来规范各地的经济行为。一是制定相关规划和政策，积极推进合肥都市圈和长三角其他省市资源、技术、人才等方面的协同融合，实现生产要素跨区域的合理流动和资源的优化配置。要发挥上海龙头带动的核心作用和区域中心城市的辐射带动作用，进一步联动苏浙皖等地；二是建立健全地方财政和税收分享机制，鼓励行业协会、基金会等社会团体组织共同设立跨区域融合发展投资基金，推进各种社会组织、行业协会等共同参与到一体化治理过程中，加强各企业团体的协作整合；三是安徽省政府应建立健全三级推进制度，即基于合肥经济圈原已形成的决策层、协调层和执行层"三级运作"的区域合作机制的基础上，加强安徽省政府的引导作用，建立起高度重视、上下联动、协调推进的工作机制。充分发挥合肥都市圈合作发展协调机制的作用，并朝着顶层设计的目标突破。从具体的项目出发考虑一体化的协同和联合，建立负责区域协调管理的综合性权威机构来统筹规划各项事宜。

（2）加强都市圈内合作意识。对于合肥都市圈内各市而言，由于长三角城市群大都

进入了制度合作阶段，而合肥都市圈尚处于建设布局阶段，都市圈内各市合作意识还比较薄弱。因此，安徽省各市应加强合作意识，充分发挥各市优势，全力推进合肥都市圈发展。加强安徽省政府及其部门的领衔、牵头、推动作用，各项运作机制一般应由省政府主管部门牵头负责或委托牵头市负责，业务工作由各市落实，保障并促进合肥都市圈的层层推进。特别地，芜湖、马鞍山两市应抢抓机遇，积极参与合肥都市圈的建构与发展。马鞍山和芜湖受长三角影响极大，是安徽省最具向上力的两座城市，且与南京毗邻，具有绝佳的地理优势。合肥都市圈以芜湖、马鞍山为纽带、桥梁，不仅能够加快与南京都市圈融合发展，而且能够倒逼自身科学加快发展。因此，马鞍山和芜湖应该利用地缘优势，充分利用南京都市圈的带动作用。同时也顺应大势，充分领会国家和地方的战略意图，发挥好"同省优势"，积极参与合肥都市圈的建构与发展。一是由安徽省政府带头规划，并成立跨区域、多部门的规划制定委员会，统筹规划工作，增强上述规划对合肥都市圈内各城市发展的时效性。一方面，规划应由安徽省政府部门承担总体规划的编制工作，以保证规划的权威性和带动性。合肥市应发挥都市圈核心城市的领头作用，积极响应省级部门编制的总体规划。圈内其他城市也应整合自身总体发展规划和专项规划的细则，将与合肥都市圈建设紧密相关的规划内容融入到整体规划中来，做到"上下一致""多规合一"。在规划制定过程中广泛听取诸如科研院所、民间团体等不同主体对合肥都市圈发展的建议与对策，吸收合理的建议对策加入规划，增强规划的科学性和可行性。另一方面，规划应充分考虑合肥都市圈不同城市的发展目标，进而形成都市圈的核心发展目标，不因整体发展目标牺牲局部城市的发展利益，增强都市圈城市的发展凝聚力和其他城市对合肥都市圈的认同感；对城市功能进行差异性定位，确定合肥市在都市圈内的核心城市地位，发挥合肥市高新技术产业、社会公共服务、优质教育与医疗配套在都市圈内的全方位服务功能。进一步强化芜湖和合肥的高新技术产业合作、淮南及桐城对合肥的农产品供应、马鞍山及滁州和合肥市高铁的互联互通，突出不同城市功能的互补性，重点实现各城市主导产业和公共服务的互补性；对重点项目的空间布局进行详细安排，充分考虑项目落地所需的地理环境、市场容量、交通区位等因素，保障重点项目后期的建设运营。对于都市圈各城市的优势产业、主导产业进行摸排，避免产业的重复建设和恶性竞争，引导产业协调发展，形成支撑合肥都市圈发展的特色产业链。二是完善项目推进机制，避免在范围广泛的领域中进行抽象讨论，应落实到具体项目。这就要求都市圈内各市政府部门依据各项发展规划建立项目清单机制，并依据不同的主题，编制合作项目清单。明确项目内容、牵头单位，建立都市圈项目推进机制，从而有效地细化工作任务、明确责任主体，考察工作效果，加快推进都市圈深度融合发展。与此同时，建立项目跟踪督查机制，搭建信息交流平台，跟踪了解项目进展情况，及时发现和解决项目实施过程中需要解决的问题，提高合作项目进展速度，促进合肥都市圈的发展。

2. 优化产业分工，完善产业协同机制

产业协同是一体化格局形成的重要纽带，在长三角一体化发展战略下，长三角城市群应打破行政壁垒，通过产业空间整合实现产业高端化、要素高级化以及集群高度化，形成城市间职能分工的优势互补。长三角城市群目前已形成以上海为龙头、南京和杭州为两翼、其他节点城市网络化发展的空间格局，各都市圈能否依据自身的比较优势科学合理地

选择主导产业是整个都市圈能否提升发展质量和速度的关键。对合肥都市圈来说，一方面，其东面与长三角世界级城市群的沪宁合发展主轴相融，马鞍山、滁州与南京都市圈无缝对接，西面与长江中游城市群相邻，南面与长江大动脉相通，北面与中原经济区相近，拥有独特的区位优势；另一方面，合肥市是全国首个国家科技创新型试点城市，拥有3所国家实验室和4座重大科学装置，具有极佳的科教优势。因此，合肥都市圈应抓住其区位优势，积极接受长三角先进技术、服务和产能的优先辐射，与此同时，要充分发挥其科教优势，加强与长三角其他都市圈的创新协同发展。

（1）推进长三角产业一体化发展。长三角地区各地政府一方面应制定一系列激励性政策，大力鼓励企业进行跨地区、跨产业、跨所有制的兼并重组，企业兼并重组活动，实现按经济区域"极化—扩散"增长的现代生产力配置方式，以促进产业集群的发展和升级。打破行政壁垒、创新体制机制，既要顺应人口、人才向中心城市集聚的需求，又要超前预判解决向中心城市合肥过度聚集带来的弊病，构建中心城市与周边地区功能互补、要素有序流动、设施共建共享的多中心、网络化、组团式都市圈发展格局；另一方面重视产业集群间的功能整合，充分发挥长三角地区各地的优势。以安徽省为例，应当充分发挥其科技创新优势，注重与上海的国际金融优势、浙江的互联网和数字产业优势之间的一体化分工和协同发展，从而带动合肥都市圈的产业发展。积极推动优势资源的共享发展，从而更好支撑引领产业结构转型升级。

（2）构筑都市圈内产业分工格局。受限于自身人才和技术水平，圈内各地对于一些不具备发展基础的高尖端行业不应"一拥而上"，而是围绕核心城市的优势产业做好配套工作，形成完整的产业链条。通过不同城市市场平台和特色产品与服务，促进圈内各城市的产业衔接，实现产业梯度转移。进一步升级产业优势，为不同城市优秀企业开辟新的发展空间，为产业提档升级提供机遇。就合肥都市圈内各级政府而言：首先，要突出产业群带共建，按照产业集群一般规律，推动区域分工协作和集群化发展。坚持市场在资源配置中的决定性作用，辅以财税、信贷、产业、价格和利率等政策手段，合作培育地区性、国家级乃至世界级的产业集群。充分发挥核心城市带动作用，联合打造合淮、合六、合滁、合桐宜、合巢芜五大产业带，构建全省乃至长三角的产业高地。优化产业空间布局，落实主体功能区规划，建设国家级重点开发区域，坚持人与自然和谐发展，以城镇为载体，以产业园区为基础，以交通干线为依托，优化产业空间布局，促进产业与人口、资源、环境相协调的可持续发展。其次，要积极推进园区聚集式发展，深入开展市县结对合作、共建合作园区，推进开发区、工业园等聚集式发展。落实《长江三角洲城市群发展规划安徽省实施方案》，强化与沪苏浙的链式合作，重点围绕高科技产业链关键环节、传统产业链高增值环节，有针对性地承接产业梯度转移，共同打造产业整体竞争优势。在智能家电、先进装备、新能源、旅游、现代农业等发展上加强协调，共同打造区域产业链和价值链；最后，群内各市要明确自身在产业协同中的定位，依据整个都市圈发展规划，在都市圈领导小组统一领导下，发挥激励主体的作用，出台相关的政策法规，鼓励本地区产业与都市圈内产业实现协同发展。一是设立产业协同发展基金，对都市圈内产业转移与配套提供奖励，引导都市圈内产业实现合理的分工。利用发展基金进一步将更多的社会资本引向发展前景广阔的战略性新兴产业、高新技术产业及生产性服务业，从而实现都市圈三次产业间的协同。二是精准定位主导产业，坚持一二三产业互补发展，优化生产要素优化配置，开展产业深度合作。这要求都市圈内各城市首先应夯实自身的优势产业（如芜湖的新能源汽车、滁州的六大主导产业、六安的装备制造业、桐城的智能制造和节能环保产业等），对于税收贡献高、就业容量大、发展前景良好的企业实行贷款、税收等多方面的政策优惠，打造助力地方经济发展的支柱性产业和龙头企业。在城市产业合作方面，全面推进合肥市和六安市合肥高新区霍邱现代产业园、舒城包河现代产业园、合肥经开区与霍山共建高端装备合作园的建设。与此同时，巩固第一产业基础，发挥农业在地方经济发展过程中的基础性作用。目前，桐城市和合肥市农业合作取得了初步成效，桐城与合肥市合作共建蔬菜基地达 4000 余亩，每年向合肥市场供应桐城水芹、莲藕、秋葵等特色蔬菜 1.7 万吨以上，辐射带动当地向合肥市场供应蔬菜 4 万吨以上，成为合肥市农产品重要的来源地区。同时应淘汰地区落后的工业产能，引导资本流入新兴产业，优化资源配置。发展现代服务业，培育地区新经济增长点，积极推动城市间文旅融合进程，为经济发展注入新动能。都市圈内各地应利用自身独有的旅游资源，打造特色旅游产品和服务。设计跨区域的精品旅游线路，融入文化元素，丰富游玩体验。联合展开对外宣传和推介活动，形成区域文化旅游发展合力。同时，将淮南、桐城等地打造为合肥都市圈后花园，开拓六安的合肥都市圈旅游客源市场，积极通过合肥都市圈旅游推介平台，推出乡村游、自驾游和研学游等特色旅游项目，助推旅游市场繁荣。继续优化合淮两市旅游线路与特色景点开发，推动旅游一卡通、一票通建设。积极推进区号、高速公路收费等同城化，让合淮两市群众充分享受一体化带来的红利。三是发挥圈内各市产业优势，面向全球、面向市场、面向中长期发展，坚持错位化和互补性发展。准确定位各市的发展优势，有重点地培育各自的优势产业和新兴主导产业，在经济新常态下合作培育优势产业，整体推进产业转型升级。例如，肥西与肥东应当作为中心城区进行谋划；长丰已是合肥主城区的重要组成部分，是省会辐射皖北的"桥头堡"、合淮同城化的"承接地"，因此要发挥好合淮一体化的连接作用。巢湖要突出山水城市特色，联动城区北部的半汤温泉资源，推动有利于发挥滨湖和温泉特色的相关产业发展，实现"拥湖"特色发展，建设成为现代产业发展高地、全国著名的旅游休闲度假胜地、"三面青山一面湖"的生态之城。桐城市北距省会合肥 98 千米，南至安庆市 68 千米，是皖西南的交通枢纽和承东启西的通衢之地，更是皖江城市带承接产业转移示范区的前沿阵地和合肥都市圈南翼门户城市，因此应充分发挥其区位优势，推进基础设施互联互通，构建综合交通网络体系。淮南市则应该充分发挥煤炭能源资源优势，引进技术，积极发展替代产业，实现产业结构升级等。并可以与合肥市建立区域性融资担保机构，完善园区共建、联合招商等制度，支持淮南推进局域电网建设和售电侧体制改革，一方面能够满足合淮同城化投融资需求，另一方面能够将淮南电力资源转化为合淮同城化的发展优势。

3. 提高城市化水平，健全城乡融合机制

近期国家公布了《长江三角洲区域一体化发展规划纲要》，对加快都市圈一体化发展提出了新要求，强调要推动都市圈同城化，实现协调联动。提高城市化水平，推动城乡社会、经济、文化和制度等多方面融合，是实现都市圈同城化建设的前提和基础。

因此，首先，长三角地区（包括合肥都市圈各省市）要充分发挥政府主导作用，改

善农村地区发展环境。要以转变农业发展方式为主线，着力提升农业设施、农业组织和农业科技水平。积极发展都市高效生态农业，不断增强农业的经济功能、生态功能和服务功能。同时，完善惠农强农政策，健全农业补贴、生态补偿等制度，加大农业投入力度，推进先进农业设施和装备的应用、农业资源的有序利用，在工业化、城镇化过程中推进农业现代化。政府应在做好农村经济调节、加强市场监管的同时，更加注重履行社会管理和公共服务的职能。例如，进一步完善土地承包经营流转平台的建设，完善土地承包经营信息管理系统，并及时发布流转信息，实时监测流转动态，促进土地流转，维护农民土地权益。其次，长三角各地区（包括合肥都市圈各省市）要积极统筹城乡基础设施建设，提高城市化水平。按照优化生产力和人口布局的要求，大力加强农村基础设施建设，坚持公交优先战略，加快城乡公共交通设施的对接，"缩短"城乡之间的空间距离，促进城乡空间融合和人口融合。以合肥都市圈为例，应强化周边市县与合肥中心城区之间快捷的交通运输网络，发挥核心城市的辐射带动作用，推进都市圈整体协调发展。构筑以高速铁路、城际轨道、高速公路为骨架，以新桥机场及重要港口为核心，以普铁、干线公路与高等级航道为基础的区域协调的一体化综合交通运输体系。合肥中心城区、肥东以及肥西构筑以城际轨道交通系统为骨架，地面汽车、电车常规公交系统为主体，出租车为补充的城市及城乡一体化公共交通系统，充分满足核心圈层和中心城区内部人口便捷化公交出行的需求。巢湖、舒城以及其他市县构筑"高速化"交通发展网络。最后，加强产业分工与协作，实现城乡产业一体化。一是要统筹城乡产业布局，促进城乡产业布局合理化。以城乡产业融合发展为导向，优化城乡产业结构，加强三大产业的内在联系，形成分工合理、特色鲜明的产业结构和空间布局。二是要以技术含量高的第二、第三产业的发展带动农业的发展，发展优势农业。加强城乡产业之间的分工与协作，是促进城乡经济融合、最终达到城乡一体化发展的关键。依托农村地区的劳动力、土地、资源和生态优势，利用城市先进的技术、发达的资金市场、完善的商品流通网络、优良的交通通信设施等条件，加大长三角各都市对农村的引导和倾斜力度，加强产业分工与合作，实现城乡一体化产业布局。

（二）加强科技合作，推进协同创新

1. 主动作为，优化区域协同创新机制

作为长三角世界级城市群副中心和"一带一路"节点城市、合肥综合性国家科学中心、国家创新创业示范城市，合肥拥有极大的科技创新资源优势：一方面，合芜蚌自主创新综合试验区已跻身于国内自主创新示范区的第一方阵，发挥引领安徽乃至全国的示范作用。另一方面，合肥是全国重要科教基地，拥有中国科学技术大学、合肥工业大学、安徽大学等高等院校、中科院合肥物质科学研究院以及合肥微尺度物质科学国家实验室各类研发机构近1000个。合肥雄厚的创新资源要素对长三角的高质量发展发挥着不可或缺的作用，因此要全力促进合肥都市圈的创新要素与长三角其他都市圈的共享和对接。近年来，长三角三省一市创新要素与创新资源的跨地区细分与配置虽然已具有一定的基础。但从总体看，科技协同创新机制亟待加快建设，创新要素的组织化与联动性还不够高，完整与成熟的区域协同创新网络尚未形成。因此要充分发挥政府带动作用，加快长三角地区区域协同创新机制的构建与完善。

（1）要全力打造开放共享的科技要素对接和服务平台。长三角应积极发挥上海作为长三角区域创新网络体系中心城市的辐射带动作用和龙头引领作用，加强与包括合肥在内的各大创新节点城市的合作。充分发挥区域间政府协同治理作用，健全协同创新机制，培育壮大创新主体，促进区域创新要素有效配置。一是切实转变政府职能，构建以服务为主、管理为辅的区域创新协同管理与服务体系。要在完善大型仪器协作网等传统资源共享平台的基础之上，继续建设技术交易和科技成果转化网络，逐步形成"五网合一"的科技资源共享平台总门户。二是提供科技成果转化与交易等创新创业服务，为区域科技创新提供"一站式"服务。构建以沪宁杭合为核心基地的长三角科技创新圈，推进G60科创走廊、聚焦"四个一"创新平台以及大科学中心建设，促进合肥滨湖科学城与上海张江科学城共谋协同创新，联合开展专项攻关。可以借鉴自贸试验区的制度创新经验，在科技管理与服务上借鉴负面清单、权力清单和责任清单"三张清单"的管理经验，联合推进科技管理体制机制创新，以促进长三角区域科技协同创新。加强与南京都市圈创新合作，推动合肥与南京两市科技创新战略协同、成果对接、资源共享、生态共建，力争打造长三角科技创新合作的示范模板。

就合肥都市圈内各城市而言，一是要加大对圈域科技公共服务平台的资金投入。对高校和企业投入为主、市场化运作的科技创新服务平台，每年发布市级科技创新公共服务平台申报指南，经评审择优立项，在各市科技经费中每年安排一定数额支持科技创新公共服务平台建设。对公益性强的大型科技基础条件公共服务平台，例如大型科学仪器共用网、科技文献检索服务中心、产学研创新服务平台等，以政府财政投入引导为主，并按"政府花钱买服务"的思路进行滚动支持。二是要充分利用合肥综合性国家科学中心等国家级创新资源，发挥合芜蚌国家自主创新示范区的示范效应，增加其与都市圈内其他区域的合作，做到科技资源共享，提高其在产业创新与经济创新中的带动效应。

（2）要积极引导企业、高校和科研院所开展产学研协同创新合作。产学研合作是推进科技成果快速转化和高新技术市场化的重要方式，产学研协同创新已经成为国家教育、科技以及产业改革与发展的重要途径和突破口。因此长三角各地区要积极整合高校、科研院所以及科技人才等资源，深化其与企业间的合作，将创新因素融入到企业发展之中，推动科学技术成果在企业以及产业发展中的转化。一是要完善产学研协同创新合作平台功能，夯实产学研合作创新的发展基础。加快建立统一的数据标准体系，编制基于产学研合作特性的数据资源交换标准和操作规程规范，提升数据可用性。整个长三角地区应编制基于数据链的技术标准和数据规范，确保平台实现和数据标准间的一致性和兼容性。二是要制定科学合理的平台管理政策与制度。在政策方面，对各地区的产学研合作创新情况进行统筹，制定和完善相关法规，为产学研合作组织提供较好的发展环境。在制度方面，要完善产学研协同创新合作的管理制度。构建评价产学研协同创新合作成果评价体系，评价制度要对产学研合作各主体发挥作用，对技术成果和知识共享、核心竞争力的激励机制、交易成本的约束机制进行考核评价，对产学研协同创新合作组织实施高效管理。与此同时，组织构建一个独立的决策机构，发挥自我监督作用，同时对各方主体进行监督，并对合作组织运行机制的内容提出修改意见。

就合肥都市圈内部各市而言，一是要坚持开放思维，形成深度融合的互利合作格局，加强产学研协同创新合作意识。以芜湖市为例，应加快打造具有重要影响力的产业创新中心，重点推进中美下一代人工智能及工业机器人共性技术研发平台、新能源汽车共性技术研发平台、西电芜湖研究院等10个高端研发创新平台建设。深化合肥大科学中心与芜湖等创业创新城市的合作，将创新平台纳入合肥综合性国家科学中心建设范围，同时推动科技成果转化。与此同时，合肥市政府要充分发挥引导和服务职能，在改善产学研协同创新环境的同时，减少不必要的行政干预。要以市场化的方式促进科技成果的运营，将符合条件的科技创新成果的使用权和支配权下放给具体利益主体。二是合肥都市圈应制定出一个统一的产学研协同创新利益分配指导原则和管理办法，规避因利益分配问题引发的合作矛盾和冲突。同时，进一步出台相关优惠政策、加大资金支持力度，鼓励企业主动加大研发投入力度。另外，积极拓宽融资渠道，形成多样化的创新资金筹措机制，缓解圈内各市产学研协同创新面临的科研经费融资渠道狭窄的问题。

2. 多元突破，构建产业协同创新体系

产业是经济增长的动力之源，更是产业新城的立根之本，产业协同创新是促进都市圈产业转型升级和一体化高质量发展的重要途径。近年来，合肥都市圈利用自身科技资源优势，积极推动主导产业向创新方向与新兴产业方向发展，打造了智能语音、生物医药、智能家电等具有竞争力与影响力的新兴产业基地以及世界级电子信息产业集群，但相比于上海仍有较大差距。由于地方政府存在政绩的非共享性和排他性，导致在长三角区域产业创新协同过程中，生产要素无法最优集聚，资源配置效率不高，这对推动产业集聚区的结构调整与节约式发展都有阻碍。因此，为了推动合肥都市圈和长三角其他都市圈以及合肥都市圈内部各市产业协同创新，要从机制和模式两方面入手。

（1）优化科技成果转移和产业协同创新机制。一是要积极推进重点行业领军企业联合上下游企业和高校、科研院所，组建多领域、多形式产学研创新联盟，共同开展研究开发、成果应用与推广、标准研究与制定。支持产学研创新联盟承担重大科技成果转化项目，推动跨区域、跨领域、跨行业协同创新，探索联合攻关、利益共享的有效机制与模式。二是大力推进国家自主创新示范区、国家级高新区等在建设和功能对接上加强互动与协同，在门槛和标准设置、风险补贴方式、利益共享机制上加强合作，提升国家级园区的示范辐射带动作用。支持园区合作联盟、智能制造与机器人产业联盟等平台建设，推进产业链要素之间的协同创新，提升优势产业集群核心竞争力。三是充分利用科技资源，对资源要素进行合理配置。在电子信息、高端装备、汽车、家电、纺织服装五大重点产业领域产业关键技术领域开展协同创新。合肥市要充分发挥全国科研教育基地优势，突出全国重要的战略性新兴产业集聚区、国家高技术产业基地和新型工业化产业示范基地建设，全面推进三次产业联动转型升级发展。实施产业强市战略，构建具有国际竞争力的现代产业体系，培育和打造一批世界级产业集群。集中力量做大、做强、做优新一代信息技术，智能装备，生物医药和光伏新能源四大战略性新兴产业集群，强化战略性新兴产业的引领带动。合肥都市圈内部各市要以合肥为中心，全力打造合芜马、合六、合淮产业发展带，推动创新链的加速发展，加强产业链与创新链的深度融合，逐步建立与完善科技创新与产业链合作体系。

（2）优化产业协同创新模式。一是要制定产业发展专项规划。无论是整个长三角地区，还是仅合肥都市圈而言，制定产业规划是必要的。根据长三角各省市和合肥都市圈内各市产业结构、产业布局、产业特色以及环境承载能力、能源结构、土地资源储备等，从总体上编制产业发展中长期规划。规划要突破区域壁垒与利益界限，以长三角产业协调发展与建设世界级产业创新中心为总目标，以产业转型升级需求为导向，聚焦电子信息、装备制造、钢铁、石化、汽车、纺织服装等产业集群发展和产业链关键环节创新。大力发展金融、商贸、物流、文化创意等现代服务业。加强科技创新、组织创新和商业模式创新，提升主导产业核心竞争力。积极利用创新资源和创新成果培育发展新兴产业，加大对人工智能、无人驾驶汽车、量子计算机、超材料、肿瘤免疫治疗、合成生物、区块链等创新产业的投入，建立全球深科技创新产业集群。从具体项目出发，实现真正意义上的产业协同创新。二是要搭建跨区域产业协同创新平台。借鉴中关村协同创新平台模式，由长三角和合肥都市圈内各地政府组织，汇集企业、高校、科研机构、金融、服务中介等搭建产业协同创新平台。建立协同创新服务网站，线上汇聚科技资源、科技服务、科技政策、科技成果、对接需求、技术交流等信息，具有重大项目申报与审批、信息资讯发布、创新资源与服务机构搜索等功能，形成长三角地区内各省市数据能够共享共用的模式。三是要加大对产业协同创新的资金投入。设立产业创新引导基金，并成立创新基金管理委员会。创新基金主要用于支持符合产业规划、具有较高创新水平和较强市场竞争力的产业技术项目，或是在主导产业、新兴产业领域所面临的重大共性、关键性技术方面具有重大突破的原始创新项目，或是有望形成新兴产业的高新技术成果转化项目。创新基金主要投放于高端制造、新材料新能源、航空航天、新一代信息技术等战略性新兴产业领域，资助对象包括合肥都市圈内的大学、科研机构、科技型企业等。

3. 模式创新，开创企业协同创新新局面

企业作为科技创新的主体，在新时代背景下，通过与网络中其他各类主体合作，交流思想和技术、整合资源、优势互补，将会提高企业的创新绩效，实现经济高质量发展。因此，长三角地区（包括合肥都市圈各省市）的各企业应把握机遇，积极鼓励企业进行协同创新。首先，长三角地区（包括合肥都市圈各省市）的各企业自身应加强创新能力建设。这就需要各地政府完善和落实激励企业自主创新的相关政策，进一步落实规划纲要配套政策及其实施细则，特别是与激励企业自主创新相关的税收优惠、金融支持、政府采购等政策，激励企业增加研发投入，提高自主创新能力。同时加强政策的宣传和培训，做好政策实施的评估督促，建立政策跟踪研究和不断完善的长效机制，在实践中健全和完善政策体系。与此同时，企业自身要加强企业研发条件和人才队伍建设，加快推进创新型企业建设。在具备条件的企业建立国家重点实验室、工程中心等基地，鼓励企业与大学、科研机构共建各类研究开发机构，支持企业研发能力建设。鼓励企业引进海外高层次人才，开展各类人才的培训，与高等院校和科研院所共同培养技术人才。其次，长三角地区（包括合肥都市圈各省市）应积极推动企业协同创新模式和层次的进阶。鼓励企业根据自身情况，灵活性地选择委托开发、合作研发创新、合建运行实体和创新联盟等方式，而不仅仅局限于产学研协同创新合作方式。同时，大力促进科技创新资源和产业创新资源的对接互动。例如，适度拓展产学研协同创新的组织边界，突破现有的企业、大学和科研院所的格局，构建动态开放、灵敏度高的产学研协同创新系统，提高系统内商业机会和合作模式等新机制产生的可能性。最后，加快企业协同创新的技术平台和信息平台的构建。强化科技服务载体功能，定期开展技术交易对接、科技信息交流活动，开展多种形式的信息咨询、技术交流，进而实现技术供需双方信息的无缝对接。

（三）坚持多管齐下，加快互联互通

1. 交通基础设施互联互通

交通体系互联互通是促进各都市圈之间或都市圈内部城市协同发展的基础，更是重点。合肥都市圈东与长三角世界级城市群的沪宁合发展主轴相融，马鞍山、滁州与南京都市圈无缝对接，西与长江中游城市群相邻，南与长江大动脉相通，北与中原经济区相近，这是合肥都市圈独具的区位优势。因此，合肥都市圈应充分利用地理优势，加强与长三角其他省市交通互联互通，同时加快构建都市圈内各市的交通网络体系，以一体化理念指导都市圈城市交通枢纽设计，共享共建综合枢纽设施。

一方面，加快构建都市圈内便捷交通网络体系。具体地，在高速公路方面，通过建设宣商高速、合明高速、滁合高速，并规划京沪高速复线，围合形成新的契合城市空间发展边界的合肥绕城高速公路。注重强化都市圈对沪方向通道，加强合肥都市圈在区域中承东启西的服务能力。通过规划合宁第二高速公路，快速联系合肥市与南京市主城区。同时，预留合肥—杭州高速公路通道，加强合肥市与杭甬地区的联系能力。注重完善都市圈重点地区联系通道，全面推动区域一体化发展进程，努力实现到 2020 年，基本形成以合肥为核心的一小时通勤圈。在铁路方面，丰富合肥"米"字形高速铁路网，加快建设都市圈城际铁路，与相邻长三角城市无缝对接。畅通沪武高速铁路通道，全面提升沪武通道的运输效率，发挥合肥市向东承接长三角洲城市群，向西辐射长江中游城市群的重要战略作用。在港口方面，芜湖市与马鞍山市具有倚靠长江航道的地理优势，航运条件优势明显。打造芜湖港和马鞍山港成为江海联运及近洋运输的枢纽港，深化与上海港、宁波港战略合作。打造合肥港成为江淮航运中心，承接芜马港，依托中欧班列，重点培育发展水铁中转多式联运。强化马鞍山郑蒲港和合肥港的货运联系，提升港口吞吐量。以新桥国家空港经济示范区为抓手巩固提高合肥市在都市圈内的航空枢纽地位。在航空方面，建设空铁客运枢纽，加强机场与铁路系统的衔接，通过引入合新六城际铁路、合淮城际铁路、合巢马城际铁路及合肥机场市域快轨，提高机场集疏运效能，拓展客流腹地。加快推进芜湖宣城机场和桐城通用机场等工程建设，大力发展通用航空产业。构建以合肥市为中心，辐射都市圈内各城市的"水陆空"联运交通立体网络。

另一方面，统筹推进交通运输各项改革、创新投融资方式，推进一体化发展。一是不断拓宽投融资渠道，并对于重点路段建设实施优惠政策。争取国家和省各类资金、债券等资金支持，鼓励民间资本参与投资建设和经营公用设施。在积极争取国家专项建设资金的基础上，统筹安排地方政府债券，优化整合相关交通建设资金。推动社会办交通，推动城市圈交通投资主体、投资渠道和投资方式多元化，积极推广 PPP、BOT + ETC、BOT 等建设模式，破解城市圈交通一体化建设资金难题，解决城市圈交通一体化资金"瓶颈"。适当增加普通国省干线公路建设的上级补助资金比例，减少地方政府筹措资金的压力，以更好地调动地方推进交通基础设施建设的积极性，加快提升与周边地市的交通基础设施互联

互通，为实现长三角交通基础设施一体化夯实基础。争取省委省政府的支持，针对芜宣机场大道、合芜高速裕溪河大桥等建设受阻项目，在全省范围内协调其用地指标，解决道路建设用地难问题。配套补助建设资金，确保道路交通的建设进度。同时对占有基本农田、触碰生态红线的道路建设项目给予一定程度的政策倾斜，平衡道路交通建设和生态环境保护的关系。二是探索城市综合交通管理体制改革，统一标准尺度，以改革促进交通运输行业持续健康发展。建立沟通协调机制，将重大交通基础设施建设项目纳入长三角区域的规划建设项目库，以便于各市在规划、土地方面能够得到更高层面的支持，推动重大交通基础设施建设落地开工，尽早发挥经济和社会效益。

2. 信息基础设施互联互通

信息基础设施是打通经济社会发展的信息"大动脉"。加快基础设施互联互通，要进一步优化提升信息基础设施，强化信息资源深度整合。规划纲要从构建新一代信息基础设施、建成智慧城市群、提升网络安全保障水平等方面作出具体部署，强调要推进长三角各都市圈间互联宽带扩容，加快互联网国际出入口带宽扩容，推动长三角无线宽带城市群建设，实现城市固定互联网宽带全部光纤接入，建设超高清互动数字家庭网络等；要推进新型智慧城市试点示范和长三角国家大数据综合试验区建设，大力发展智慧交通、智慧能源、智慧市政、智慧社区；要加强通信网络、重要信息系统和数据资源保护，建立健全网络与信息安全信息通报预警机制，构建网络安全综合防御体系；夯实工业互联网的网络基础。采用时间敏感网络、确定性网络、软件定义网络、5G、低功耗广域网等新技术，升级改造宽带网络基础设施、全面构建低时延、高可靠、广覆盖的工厂外网络。与此同时，要大力推进构建"统一管理、安全可控、互联互通"的工业互联网标识解析体系并加快打造互联网平台体系。一方面，开展工业互联网标识解析体系顶层设计、整体架构，明确发展目标、路线图和时间表等，构建标识解析服务体系，支持各级标识解析节点和公共递归解析节点建设其中包括加强工业互联网平台培育，通过企业主导、市场选择、动态调整的方式形成跨行业、跨领域平台。在产业层面，要利用标识实现全球供应链系统和企业生产系统的精准对接，以及跨企业、跨地区、跨行业产品全生命周期管理，促进信息资源集成共享。另一方面，要加快加强工业互联网平台培育，通过企业主导、市场选择、动态调整的方式形成跨行业、跨领域平台推动龙头企业积极发展企业级平台，开展工业互联网平台试验验证，支持产业联盟、企业与科研机构合作共建测试验平台，开展技术验证与测试评估。推动百万企业上云系统，鼓励工业互联网平台在产业聚集区落地。推动地方通过财税支持、政府购买服务等方式鼓励中小企业业务系统向云端迁移。培育百万工业APP：支持软件企业、工业企业、科研院所等开展合作，培育一批面向特定行业、特定场景的工业APP。

3. 能源设施互联互通

能源安全是关系经济社会发展的全局性、战略性问题。加快基础设施互联互通，要着眼于建设能源安全保障体系，推动能源生产和消费革命。一要推进能源供给侧结构性改革，优化能源供应结构。加快天然气和可再生能源利用，有序开发风能资源，因地制宜发展太阳能光伏发电、生物质能，安全高效发展核电，大力推进煤炭清洁高效利用。二要强化能源储运体系。优化合肥都市圈500kV环状电网体系，完善合肥市域和环巢湖电网结构。就整个长三角地区而言，要加快推进皖电东送、浙江沿海东电西送、江苏北电南送通道建设，与"西电东送""北电南送"主通道实现互联互通。完善天然气主干管网布局，加快天然气管网互联互通，增加主干线管道双向输送功能。推动完善沿长江清洁能源供应通道建设。加快建设大型煤炭储配基地，有重点地建设一批煤炭物流园区。

（四）转变发展理念，共建绿色生态

在生态环境共建方面，绝大部分的环境区划都超越了行政区划，若想治理达成整体环境的质量改善，必须有上下游之间的协同，以及有跨行政边界的协同。中国所有的环境问题，从雾霾到河湖水蓄，从源头到末端，几乎没有一个不是大规模跨行政边界的问题，单靠行政区内部自己关起门来努力很难实现。同样，都市圈环境问题的最终解决，一定是依靠区域间共享共治水平的提升。各市应强化环境执法联动，由合肥市牵头建立合肥都市圈环境联合执法工作制度的基础，在此基础上各城市环保部门联合制定《合肥都市圈环境执法联动工作机制》，从定期会商、联动执法、联合检查、联合后督查和信息共享等方面共同推进环境联合执法，让涉污责任人无处遁形。

1. 以社会共治理念助推环境保护政策的制定

首先，深入贯彻"共抓大保护、不搞大开发"的指导思想，推动合肥都市圈建设，着力打造生态文明的样板。加强都市圈与上下游城市或都市圈内的协作，特别是合肥都市圈承担着承接长三角产业转移的重任，在城市间进行产业协作和产业转移的过程中，必须调整不合理的产能，必须严守生态环保底线，以绿色生态倒逼都市圈间的绿色产业协作，严格控制和监管工业区和产业园区等重要生态空间，通过制订统一的生态环境保护和治理方案，加强区域生态环境保护与生态环境污染治理的力度。特别是马鞍山、淮南这种老工业城市正处于转型关键时期，必须依靠技术创新来实现动能转换、产业升级、结构调整，不能走以牺牲环境为代价换取经济增长的路线。

其次，都市圈内各城市间要实现生态环境的共建，必须坚持推动生态环境协同共治，坚持生态环境联防联治，不断加强对生态绿地、湿地保护和河流湖水修复的跨区域保护力度，协商建立现代化都市圈大气污染、水污染、土壤污染等联合防治的协调机制，加强都市圈区域多领域、深层次的环境保护合作与交流，建立区域大气环境信息共享与发布常态制度。推进空气质量管控攻坚，积极推进大气污染防治工作，重点治理工业企业、建筑施工、餐饮油烟、机动车尾气等重要污染源，对重点污染项目进行改进或升级，建立大气环境监测综合分析研判系统，完善污染物排放监控系统。在都市圈应与长三角各省市共同携手，深入推进长江修复保护攻坚，排查长江干流与支流入河口排污口，加强对工业园区污水处理设施管制，保护引用水源地，从而全面提高都市圈水质。在土壤污染防治方面，对疑似污染地块进行调查，严格监管，确保土地质量。在实现产业协作的同时，同步提升区域生态环境质量，建设美丽、绿色、高效的现代化都市圈。

2. 地方政府间协作治理的利益分配与补偿、监督和评估机制

以建立协同管理架构、利益分配协同、监督和评估机制为主，实现绿色生态环境协同共建。首先，建立以省级政府指导监督，合肥作为中心城市牵头主导，周边各级城市具备主体地位的管理组织架构模式，并将其作为都市圈的顶层治理框架。其次，建立都市圈内

各主体的利益分配协同机制，具体来说就是建立生态补偿改革工作、环境损害赔偿机制。对都市圈内部重点河流、湖泊、水源地实施生态补偿，如长江干流与重要支流、巢湖生态文明示范区、淮河生态经济带、各地水源地先实施生态补偿试点，都市圈统一拨付生态补偿金；但若对生态环境造成无法修复损害的行为，实施货币赔偿，用于环境修复。再次，建立生态补偿与损害赔偿机制后，监督与评估机制尤为重要。都市圈各市共同签订环境保护补偿、损害赔偿实施方案，明确补偿与赔偿范围、责任主体、索赔主体、解决途径等重要问题，形成相应的监督管理、资金保障及运行机制，从而使得在环境保护中，责任明确，赏罚分明。最后，动态监控是都市圈规划建设的技术关键。在预警方面，合肥市应联合马鞍山、淮南等重工业城市每日开展重污染天气联合会商，在遇重污染天气时，同步发布预警。同时签订生态环保联防联控合作协议，争取每年对每个城市支持一定资金，并对高污染城市提供环境污染治理技术援助。加快对都市圈基础地理信息、公共服务基础设施等的数字化建设，准确高效地处理环境治理等方面的问题。

3. 注重治理与修复的紧密合作

加强生态环境保护与修复的紧密型合作，以巢湖生态文明先行示范区建设为统领，共建大别山生态保育区、淮河沿岸生态廊道、江淮分水岭生态廊道以及正在兴建的江淮运河生态廊道，加大区域大气污染联防联控、完善区域生态文明建设机制等，为合肥都市圈旅游事业大发展打下坚实基础，为推进都市圈同城化的战略升级提供良好的社会管理条件。

同时，推进各类信息资源的开发、管理和应用，构建城市综合信息平台，依托互联网、大数据等技术，推动都市圈向集成化、网络化、智能化方向发展，对都市圈进行多时空、多尺度、多种类的三维信息跟踪，打造高效的环境监督和治理信息平台。借助生态云构建联防联控一张图，打通数据孤岛，促使生态环境执法监管更高效。合肥都市圈应打通各类监管数据，实现企业"一企一档"，对高污染企业实施联网在线监控，通过对平台每天接入的污染数据进行大数据智能分析，实现自动预警，真正做到全天候监管。同时，设定高违法风险企业预警规则，圈定高风险违法对象，保持严管重罚的高压态势。

（五）发挥区位优势，打造开放新高地

安徽作为中部省份，省会合肥应率先迈向国际化。2014年9月国务院颁发的《关于依托黄金水道推动长江经济带发展的指导意见》，对长三角城市群提出要"提升南京、杭州、合肥的国际化水平"。南京和杭州早在"十一五"期间就提出了实施国际化战略，带动了南京都市圈和杭州都市圈的国际化发展，而合肥已滞后了十多年，必须加快追赶步伐。因此，率先提升合肥市的国际化水平，进而带动合肥都市圈的国际化发展，应作为合肥都市圈战略升级的方向。

1. 突破"内地内向"的惯性思维

合肥市当前的国际化水平都很低，有的几乎是空白的，与南京和杭州的差距很大；合肥都市圈的国际化水平则更低，与南京都市圈和杭州都市圈的差距则更大。对此，合肥市应担起作为中心城市的主导作用，联合都市圈内各城市增强紧迫感，在提升国际化的战略升级上要有新的突破，摒除"内地内向"思维惯性，鼓励企业走出去，组织企业参加新产业新产品等优质发展对接会，共建都市圈对外开放高地，加强与长三角城市群的合作，

借鉴上海南京杭州的成功经验，打造国际竞争力和影响力不断提升的开放型都市圈，推进从内向型都市圈向国际化都市圈的战略升级。

2. 紧跟"一带一路"倡议，提升国际化水平

我国成为世界第二大经济体以后，国际化就不仅只在沿海地区，也是中西部地区省会城市的发展方向，特别是"一带一路"倡议提出后，中西部地区省会城市要成为内陆地区对外开放的新高地，更需要提升国际化水平。从近期看，突出合肥在国际化方面的龙头和在国家"一带一路"倡议中节点城市的作用，发挥合肥在集成电路、高端设备制造、新能源汽车等创新产业方面的潜力与优势，扩大与东盟、南亚、中亚、西亚等地区国家的开放合作、国际贸易与投资。此外，支持优势企业"走出去"跨国界扩张发展，利用亚洲基础设施开发机遇，向"一带一路"发展中国家和地区探索投资机会，开辟产能输出、技术输出的国际化经营，打造"国际资本、新兴市场、中国制造、合肥品牌"新格局。

3. 推进招商引资高端升级

推进招商引资从低端锁定转向高端升级，围绕构建全产业链着力引进先进技术，加强研发、营销环节，借承接产业转移的契机，加强与对外贸易发展水平较高的上海浙江合作，从而加大与先进制造业和现代服务业转出国家和地区合作的机会，与跨国公司战略投资者建立战略联盟。与此同时，加快推进合肥都市圈内部创新链与产业链深度融合，推动合肥市新型显示、智能家电、高端装备制造、生物医药等战略新兴产业集群发展，带动周边其他城镇相关产业发展，打造国家级乃至世界级产业集群。培育一批总部植根合肥都市圈的资本输出型跨国公司。都市圈地方金融机构要积极探索和开拓离岸人民币业务，为企业"走出去"提供金融支持。这样，各成员城市协同合作，加强资源集聚整合，全面推进对外开放，共同推进合肥都市圈迈向国际化的战略升级。

4. 加强对外开放平台建设

进一步加强合肥"四港三区一中心"等对外开放平台建设，整合集聚都市圈外贸货源，把都市圈全域及全省纳入"新亚欧"班列，共同利用合肥新桥机场构建国际化临空产业链，扩大合肥空港国际物流对接海上丝绸之路江海联运的集货半径，做强和提升都市圈对外开放核心平台的实力与水平。积极与上海自贸区对接、联动发展，争取建立合肥自由贸易区。加快各市的对外开放平台节点建设，推进合肥对外开放高地向圈内其他城市延伸。加快都市圈各市复制上海自贸区贸易、投资、商事等体制，充分利用"互联网＋"等创新工具，为企业搭建产业合作交流平台，努力实现信息资源共享，从而提升都市圈整体对外开放水平。

（六）加强民生保障，推进公共服务便利共享

1. 教育、医疗卫生

围绕长三角地区与都市圈内部优质教育、医疗、文化、旅游等资源，建立全面合作关系。首先，都市圈内各城市在医疗方面信息技术共享，共建医联体，支持有条件的中心城市医院异地设置分支机构，如安徽医科大学可以利用其丰富的医疗资源，在都市圈内其他城市建立附属医院或者签订长期合作协议，提升都市圈整体医疗水平。逐步推进合肥都市圈居民持一张就诊卡在各市公立医院实现立即就诊。完善各城市医学检验结果互认，探索

一体化养老服务模式。推动合肥都市圈各城市全民健康信息化全面合作，对接圈内优势医疗机构，全力打造医联体建设典范，方便群众异地就医。其次，对接南京、合肥优质教育资源，支持有条件的中小学推进集团化办学，为教师提供更加便利的交流平台，学习借鉴先进的教育理念，运用现代化的教育手段与管理方式，协同共建教育共享平台，率先实现教育现代化。淮南市、桐城市教育人才流失问题相对突出，其他城市也面临类似问题。合肥都市圈应统筹优化中小学布局，促进区域教育深度融合，实现基础教育优质均衡发展。定期开展专家讲座、名师送教、互派交流、校长培训等，搭建平台开展课题合作和跨区域教研协作，联合举办学术研讨会和教育高峰论坛，整体提升各市教师专业发展水平。进一步加强教育信息资源交换共享，推进教育大数据资源平台的开放整合，推动大数据时代数字教育同城化发展和优质教育资源在合肥都市圈的推广应用。

2. 就业与人才引进

由于合肥都市圈成立时间较短，且圈内各城市经济基础薄弱，无法对人才形成较强的吸引力。尤其是在当前各地的"抢人大战"中，各地纷纷给出了极具吸引力的人才政策，这种客观现实倒逼合肥都市圈各城市加速出台人才吸引政策，加大人才引进力度，为将来经济的飞速发展做好人才储备。

（1）突出人才战略，强化人才引进，推动区域人才流动共享。对于马鞍山、滁州、淮南等具有大量用人需求的城市，应将人才落户放在优先位置，对于具有合法固定住所的人才，可以将配偶、子女举家落户。同时，将人才从专业成就、学历学位、专业技术资格、职业资格、获奖级别等不同层面分为几个档次。同时开辟紧缺急需人才和新兴产业人才落户通道，采取特事特办原则落户，为"一业一策"服务。探索建立统一的都市圈人才资源服务平台，促进都市圈各类中介、协会等引才平台开放共享，推动人才认定标准互认衔接。加大对高层次人才的引进支持力度，对都市圈各市认定的高层次人才，在都市圈范围内可享受同城化落户政策。

（2）对高端人才实施"绿色通道"，"秒批"大学生落户。对享受国务院政府特殊津贴的、合肥都市圈拥有突出贡献的高技能人才，可直接办理人才引进，其配偶及未成年子女可一并随调随迁。对都市圈各市认定的高层次人才，在都市圈范围内可享受同城化落户政策。逐步实现大学毕业生引进的"秒批"，并将"秒批"拓展到在职人才引进、留学回国人员引进、博士后入户及其配偶子女随迁；同时设立人才服务"一站式"平台，实行一站式受理、一次性告知、一条龙服务。

（3）加大力度放开城镇落户限制。按照国务院《区分城市的主城区、郊区、新区等区域，分类制定落户政策》的要求，以合法固定住所（含公共租赁）或合法稳定就业为基本落户条件，优先解决适应城市产业转型升级、进城时间长、就业能力强的非户籍人口落户，拥有合法固定住所的，可以举家落户城镇。此外，还可以取消投资纳税落户限制，实行居住落户，提升城镇的人口集聚功能。

3. 基市社会服务一网通办、公共事务协同治理

一方面，合肥都市圈应以基本公共服务均等化为重点，加大社会管理的制度与政策对接，在社会管理同步化方面不断有新突破。首先，尽快实现都市圈内实现高铁、高速互通，公交、地铁、出租等领域互联互通，实现一卡通，进而扩大范围，提高实现长三角地

区一体化程度。其次，实现政务服务"一网通办"，设立"一网通办"综合服务窗口，制定统一办理业务的范围和标准，营造要素自由流动的市场环境。最后，在社会保障方面，应率先实现基本养老保险区域统筹、基本医疗保险及社保关系无缝转移与接续，实现都市圈社会保障全域接轨；建设涵盖各类社会保障信息的统一平台，加强都市圈异地居住退休人员养老保险信息交换，共建养老服务基地、养老产业园、养老产业集群。推动工伤认定政策统一、结果互认。推动公共租赁住房保障范围常住人口全覆盖，提高住房公积金统筹层次，建立住房公积金异地信息交换和核查机制，推行住房公积金转移接续和异地贷款。

另一方面，共建食品安全、旅游安全、灾害防治和安全生产等保障体系，合肥作为中心城市牵头，带领都市圈内其他城市，借鉴先进地区经验，统一食品制定和检查标准，共同建立旅游安全、灾害防治和安全生产的协同治理平台，真正做到公共事务共建共治。取异地联动的方式推进市民化，在都市区范围内，无论流动人口、外地人口、本地人口在就业、居住等方面都可以享受到优质均等化的公共服务，解除户籍限制主要是要受到同等待遇，逐步推进人力资本的积累。公共租赁住房、保障住房全范围覆盖常住人口，推动都市圈社会均衡发展。

4. 强化文化认同感

一方面，都市圈应梳理圈内的文化与旅游资源，建立文化旅游资源库，因地制宜，共同打造具有都市圈特色文化产业，积极推进徽文化与旅游产业融合发展，采取"文化+""旅游+"的模式，打造极具特色的文化旅游度假区、特色文化旅游小镇，如开发大别山红色旅游资源、芜湖方特旅游度假区，提升文化旅游公共服务水平。另一方面，合肥都市圈的文化管理部门应积极选送具有本土特色的艺术作品到都市圈内其他城市进行展示，认真开展文化交流活动，传承徽州非物质文化，如办书画展，民歌表演、民俗展览等，组织举办都市圈内各城市执法、文物挖掘、馆际人才培训活动，全方位推进都市圈公共文化服务合作，强化都市圈文化认同感，营造积极向上的文化氛围，携手建立一个兼具现代化活力与文化底蕴的都市圈。

5. 促进城市间科技交流

深化合肥大科学中心与芜湖等创业创新机构合作，将芜湖市中国科学技术大学智慧城市研究院（芜湖）、西安电子科技大学芜湖微电子研究院、哈尔滨工业大学芜湖机器人研究院等创新平台纳入合肥综合性国家科学中心建设范围，同时推动科技成果在都市圈内转化落地。与桐城市联合开展科技创新活动，引导企业与都市圈内高校、科研院所及企业开展产学研合作，围绕共性技术难点开展联合攻关，重点推进郝吉明、伍小平等院士工作站以及桐城市创新研究院建设，重点发展智能制造、节能环保两大支柱产业。

（七）创新体制机制，激发活力提升效能

1. 破除体制机制障碍

在中国社会的发展进程中，城与乡之间、中心城市与周边城市之间、大中小城市之间，过往存在很多的门槛和障碍，而这些门槛和障碍并不是由经济的自然规律产生的，而是由体制机制带来的，如户籍制度、地区间流通障碍。破除制度障碍为主实现全面流动，重点解决的就是都市圈范围内的各种制度性障碍，长三角大都市群的一体化协同治理架构

是比较成熟的标杆模式。因此，在未来的"十四五"规划和相关规划的制定过程中，合肥市政府应成立跨区域、多部门的规划制定委员会，统筹规划工作，增强上位规划对合肥都市圈内各城市发展的时效性。同时成立合肥都市圈发展工作推进小组，对合肥都市圈的相关工作实时跟进，保证规划落到实处。此外，合肥都市圈要破除体制机制障碍，还应完善由市场主导的资源要素配置机制，构建区域统一市场，降低要素和产品空间移动的广义运输成本，以及实现城市间互联互通、共治共享为目标的区域一体化发展战略和行动计划，尤其是涉及民生服务的各种差别化、歧视性政策，比如各类公交一卡通、看病就医一卡通、户籍在都市圈范围自由迁徙、取消通信漫游费、申请廉租房准入等。

2. 政府与市场形成合力

都市圈的发展是地方事务，所以需要地方主责，并发动地方的能动性，根据地方发展的实际需要进行推进，要因地制宜推进发展。政府应顺应社会发展潮流，抓住市场走向，各部门高效合作，制定与市场需求相符合的政策。在建设合肥都市圈重要时刻，政府应合力制定资源配置规则，认识到不同城市的不同功能，实现都市圈之间有效、合理分工，以及实现城市功能互补，产业错位发展，而不是盲目"一刀切"。

在顶层设计方面，可以联合圈内其他城市共同成立合肥都市圈发展工作推进小组，吸收都市圈各城市发改委、经信、规划、交通、文旅、环境、教育、住房、社保等相关部门有关人员参与规划制定和修编，及时反映都市圈内不同城市的发展诉求，解决不同城市合作过程中产生的矛盾，完善各城市的利益协调机制。对于重大项目布局和工作，应由省直机关统筹安排，同时定期反馈并检查合肥都市圈相关工作的落实进度与力度，针对工作结果建立奖惩机制，确保合肥都市圈相关工作的有序开展。

3. 因地施策与差异化治理

现代化都市圈的推进和培育不应"一刀切"。如合肥需要积极对标上海大都市圈，加强与南京都市圈协同发展，深化与杭州、宁波都市圈联动互补，全面融入 G60 科创走廊建设，为长三角高质量一体化发展注入新动能，为合肥都市圈发展做好带头作用；芜湖、马鞍山应在建设中发挥自身特长，密切发展与合肥和南京的合作。规划应充分考虑合肥都市圈不同城市的发展目标，进而形成都市圈的核心发展目标，不因整体发展目标牺牲局部城市的发展利益，增强都市圈城市的发展凝聚力和其他城市对合肥都市圈的认同感；对城市功能进行差异性定位，确定合肥市在都市圈内的核心城市地位，发挥合肥市高新技术产业、社会公共服务、优质教育与医疗配套在都市圈内的全方位服务功能。进一步强化芜湖和合肥的高新技术产业合作、淮南及桐城对合肥的农产品供应、马鞍山及滁州和合肥市高铁的互联互通，突出不同城市功能的互补性，重点实现各城市主导产业和公共服务的互补性；对重点项目的空间布局进行详细安排，充分考虑项目落地所需的地理环境、市场容量、交通区位等因素，保障重点项目后期的建设运营。对于都市圈各城市的优势产业、主导产业进行摸排，避免产业的重复建设和恶性竞争，引导产业协调发展，形成支撑合肥都市圈发展的特色产业链。

第五章　政策建议与保障措施

一、政策建议

（一）升级合肥都市圈为国家战略，强化与长三角其他都市圈的合作

（1）力争将合肥都市圈建设升级为国家级战略，并在未来长三角一体化的相关规划和政策中有所体现。合肥都市圈建设应由省政府统一协调，由于合肥市和都市圈内其他城市不存在强制性的权力制约关系，无法通过行政力量有效推动合肥都市圈工作的开展，且合肥市本身处于快速发展阶段，叠加周边南京市的竞争压力，自身对都市圈其他城市的带动和辐射能力十分有限，因此需要省政府统一协调合肥都市圈的发展。省政府在相关发展规划中应着重突出合肥市在合肥都市圈中的引领作用，强化合肥市的领导地位。此外，省政府应出台支持合肥都市圈发展的配套政策，通过行政力量推进其他城市与合肥市在各个领域的深度合作。对于合肥都市圈内重点合作项目给予资金补助，通过物质奖励激发其他城市融入合肥都市圈的意愿，让圈内其他城市享受到合肥都市圈发展带来的"都市圈"红利。

（2）合肥都市圈应加强与长三角其他都市圈的高质量对接，学习长三角先进地区的做法，取长补短，推动自身的快速发展。政府、企业以及社会主体应与长三角其他都市圈展开深度合作，聚焦国家规划纲要确定的重大事项，开展多主体多领域多层次开放对接，力争形成一批实实在在的合作成果。在创新共建能力提升方面，推动合肥都市圈高新技术企业和产业园区同其他都市圈的互动，联合组织关键核心技术攻关，集中突破一批"卡脖子"核心关键技术。在绿色共保防污染方面，开展长江流域上下游横向生态补偿试点，推进建立淮河流域重点区域生态补偿机制。深入联动实施大气、水、土壤环境治理，统一固废危废防治标准，建立联防联治机制。在民生共享便利服务方面，整合不同都市圈的文旅、养老、医疗资源，共同推进文化旅游、健康养老、医疗卫生等公共服务领域共建共享。

（二）平衡都市圈内各城市发展利益，实现"激励相容，目标兼容"

（1）合肥都市圈建设应有效平衡都市圈内政府利益，明确奖惩机制。合肥都市圈应吸收各城市发改委、经信、规划、交通、文旅、环境、教育、住房、社保等相关部门有关人员参与规划制定和修编，及时反映都市圈内不同城市的发展诉求，解决不同城市合作过程中产生的矛盾，完善各城市的利益协调机制。对于重大项目布局和工作，应由省直机关统筹安排，同时定期反馈并检查合肥都市圈相关工作的落实进度与力度，针对工作结果建立奖惩机制，确保合肥都市圈相关工作的有序开展。

（2）合肥都市圈发展应秉持各城市发展目标兼容、功能定位互补、项目布局合理、产业协调发展的原则。充分考虑合肥都市圈不同城市的发展目标，进而形成都市圈的核心发展目标，不因整体发展目标牺牲局部城市的发展利益，增强都市圈城市的发展凝聚力和其他城市对合肥都市圈的认同感；对城市功能进行差异性定位，确定合肥市在都市圈内的核心城市地位，发挥合肥市高新技术产业、社会公共服务、优质教育与医疗配套在都市圈内的全方位服务功能。进一步强化芜湖和合肥的高新技术产业合作、淮南及桐城对合肥的农产品供应、马鞍山及滁州和合肥市高铁的互联互通，突出不同城市功能的互补性，重点实现各城市主导产业和公共服务的互补性；对重点项目的空间布局进行详细安排，充分考虑项目落地所需的地理环境、市场容量、交通区位等因素，保障重点项目后期的建设运营。对于都市圈各城市的优势产业、主导产业进行摸排，避免产业的重复建设和恶性竞争，引导产业协调发展，形成支撑合肥都市圈发展的特色产业链。

（三）加快基础设施建设，构建"强辐射、全覆盖"的立体交通网络

都市圈的一体化首先体现在交通的一体化上，只有都市圈内各城市形成了交通的互联互通，才能促进圈内各城市人流、物流、资金流和信息流的自由流动。合肥都市圈应立足长三角城市群层面，建设现代综合立体交通体系，统筹铁路、公路、水路、航空建设，实现都市圈区域内交通基础设施布局合理、建设标准及时、工作有效统筹，解决都市圈内城市之间交界地的道路修建，不同运输方式互不衔接和能力不配套等问题，让交通资源发挥最大效益，形成现代化区域交通体系。

（1）圈内各城市应着手解决断头路问题。加速建设连接圈内各城市的高速公路和轨道交通，尤其是要强化合肥与圈内其他城市的交通连接。加快建设都市圈内连接不同城市的高速公路和省道，对于年久失修的道路进行升级改造（如加快推进岳武高速东延线、德上高速、合安高速的改造扩容）。同时加开合肥至各城市的城际铁路和高铁，放大城际铁路和高铁的"时空压缩"效应（如加快合芜之间高铁、合淮亳等城际铁路、合肥—舒城—桐城轨道交通等项目的建设）。

（2）完善城际交通体系，推动合肥都市圈交通一体化进程。对于空间距离较短的地区（如六安、桐城），开通城际公交，方便两地居民往来。在部分城市试点"一卡通"，帮助不同城市居民仅凭一卡畅游圈内各城市，打造"一小时通行圈"，极力推动其他城市和合肥市的同城化进程。支持合新六城际铁路途经寿县新桥国际产业园，预留新桥国际产业园站；支持合肥市轨道交通线网规划向北延长 S1 线至新桥国际产业园核心区域，并设 2~3 个站点。加快合芜之间高铁建设，完善合肥都市圈交通网络的构建。

（3）夯实合肥都市圈水运和航运的基础设施建设。强化马鞍山郑蒲港和合肥港的货运联系，提升港口吞吐量。以新桥国家空港经济示范区为抓手巩固提高合肥市在都市圈内的航空枢纽地位。加快推进芜湖宣城机场和桐城通用机场等工程建设，大力发展通用航空产业。构建以合肥市为中心，辐射都市圈内各城市的"水陆空"联运交通立体网络。

（四）培育民营领军企业，加强产业融合，实现错位发展

（1）合肥都市圈各城市应重点培育民营领军企业，激发都市圈经济发展活力。首先，

各城市应加强对优质民营企业的招商引资力度，对合肥都市圈所有招商引资企业项目落地的证照许可、规范经营等方面强化服务，帮助企业上联国家部委、下联各市区审批部门，全程做好指导，让办理证照手续一通到底，确保招商引资企业引进来、留得住。其次，大力培育地理标志注册商标，为合肥都市圈各城市特色产品提高知名度、增加品牌溢价提供全方位服务。积极开展银企对接活动，以动产抵押、商标股权质押为手段，为全市企业搭建融资平台。最后，合肥都市圈应采取全程说理式执法、轻微违法免于处罚的审慎包容监管方式，让民营企业感受到监管执法的"温暖"。同时要加大对假冒伪劣和其他侵犯企业合法权益的不法行为的打击力度，办一批大案要案，让犯罪分子感受到监管执法的威慑。通过"招商、服务、监管"等多重手段培育在合肥都市圈具有代表性的民营领军企业。

（2）都市圈内各城市应立足自身优势，加强产业融合，实现错位发展。合肥综合优势明显，科教资源丰富，服务业相对发达，技术密集型制造业占优势；芜湖具备一定的创新优势，技术密集型制造业相对发达；马鞍山、滁州、淮南、蚌埠、桐城的工业经济基础较好，资本密集型制造业比重相对较大，六安市农业基础较好，劳动密集型制造业占比大。各成员城市要按照比较优势原则，坚持产业分工协作，错位发展、配套发展，积极承接沪苏浙高端制造环节。

（五）出台人才吸引政策，推动区域人才资源共享

由于合肥都市圈成立时间较短，且圈内各城市经济基础薄弱，无法对人才形成较强的吸引力。尤其是在当前各地的"抢人大战"中，各地纷纷给出了极具吸引力的人才政策，这种客观现实倒逼合肥都市圈各城市加速出台人才吸引政策，加大人才引进力度，为将来经济的飞速发展做好人才储备。对于马鞍山、滁州、淮南等具有大量用人需求的城市，应将人才落户放在优先位置，并对具有合法固定住所的人才，可以配偶、子女举家落户，同时将人才从专业成就、学历学位、专业技术资格、职业资格、获奖级别等不同层面分为几个档次。同时开辟紧缺急需人才和新兴产业人才落户通道，采取特事特办原则落户，为"一业一策"服务。探索建立统一的都市圈人才资源服务平台，促进都市圈各类中介、协会等引才平台开放共享，推动人才认定标准互认衔接。加大对高层次人才的引进支持力度，对都市圈各市认定的高层次人才，在都市圈范围内可享受同城化落户政策。

（六）环境保护联防联控，建立生态补偿机制

（1）实现"五个统一，多地一体"。五个统一包括统一规划、统一标准、统一执法、统一预警和统一减排，在统一标准方面，合肥都市圈各城市应形成统一的污染排放标准和排污收费标准。在预警方面，合肥市应联合马鞍山、淮南等重工业城市每日开展重污染天气联合会商，在遇重污染天气时，同步发布预警。同时签订生态环保联防联控合作协议，争取每年对每个城市支持一定资金，并对高污染城市提供环境污染治理技术援助。

（2）采取"联动执法，合力治污"。各市应强化环境执法联动，由合肥市牵头建立合肥都市圈环境联合执法工作制度的基础，在此基础上各城市环保部门联合制定《合肥都市圈环境执法联动工作机制》，从定期会商、联动执法、联合检查、联合后督查和信息共享等方面共同推进环境联合执法，让涉污责任人无处遁形。

（七）公共服务共建共享，普惠圈内所有居民

以深化合肥都市圈各城市人社事业发展一体化为目标，着力推进各城市人力资源协同发展、公共就业服务协作共进、社会保障经办便民利民和公共服务共建共享，促进各市公共服务同城化发展。

（1）推动教育同城化发展。淮南市、桐城市教育人才流失问题相对突出，其他城市也面临类似问题。合肥都市圈应统筹优化中小学布局，促进区域教育深度融合，实现基础教育优质均衡发展。定期开展专家讲座、名师送教、互派交流、校长培训等，搭建平台开展课题合作和跨区域教研协作，联合举办学术研讨会和教育高峰论坛，整体提升各市教师专业发展水平。进一步加强教育信息资源交换共享，推进教育大数据资源平台的开放整合，推动大数据时代数字教育同城化发展和优质教育资源在合肥都市圈的推广应用。

（2）加强公共文化服务合作。合肥都市圈的文化管理部门应积极选送具有本土特色的艺术作品到都市圈内其他城市进行展示、演出，合肥市应率先组织举办都市圈内各城市执法、文物挖掘、馆际人才培训活动，全方位推进都市圈公共文化服务合作。

（3）促进城市间科技交流。深化合肥大科学中心与芜湖等创业创新机构合作，将芜湖市中国科学技术大学智慧城市研究院（芜湖）、西安电子科技大学芜湖微电子研究院、哈尔滨工业大学芜湖机器人研究院等创新平台纳入合肥综合性国家科学中心建设范围，同时推动科技成果在都市圈内转化落地。与桐城市联合开展科技创新活动，引导企业与都市圈内高校、科研院所及企业开展产学研合作，围绕共性技术难点开展联合攻关，重点推进郝吉明、伍小平等院士工作站以及桐城市创新研究院建设，重点发展智能制造、节能环保两大支柱产业。

（八）做大做强核心城市，增强对都市圈和全省的引领带动力

会聚人口，扩大规模；拓展范围，扩容空间。规模扩张与空间扩容本质上服从于城市能级的提升。高素质人口会聚有利于城市品质提升；纳入各类功能特色鲜明的城市丰富了合肥城市功能，提升了合肥城市能级。建议合肥扩容舒城和桐城两个县级市，一是大大提升合肥的文化品位和旅游功能，有利于促进合肥城市功能多元化；二是大大增强合肥对皖西和皖西南的辐射力，从长远看有助于延伸合肥都市圈势力范围至杭州都市圈，形成两圈互动。

二、保障措施

（一）机制保障

（1）完善合肥都市圈决策、协调、统筹与规划机制，实现政府合作常态化。合肥都市圈应形成"决策层、协调层和执行层"三级运作合作机制，确保都市圈内政府层面的沟通交流有序展开，发挥行政力量对合肥都市圈的引领作用。在决策机制方面，应定期举行合肥都市圈主要领导座谈会，由各市市委书记和市长共同参与，每次会议应围绕当下合

肥都市圈发展的热点和重点确定会议议题，明晰未来的发展目标，探索合肥都市圈创新、优化、协同的发展路径。对市场规则体系共建、创新模式共推、市场监管共治、流通设施互联、市场信息互通、信用体系互动做出明确的决策部署。在协调机制方面，合肥都市圈可以参考长三角联席会议制度开办联席会议，每届合肥都市圈联席会议应由各市副市长、发展改革委及各专题组轮值牵头单位负责人出席，要求各市负责人对上一年度合肥都市圈工作落实情况进行汇报，并就下一阶段深化合作提出建议。在规划与统筹机制方面，各市可以联合成立合肥都市圈城市合作办公室，办公室主要负责研究拟订合肥都市圈协同发展的战略规划，以及体制机制和重大政策建议，协调推进合肥都市圈的重要事项和重大项目，统筹管理合作基金、合肥都市圈网站和有关宣传工作，并着力协调解决跨区域合作的重大问题，开展协同创新路径研究，推动改革试点经验复制共享等。

（2）深入探索合肥都市圈相关规划的落地机制，确保规划"落地生根""开花结果"。合肥都市圈在推进过程中尽管出台了相关规划，但是由于体制机制设计的不完善，规划的落地性较差，规划对合肥都市圈的科学引领作用无法发挥，这导致圈内各城市的功能定位不清晰、权责不分明、合作措施推进缺乏制度保障等问题，严重制约了合肥都市圈的协调发展。基于此，规划制定应采取合肥市牵头，其他城市协调配合；政府主导制定，不同发展主体积极参与的方式。合肥市应发挥都市圈核心城市的领头作用，承担总体规划的编制工作。圈内其他城市应整合自身总体发展规划和专项规划的细则，将与合肥都市圈建设紧密相关的规划内容融入到整体规划中来，做到"上下一致""多规合一"。在规划制定过程中广泛听取诸如科研院所、民间团体等不同主体对合肥都市圈发展的建议与对策，吸收合理的建议对策加入规划，以此增强规划的科学性和可行性。

（二）组织保障

动员各类社会主体参与合肥都市圈共建，成立合作联盟，签订合作协议。除了政府力量外，合肥都市圈的各类社会主体也应积极参与跨区域的合作交流活动。尤其要鼓励行业主体加强在创新创业、文化产业、企业服务等领域的合作，成立合肥都市圈创新创业合作联盟，营造都市圈内创新创业的良好氛围；构建合肥都市圈文化产业发展联盟，通过建立文化创意产业园，打造合肥都市圈文化创意产业集聚、品牌推广、功能共享的平台，建立引进、输出双向机制。建立合肥都市圈企业服务联盟，鼓励和支持校企合作，搭建企业和金融机构合作平台。要求各城市围绕人事争议仲裁业务、跨界环境污染纠纷处置、政法综治协作交流、劳动保障监察工作、能源领域战略合作等领域签署合作框架与协议。通过各类社会组织为主体的合作联盟为合肥都市圈建设提供有力的组织保障。

（三）制度保障

（1）探索重点路段建设的用地保障制度。针对合肥都市圈的建设受阻重点路段，争取省委省政府的支持，如芜宣机场大道、合芜高速裕溪河大桥等建设受阻项目，在全省范围内协调其用地指标，加强用地指标在都市圈内各城市之间的灵活调剂，解决道路建设用地难问题。配套补助建设资金，确保道路交通的建设进度。同时对占有基本农田、触碰生态红线的道路建设项目给予一定程度的政策倾斜，平衡道路交通建设和生态环境保护的关系。

（2）人才引进和落户制度逐步活化。加大力度放开城镇落户限制。按照国务院《区分城市的主城区、郊区、新区等区域，分类制定落户政策》的要求，以合法固定住所（含公共租赁）或合法稳定就业为基本落户条件，优先解决适应城市产业转型升级、进城时间长、就业能力强的非户籍人口落户，拥有合法固定住所的人口，可以举家落户城镇。此外，还可以取消投资纳税落户限制，实行居住落户，提升城镇的人口集聚功能。对高端人才实施"绿色通道"，"秒批"大学生落户。对享受国务院政府特殊津贴的、合肥都市圈拥有突出贡献的高技能人才，可直接办理人才引进，其配偶及未成年子女可一并随调随迁。对都市圈各市认定的高层次人才，在都市圈范围内可享受同城化落户政策。逐步实现大学毕业生引进的"秒批"，并将"秒批"拓展到在职人才引进、留学回国人员引进、博士后入户及其配偶子女随迁；同时设立人才服务"一站式"平台，实行一站式受理、一次性告知、一条龙服务。

（3）针对都市圈内生态保护和环境污染的联合治理，可以通过签订合肥都市圈《生态环境联防联控联治合作协议》，对成员城市形成制度硬约束。合肥都市圈应在生态环境联防联控联治的合作框架下，保证六安市作为合肥饮用水源地水质持续向好。协同实施工业源、移动源、扬尘源、生活源、农业源综合治理，聚焦桐城市工业废气、道路扬尘、露天焚烧、机动车尾气与餐饮油烟等污染问题。通过签订横向生态保护补偿协议，共同推进流域、区域环境质量持续改善。建立覆盖整个都市圈环境质量双向补偿机制，按照"谁超标、谁补偿，谁达标、谁受益"的原则实行双向补偿，利用环境经济政策和价格杠杆改善合肥都市圈的整体生态环境。加强生态环境监测网络建设，共享监测数据；开展合肥都市圈联合采样监测和重污染天气联合分析预警；加强突发环境事件应急联动，畅通信息渠道，共享应急资源，协同做好环境应急会商研判、应对处置以及日常培训演练等工作。

（四）资金保障

（1）设立合肥都市圈论坛与发展基金，强化各城市在专项领域的深度合作。由合肥都市圈共同发起设立政策性公益基金，重点支持合肥都市圈合作与发展过程中跨区域、有共性的重大课题、重要规划、重点方案的研究等。合肥都市圈各行业主管单位可以与中国人民银行、现代服务业联合会合作举办合肥都市圈金融发展论坛和现代服务业发展论坛，合肥都市圈各城市科协和社会科学院可以合力搭建科技和学术交流平台。依托合肥都市圈各类会议，根据不同发展阶段的要求，形成多个专项领域的深度合作。

（2）设立专项人才基金，增强城市的人才凝聚力。当前淮南、六安、马鞍山等地人才短缺问题较为严重，一是本地待遇较低，无法吸引人才；二是邻近长三角发达地区，无法留住人才。都市圈内各城市可以共同设立专项人才基金，对于前来工作的高层次人才，工作满期限的各类人才予以高额物质奖励，提高自身的人才竞争力。

（五）技术保障

（1）运用"互联网＋"技术，开辟合肥都市圈生态环保新路径。借助生态云构建联防联控一张图，打通数据孤岛，促使生态环境执法监管更高效。合肥都市圈应打通各类监管数据，实现企业"一企一档"，对高污染企业实施联网在线监控，通过对平台每天接入的污染数据进行大数据智能分析，实现自动预警，真正做到全天候监管。同时，设定高违法风险企业预警规则，圈定高风险违法对象，保持严管重罚的高压态势。

（2）加快全民健康信息化建设，启动合肥都市圈居民就医一体化工程。逐步推进合肥都市圈居民持一张就诊卡在各市公立医院实现立即就诊。完善各城市医学检验结果互认，探索一体化养老服务模式。推动合肥都市圈各城市全民健康信息化全面合作，统一建设合肥都市圈远程医疗交互平台，对接圈内优势医疗机构，全力打造医联体建设典范，方便群众异地就医。对合肥都市圈异地就医门诊费用直接结算平台进行集中升级改造，推进省、市、定点医院三级信息系统升级改造。持续优化异地就医结算信息系统，打造更加便捷的医保公共服务网络。

（3）搭建网上公共就业创业培训平台，引导人才按需流动。深化完善合肥都市圈人力资源市场供求信息互通共享机制，搭建"互联网＋公共就业创业培训"平台，建立健全区域间农村劳动力输入输出对接协作机制；实施企业职工养老保险、城乡居民养老保险和机关事业单位养老保险异地联网认证惠民便民服务；开展医疗保险参保人员异地就医即时联网结算，养老保险关系转移接续，社会保险欺诈行为异地监管联动，异地医学检查并相互认可检查结论等。

参考文献

［1］林国蛟．中国城市化的动力机制研究［D］．浙江大学，2004.

［2］刘士林．都市化进程论［J］．学术月刊，2006（12）：5－12.

［3］苗毅，王成新，刘倩．都市化与城市化浅议［J］．合作经济与科技，2017（19）：32－35.

［4］刘加顺．都市圈的形成机理及协调发展研究［D］．武汉理工大学，2005.

［5］杨勇．都市圈发展机理研究［D］．上海交通大学，2008.

［6］王得新．专业化分工与都市圈形成演进研究［D］．首都经济贸易大学，2013.

［7］张学良．以都市圈建设推动城市群的高质量发展［J］．上海城市管理，2018，27（5）：2－3.

［8］张学良，林永然．都市圈建设：新时代区域协调发展的战略选择［J］．改革，2019（2）：46－55.

［9］丁志刚．试论区域一体化发展与都市圈规划的兴起［A］//中国城市规划学会．生态文明视角下的城乡规划——2008中国城市规划年会论文集［C］．2008.

［10］王德忠，吴晓曦，高小青．大都市圈的形成与区域一体化的关系研究［J］．四川师范大学学报（社会科学版），2009，36（3）：27－30.

［11］陈宪．以都市圈为结点推进区域一体化［N］．上观新闻，2019－06－11（004）.

［12］李美琦．中国三大城市群空间结构演变研究［D］．吉林大学，2018.

［13］清华大学中国新型城镇化研究院，清华同衡规划设计院有限公司．中国都市圈

发展报告 2018 ［R］. 2018.

［14］温静. 宁波都市圈空间结构演化研究 ［D］. 华东理工大学，2010.

［15］卢新海，陈丹玲，匡兵. 区域一体化对城市土地利用效率的影响——以武汉城市群为例 ［J］. 城市问题，2018（3）：19 – 26.

［16］张晓瑞，华茜. 徐淮宿区域一体化发展综合测度研究 ［J］. 中国人口·资源与环境，2018，28（S2）：91 – 96.

［17］李琳，谈胗，徐洁. 长江中游城市群市场一体化水平评估与比较 ［J］. 城市问题，2016（10）：12 – 21.

［18］李世奇，朱平芳. 长三角一体化评价的指标探索及其新发现 ［J］. 南京社会科学，2017（7）：33 – 40.

［19］汤放华，吴平，周亮. 长株潭城市群一体化程度测度与评价 ［J］. 经济地理，2018，38（2）：59 – 65.

［20］顾海兵，张敏. 基于内力和外力的区域经济一体化指数分析：以长三角城市群为例 ［J］. 中国人民大学学报，2017（3）：71 – 79.

［21］顾海兵，段琪斐. 区域一体化指数的构建与编制———以西宁—海东一体化为例 ［J］. 中国人民大学学报，2015（4）：92 – 99.

［22］刘志彪，孔令池. 长三角区域一体化发展特征、问题及基本策略 ［J］. 安徽大学学报，2019（3）：137 – 147.

［23］曾刚，王丰龙. 长三角区域城市一体化发展能力评价及其提升策略 ［J］. 改革，2018（12）：103 – 111.

本课题组成员名单：

课题负责人：胡艳

课题组成员：王玉燕、黄永斌、唐睿、韩正龙、时浩楠

硕士研究生：张安伟、胡子文、任路遥、王婉、张晓翠等

合肥综合性国家科学中心建设研究

合肥市委党校（合肥行政学院）课题组

综合性国家科学中心由众多大科学装置、国家实验室和国家科技创新中心等组成，是国家科技领域竞争的重要平台、国家创新体系建设的基础平台，代表国家参与全球科技发展、竞争与合作的重要载体。目前国家已批复北京怀柔、上海张江、安徽合肥以及广东深圳四个综合性国家科学中心。四个综合性国家科学中心各有规划和建设特色，并进行多项科技成果转化，为国家和地方经济发展做出了贡献。

一、合肥综合性国家科学中心建设现状

（一）主要建设成效

自 2017 年 1 月获批以来，合肥综合性国家科学中心（以下简称合肥科学中心）建设有序推进，取得了一系列重要成果。主要表现在以下几个方面：

（1）众多大科学装置工程设计和建设方案正在稳步实施。

（2）量子信息科学国家实验室工程建设进展顺利，1 号科研楼主体结构已顺利封顶。类脑智能技术及应用国家工程实验室在中科大开始运行。

（3）现已建成的三大科学装置性能稳步提升，产出世界级最新成果。合肥科学岛"全超导托卡马克"实验室实现 1 亿度等离子体运行，稳态强磁场装置产生的磁场强度达到 42.9T，合肥同步辐射光源实现恒流运行。

（4）离子医学中心项目已到医疗准入和临床治疗阶段。

（5）产生一批原创性科技成果，如"墨子号"量子科学实验卫星发射升空，"高分五号"卫星首次获取全球二氧化氮、臭氧柱浓度分布图，大大提升我国参与全球气候治理话语权。

（二）存在的主要问题

（1）管理机制运行不畅。目前省、市合肥科学中心建设领导组来自不同行政机构，成员单位责任和义务清单不明确，缺乏工作调度常态化机制。

（2）载体建设布局不足。科学中心的大科学装置、实验室创新载体的科技成果转化、科研项目全链程、"招商引智"等方面工作开展不够。

（3）政策供给精准性有欠缺。同部分先发地区相比，在人才、科技、产业、金融、教育、服务等方面，政策供给的精准性、有效性尚欠缺。

（4）企业创新发展能力不强。高新技术企业存在创新意愿不强，能力建设不足等问题。表现在：①产业供应链在江浙沪或珠三角，配套功能不强；②产品设计水平不高；③物流成本较高；④高端人才引进难，人才成本高，稳住现有人才更难；⑤银行对企业发展支持和保障有效度下降，企业融资成本增加。

二、北京怀柔、上海张江综合性国家科学中心建设经验

（一）强化顶层设计

一是北京怀柔、上海张江科学中心在建设初期以及在制定发展规划时，便给未来发展留下了很大空间，同时将科学城建设纳入规划范畴之内，以利于可持续发展。二是与时俱进、自上而下打造管理科学中心，建设高效担当创新体系。三是建立高效审批机制，比如北京市按照"一会三函"要求建立项目审批程序，有效提高了科学中心项目建设进程。

（二）做好服务配套建设

北京、上海的金融基础好，产业发展撬动社会资本的能力强，科学城建立初期，就引入优质教育、医疗、文化等资源，全力打造宜业宜居的良好工作和生活环境。

（三）建立专业运营团队

北京怀柔科学中心专门组建了北京怀柔科学城建设发展有限公司，采用市场化运作方式，统筹开发、科技成果转化和运营等项目，提升了建设主体的主动性和工作效率。

（四）注重国际交流

构建与全球科技创新活跃国家、地区的科技成果对接平台，构建全球性科技成果转移组织常态化交流机制，创建外来科学家和科创人员"绿色通道"，持续举办具有国际影响力的科技交流活动和科技成果发布等活动，不断提升国际影响力和地位。

（五）注重宣传工作

北京怀柔科学中心通过微信公众号、门户网站、积极主办国际性论坛等多种形式，强化宣传工作，尤其是微信公众号每日一更新，紧跟当前热点科技资讯，及时更新怀柔科学城建设进展情况，收效甚佳。

三、高质量建设合肥综合性国家科学中心的对策建议

（一）建立高效顺畅的运行机制

一是对现行运行机制进行改革，建立立事、议事、行事各项规章制度，建立各成员单

位工作职责制度，明确责、权、利。二是建立项目选定评审建设单位职责制度。三是建立工作容错制度。四是建立成员单位工作效率评估制度。五是建立督查、奖惩、问责机制。用制度将相对独立、不同行政级别、不同管理体制的单位和部门约束在一个系统内立事、议事、行事，提高建设工作效率。六是整合现有合肥市综合性国家科学中心办公室同合肥滨湖科学城管委会部分重叠的职能，以利于统筹谋划，提高效率，实现规划建设的整体性和系统性。

（二）建立和完善协商、推进、调度机制

一是理事会召开年会，研究部署重大事项。二是省市政府每半年调度一次，督促检查调度各成员单位按照职责分工的任务完成情况，提请省市领导及时协调解决问题，加快推进各项措施的落实。三是省、市办公室要发挥好综合协调调度的作用，细化各项任务，每季度召开项目协调推进会，加强调度。四是建立信息统计系统，实时掌握项目工程、内容建设进展，及时协调解决项目推进过程中存在的问题和困难，保障项目计划顺利实现。

（三）加快科技创新平台建设

一是加快推进量子信息与量子科技创新研究院建设，积极争取量子科学国家实验室早日获批建设。二是加快已获批的合肥微尺度物质科学研究中心、认知智能国家重点实验室建设，同时积极争取新上一批国家重点实验室、国家技术创新中心、国家产业创新中心和国家制造业创新中心等创新平台。三是积极推进省实验室和省技术创新中心建设，按照目标导向、任务导向的要求，对"一室一中心"实行稳定支持加绩效奖补的政策，促使早出成果，快出成果，成为吸引集聚创新高端人才创新平台。建议省里按照打造国家级科技创新基地的预备队、省级创新基地的先锋队的目标，按照成熟一个、认定一个的原则，再新认定一批"一室一中心"，同时建议合肥市也认定一批市级技术创新中心。四是加快推进新组建的能源研究院、人工智能研究院建设，尽早开始基础设施建设、科研队伍建设，建立完善的运行体制机制等，积极筹备省健康实验室，为建设大健康研究院奠定基础。五是持续开展与大院大所合作，引进更多的国内外大院大所在合肥建立研发机构，加速国内国际创新资源向合肥集聚。

（四）加速科技成果的转移转化

一是以省技术创新中心、工程技术研究中心、工程研究中心、中科大先进技术研究院、合工大智能研究院、合肥物质院创新研究等为载体，熟化转化综合性国家科学中心创新成果。二是推动量子信息科学产业发展基金、科技成果转化引导基金加快投资，扶持更多科研成果产业化；成立合肥市成果转化引导基金，争取科技部成果转化基金和省科技成果转化基金的投入，用国家、省、市三级财政资金撬动社会资本加盟，发挥财政资金杠杆作用。三是抓住省里申办国家首届中国（安徽）科技成果转化对接大会的机会，利用"近水楼台先得月"的优势，选准对接好一批既与合肥现有产业和民生基础相契合，又符合未来发展规划布局的科技成果在合肥落地。四是围绕合肥科学中心产业层的布局，加强与中科院、中国工程院、自然基金委、科技部重大专项司等单位联系，将国家科技计划项

目、基金项目的成果落户安徽，转移转化，形成一批新兴产业。五是加速扶持更多高层次人才团队，带着具有自主知识产权的技术或产品到安徽、到合肥创办企业，实现人才集聚、成果转化和产业发展的三赢局面。六是加速合肥滨湖科学城建设，借鉴国际先进发展理念，按照世界一流建设标准和要求，结合战略定位，整合并优化国家实验室、大科学装置等重大科研要素和产业布局，配套建设国际化的教育、医疗、文化、商业、娱乐等公共服务设施，建设宜居宜业宜创的创新高地，打造合肥科学中心的重要载体和窗口。以"汇聚创新合力，加速成果转化"为主题，将安徽创新馆打造成具有全国重要影响力的科技大市场，努力形成高端创新资源的集聚地、科技成果转化的集散地、技术创新体系的重要支点。

（五）加快人才集聚

一是注重根据合肥现有重点产业和未来产业布局引进高端领军人才和团队，对高端人才拥有自主知识产权的科研成果进行评估。"量身定制"引进紧缺特殊人才，即"一人一策"。二是加大对中高端人才的培养，每年有针对性地选择一些高校、科研院所，开展定向定量本、硕、博委培工作。提供学生学习期间基本学习和生活费，毕业后欢迎来合肥工作服务三年，享受各级各类人才待遇，三年后来去自由，以"宽松"的就业环境来吸引人和留住人。三是对基础应用人才培养，用人单位应主动介入资助参与培养过程，实行应用人才培养三部曲，提高培养质量，即政府搭台，用人单位（企业）同培养人才单位签订用人合同；用人单位（企业）资助培训单位开展委培、代培特殊工种人才；培训单位到用人单位（企业）进行专项业务技能培训。

（六）加速"两心共创"推动原始创新

全面推进同上海的高水平高质量合作，实现共赢，为合肥科学中心、上海张江科学中心合作提供更宽广的科技创新空间和平台。比如全面融入上海标准和质量体系，两地生产标准和质量标准能相互认证，为两地企业提供更多的合作空间，降低企业产品配套、物流运输成本，提高市场竞争力。

（七）持续加大投入力度

一是建立三科学中心及粤港澳大湾区合作交流机制和平台。二是加大合肥融入长三角一体化工作力度，搭建交流合作发展平台。三是加大合肥大数据信息平台建设投入，精准高效为合肥发展服务。四是积极支持"双一流"大学和学科建设。五是营造良好的国内外高校、科研院所（团队）科学研发环境。六是建立合肥制造标准。七是建立合肥跨界融合产业发展互助基金。八是加大对合肥科学中心建设的宣传力度，着重打造"一装置、一产业、一企业"的宣传栏目，加大对国家公务人员科学能力和素养提升的培训力度。

本课题组参与人员名单：
课题组成员：童正印、韩骞（主笔）、左少华、王德润、裴斌

以城乡一体化发展促进合肥乡村振兴研究

安徽大学课题组

乡村振兴是新时代的战略要求。合肥市正处于工业化中后期向后工业化时期转变阶段，城乡二元结构特征突出，兼具"大城市"和"大农村"双重特征，农业农村大而不强，大而不优，走以"大城市"带动"大农村"的城乡一体化发展之路，这是推进合肥市乡村振兴的必然选择。

一、现实条件

（一）优势条件

1. 区域经济实力显著增强

近年来，合肥市区域经济长足发展，经济总量不断攀升，二、三产业带动作用明显增强。2019 年，常住人口城镇化率达 76.33%，财政收入达 1432.41 亿元，二、三产业增加值达 3415.32 亿元和 5702.22 亿元；肥西县、肥东县和长丰县连续多年稳居全国百强县，位次不断前移，巢湖市、庐江县全国中小城市投资潜力百强县市进一步巩固，随着新型城镇化快速推进和农村人口渐次减少，完全有能力和条件实现由"农村包围城市"向"城市带动农村"转型。

2. 农业产业结构逐步优化

合肥市农业产业结构正产生结构性变迁，都市农业加速发展。在农业产业结构中，特色种养业产值比重不断上升，形成了 10 个年产值超 10 亿元特色农业产业集群。农产品加工业"六大行动计划"深入实施，农产品加工业增加值年均增长 15% 以上。农业生产性服务业创新发展，多业态跨界融合趋势加快，涌现出了一批王小郢音乐小镇、崔岗艺术家村等美丽村镇，为乡村振兴提供了较好的产业基础。

3. 农业经营主体加快培育

合肥市各类经营主体数量快速增长、规模日益扩大、实力逐渐增强，引领着农业适度规模经营发展。2019 年，全市新型农业经营主体突破 1.4 万家，这些经营主体包括家庭农场、合作社、农业产业化联合体等类型，广泛分布在农产品生产、加工和流通等环节，初步构建了都市现代农业的经营体系。

4. 要素配置平台不断创新

合肥市深化要素配置平台建设，有序引导城乡要素有序交易与流动。2014 年以来，创建安徽农村产权交易所，出台"1＋2"政策文件，建成 5 个县级分所，在市外建成 6 个分所，上线运行土地经营权抵押贷款系统，试点无担保抵押贷款，产交所交易品种涉及土地经营权、水面、集体房屋租赁等交易门类，成交项目已突破 2000 宗，成交额超过 30 亿元，加快了人才、资金和土地等城乡资源要素双向流动尤其是关键资源要素下乡。

5. 农村基础设施持续改善

合肥市加快农村基础设施建设，市财政已累计拨付 116 亿元，其中 2019 年拨付 40 亿元，打通基础设施供给"最后一公里"。农村道路畅通工程已开工 1.42 万千米，已完工 1.06 万千米。2019 年全面实现市县通达一级公路，所有乡镇通达二级公路，所有行政村和较大自然村通达四级及以上公路，县乡村三级农村公路网络体系覆盖形成。推进城乡客运公交化改造，实现全市乡镇通公交、建制村通客车。完成"百河千渠万塘"行动，全市有效灌溉面积达 82.7%。加快乡镇和中心村污水处理设施建设，85 个乡镇政府驻地和 348 个中心村建成污水处理厂或污水处理设施。实施安全饮水工程，安全饮水覆盖村达 1194 个，受益人数达 350 万人。

（二）劣势条件

1. 农业产业结构仍不优

合肥市虽初步构建了农业产业化新格局，但农产品加工产业链条较短，有优势的粮油和肉类加工仍以初级加工为主，直接消费型产品占全行业比重较低。三次产业以休闲农业和乡村旅游业为主，但体量小、同质化严重，农业与创意、制作和文化等跨界融合不足。农产品区域品牌发展势头虽然较好，但还没出现像"五常大米""丽水山耕""涪陵榨菜"这样的著名品牌。

2. 要素下乡体制机制仍不顺

总体上看，全市城乡关系还表现为城市对乡村的虹吸效应，人才、资金、土地等各类资源要素正加快由农村向城市流动，市县两级虽建立了农村产权交易平台，完善了农村产权交易的机制和程序，能部分起到引导城市要素下乡的作用，但并未根本改变城乡要素价格差，未根本理顺要素下乡的体制机制，也未对农民充分赋权，同时导致农民利益受阻和要素下乡梗阻。

3. 科技资源分布不均衡

合肥市是国家综合性科学中心、国家科技创新型试点城市和 G60 科创走廊城市，科研院所集中，创新优势明显，但科技投入和研发主要集中于先进制造和高科技领域，在农业装备、特色农机具、种业发展、生物农业、健康农业等方面投入不足，农业科技创新平台缺乏，农业科技成果转化率、推广率也较低，导致研发"天线"和需求"地线"接触不灵。

4. 城乡基础设施差距仍较大

由于历史欠账较多、公共财政资源更多偏向城市等原因，全市农村基础设施总体上仍较为薄弱，数量不足、质量不高和管理粗放等问题突出，尤其是在供水、供气、卫生厕所、信息物流、农村文化设施等生活性和事业性基础设施方面与城市还有较大差距，在庐江、巢湖的一些偏远农村，这种差距更大，掣肘了农村产业升级和消费升级，面临着提档升级、强化管理的艰巨任务。

二、思路与对策

（一）基本思路

以建设长三角世界级城市群副中心城市和合肥都市圈发展为契机，紧紧围绕乡村振兴的战略目标，立足于合肥市城乡发展的现实条件、基本需求及趋势，牢固树立"全域合肥""城乡同频"和"双轮驱动"的发展理念，以城乡一体化发展为手段，以城乡产业重融、土地重整、资金重组、人才重构、基础设施重拓、科技资源重置为路径，在产业发展、要素配置、基础设施建设和科技资源投入等方面，积极推动重点领域和关键环节改革，健全城乡融合发展的体制机制和政策体系，不断推进城乡产业深度融合、生产要素平等交换和公共资源均衡配置，努力为全省、全国推进城乡一体化综合配套改革发挥示范和带动作用。

（二）对策建议

1. 大力推进城乡产业重融

推动传统种植业转型升级。以工业化、信息化手段改造传统种植业，创新发展农业社会化服务业，尽快实现在重点农区、关键环节对农户服务全覆盖。借鉴巢湖苏湾经验，打造"复合型龙头企业＋家庭农场"农业产业化联合体，促进产加销一体化，支持发展面向种粮大户和家庭农场的农业全程社会化服务。调优农业产业结构。瞄准城市居民消费升级导向，加快发展种养结合循环农业，以放马滩国家级示范区为核心，做大做强稻鸭、稻虾等产业。以新型工业化带动农村产业发展，重点发展粮油、龙虾和休闲食品等农产品精深加工业，开展虾稻米糠、龙虾壳等加工剩余物全值化利用。优化布局乡村旅游业，通过"文化＋"推动乡村旅游业提档升级。实施区域品牌提升行动。积极主办、参与各类节庆、展销活动，依托线上线下手段，搭建营销推进平台，继续做响长丰草莓、巢湖三珍、合肥龙虾等区域品牌，提升大圩葡萄、白湖大米等品牌知名度，开创虾稻米等特色农产品区域品牌，重新焕发"四大名点"等老字号品牌，打造一批土字号、乡字号"合"字品牌。

2. 大力推进城乡土地重整

挖掘农村各类土地潜力。大规模推进农村土地整治和复垦整理，挖掘农村各类土地存量，健全完善市县两级产权交易平台，适当提高农村土地要素价格水平，合理设置不同区县以及城市、集体和农民的收益分成。深化承包地"三权分置"改革。鼓励村集体与城市下乡资本合作，统一流转，再以入股、租赁、委托经营或自营等方式激活农村承包地资源。深化宅基地"三权分置"改革。借鉴浙江省绍兴市经验，在乡村旅游发展较好的地区，探索村级农宅经营服务站模式，通过村级农宅经营服务站与城市下乡资本对接，盘活农房等存量资源。深化农村集体建设用地制度改革。借鉴北京市大兴区经验，探索农村集体经营性建设用地联营模式，积极探索"点状供地"制度，建立集体经营性建设用地使用权流转市场运作制度，为社会资本下乡提供土地要素。

3. 大力推进城乡资金重组

深化农村金融制度改革。引导更多的金融资源流向种养循环、农产品精深加工等重点领域。开展承包地经营权和农民住房财产权、集体资产股权抵押贷款试点，做好"三变"改革配套金融服务工作。以农业产业化联合体、田园综合体为抓手，探索农业全产业链金融服务模式和园区建设综合服务模式。深化财政体制改革。完善财政投入稳定增长机制，把投入重点放到农村。县（市、区）财政整合资金资源，建立乡村振兴专项资金，用于农产品加工业发展、农产品区域品牌打造、乡村旅游提档升级等。引导县（市、区）打捆使用涉农资金，支持县（市、区）发行一般债券用于支持乡村振兴领域的公益性项目。发挥乡村振兴投资公司作用。发挥乡村振兴投资公司示范引领作用，强化乡村振兴投资公司的融资平台功能，鼓励通过政府与社会资本合作、政府购买服务、担保贴息、以奖代补、民办公助、风险补偿等措施，引导城市资本投向农业农村。

4. 大力推进城乡人才重构

加快农业转移人口市民化。市区试点实行居住积分落户制度。推动进城落户农民与城镇居民同工同权、同工同酬，保障进城落户农民平等享有社会公共服务的基本权益。保障进城落户农民土地承包权、宅基地资格权等，探索承包地、宅基地有偿退出制度。引导城市人口"上山下乡"。精准设置扶持政策，瞄准招引目标群体，引导企业家、知识分子、实用人才、城市居民下乡创新创业，制定与工业企业同等的人才引进政策，分类评价，动态管理，精准激励。推进校地合作、院地合作，鼓励高等高校、科研院所等专业技术人员到乡村和企业挂职、兼职和离岗创新创业。深化选派干部制度，强化选派人员个人能力与派驻村需要的对接。培育乡村本土人才。整合市内高校和科研院所成人教育培训资源，推行弹性学制的中高等农业职业教育。开展"优秀农民企业家""乡村之星"等的培育与评选，发展一批"土专家""田秀才"，培育一批合肥工匠、文化能人和非遗传承人。优化人才创业创新环境。开设人才创新创业服务"绿色通道"，推行"一站式服务""一门式办理"。实施乡村人才"安居工程"，建设和充分利用人才公寓，保障各类外来人才居住环境。畅通与各类人才的沟通交流机制，加强宣传，营造重才爱才浓厚氛围。

5. 大力推进城乡基础设施重拓

推进交通设施建设一体化。健全城乡网络化覆盖交通体系，实施县乡道改造提升工程，提升现有公路技术等级，完善养护管理。实施公交网络延伸工程，打造同城公交，力争每个行政村、60%以上的自然村通达公交车，实现全域"一卡通"和规定时间免费换乘。推进公共设施建设一体化。重点推进城镇供水、供气、环保、信息化等公共设施向农村延伸，继续实施农村饮水安全工程，实施天然气管网覆盖延伸工程，推进农村电气化建设工程，深入实施"信息进村入户"工程，开展城乡一体化污水处理和垃圾处理设施建设，力求实现城乡基础设施"无缝对接"。

6. 大力推进城乡科技资源重置

加强产学研合作。推进与中国科技大学、合肥工业大学、江南大学等大院大所合作，建设一批发展前景良好、产业关联度大、影响力强的农业科技项目，重点推广应用节本增效、优质安全、绿色生态等农产品生产加工技术。组建特色产业联盟。依托南京农业大学、安徽农业大学等组建优质粮食、特色果蔬、名优茶、健康畜禽、特种水产、农产品加工等产业联盟，按照"1＋1＋N"的服务模式，分类制定生产技术标准，力争各产业联盟服务指导和辐射带动达到20万亩以上。打造科技兴农新平台。围绕农业区块链、种业、大健康农业、生物农业和中医药农业等，与中国科技大学等高校共建中国农业健康研究院，支持庐江县等申报设立国家农业高新技术产业示范区，加快推进种业发展，实施现代种业提升工程，全力打造合肥"种业之都"。

本课题组成员名单：
课题组成员：崔宝玉（主笔）、刘艳、刘洪波、孙迪

第二篇

重点课题研究报告

▶ 改善合肥乡村人居环境研究
▶ 合肥城市文化品牌建设研究
▶ 合肥地方金融监管机制研究
▶ 合肥市智慧城市建设研究
▶ 合肥制造业智能升级研究

改善合肥乡村人居环境研究

中共合肥市委党校课题组

改善乡村人居环境是实施乡村振兴战略的一项重要任务。党的十八大以来，习近平总书记多次做出重要指示、重要批示强调，要结合实施农村人居环境整治三年行动计划和乡村振兴战略，进一步推广浙江好的经验做法，建设好生态宜居的美丽乡村。乡村人居环境质量事关广大城乡居民的幸福感、获得感，事关全市经济社会发展大局。合肥市作为省会城市，应深入学习浙江"千万工程"经验，紧密结合合肥实际，切实加强对改善乡村人居环境工作，奋力建设高水平生态宜居的美丽乡村，努力在全省当好表率、做出示范。

本课题将立足现有的相关研究成果，进一步深化和探讨。通过研读文献资料，并对调研材料进行系统分析，坚持以人民为中心，整合各种资源，强化政策措施，因地制宜，突出实效，扎实推进乡村人居环境治理各项重点任务，力求对策建议有针对、可落地、有创新，为建设生态宜居的美丽乡村提供理论支持、实证分析和决策参考。

第一章　乡村人居环境的概念

一、乡村的概念

（一）乡村的由来

"乡"在空间属性上，指"乡，国离邑民所封乡也"（《说文》记载）。从文化心理上上讲，"乡"指自己生长的地方或祖籍。从行政区划上，"乡"是中国的基层行政单位。综上，"乡"可理解为古代以来国家行政单位下能够产生认同感和归属感的空间文化区域。"村"指乡下聚居的处所（《说文》），同时也指农村基层组织。

"乡土中国"是中国传统乡村社会的主要特征（费孝通，2018）。在这一社会中，最基本的单位是家庭，由家庭集聚形成村落，村落以血缘关系为纽带。村民生产生活紧紧捆绑在土地上。家庭和土地构成中国传统乡村的核心基础，而其他社会、文化和经济特征本质上都是围绕着家庭、土地以及它们之间的复杂关系而衍生和展开的。

（二）乡村的界定

乡村是介于城市之间，由多层次的集镇、村庄及其所管辖的区域组合而成的空间系统，是城市之外的一切地域，或指城市建成区以外的地区。在《辞海》中，农村（乡村）统称为村，在国家统计局关于城乡划分上认为乡村包括集镇和农村。乡村包含农村，农村是乡村的主体，两者有很大的相似性，但并非一种概念（肖唐镖，2004）。

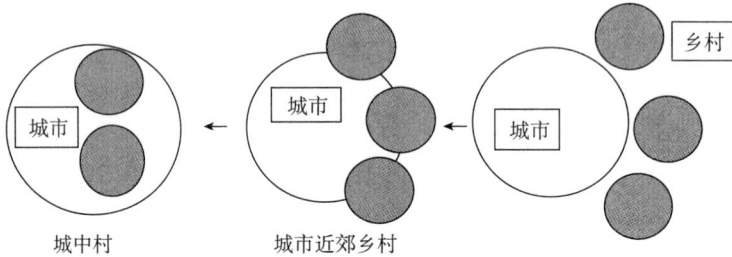

图 1-1　城市和乡村空间的相对性

（三）城乡地域空间系统

城乡关系伴随着城乡差异不断发生变化，不仅有乡村人口大量流入城市，而且有城市居民出于各种考虑前往乡村，乡村本身的产业结构、人口结构和劳动结构发生着变化，乡村和城市之间清晰的划分会越来越模糊，最终演化为城乡融合。

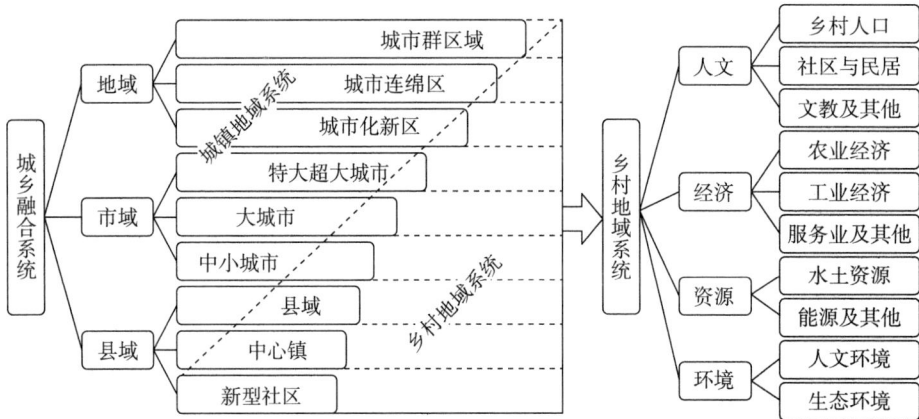

图 1-2　城乡融合系统与乡村地域系统结构

城乡地域系统由乡村系统和城镇系统两大子系统构成。乡村系统主要包括村庄、中心村、集镇、中心镇等村镇空间系统；城镇系统主要包括大都市、中等城市、小城市及城郊社区等城市等级体系。按照城乡地域互动作用的方式和强度，将城乡互动发展分为两个阶段：第一阶段，城市与乡村初步融合，城市中心职能较弱。城市对乡村地域的影响，以农业生产要素非农化为主，城市扩散相应相对较弱，影响范围有限。第二阶段，随着城市及其周边区域要素的集聚与拓展，城市中心性逐步增强，城市与乡村之间要素流动。其中，一部分乡村地域依托要素集聚和发展，逐步演变成为新的中小城镇，进而带动周边区域的乡村发展；另一部分乡村地域依托稀缺要素的流入来发展现代农业和促进要素非农集聚，进而推进农村地区的内生式发展。

（四）乡村的类型

龙花楼等（2009）基于乡村性的强弱特征，将我国东部沿海地区的乡村划分为农业主导型、工业主导型、商旅服务型、均衡发展性。传统农业社会向现代工业、城市社会转型，传统计划经济向现代市场经济转轨，农村工业化和城镇化进程加快、人口快速增长及市场经济的发展，引起农村产业结构、就业结构和土地利用格局的快速转变。叶强、钟炽兴（2017）根据行为主体不同，将乡村建设实践基于乡村建设者视角，将实践类型分为政府主导型、农民内生型和社会援助型。

《乡村振兴战略规划（2018—2022年）》依据村庄人口变化、区位条件和发展趋势，明确县域村庄分类。将现有规模较大的中心村，确定为集聚提升类村庄；将城市近郊区以及县城城关镇所在地村庄，确定为城郊融合类村庄；将历史文化名村、传统村落等特色资源丰富的村庄，确定为特色保护类村庄；将位于生存条件恶劣、生态环境脆弱、自然灾害频发等地区的村庄，因重大项目建设需要搬迁的村庄，以及人口流失特别严重的村庄，确定为搬迁撤并类村庄。

二、 乡村人居环境的内涵

在《人居环境科学导论》一书中，吴良镛院士将"人居环境"定义为："人居环境是人类聚居生活的地方，是与人类生存活动密切相关的地表空间，是人类在大自然中赖以生存的基地，是人类利用自然、改造自然的主要场所。"在人居环境理论的推导下，乡村人居环境是指在乡村自然环境及区域景观生态格局大背景下，人们在居住、耕作、交通、游憩、交往等各项行为环境中，在开发与利用自然的过程中围绕村域、村落、农宅环境等空间层级而形成的居住环境。因此，在外延上，乡村人居环境既包括宏观层面的乡村区域景观生态格局，也包括中观层面的乡村聚落环境，以及微观层面的乡村农宅环境。在内涵上，乡村人居环境是物质要素和非物质要素的有机结合体，由自然生态环境、人工建成环境和社会人文环境组成。

第二章　国内外乡村人居环境建设与发展

一、国外乡村人居环境建设与发展

（一）日本的"造村运动"

日本"造村运动"历程经历了三个阶段，前两个阶段注重农业生产环境、农业结构调整，第三个阶段注重培育乡村的产业特色。特别是平松守彦提出的"一村一品"运动，面向都市高品质、休闲化和多样性需求、自下而上的乡村资源综合开发实践。

表 2 - 1　日本的乡村人居环境建设与发展

时间	阶段特征	建设要点
1955～1965 年	村庄物质环境改造	改善农业的生产环境，提高农民的生产积极性
1966～1975 年	村传统农业结构调整	继续加大农业生产和农民生活的基础建设力度，提高农业和农村的现代化水平
1979 年以来	美丽乡村建设——"造村运动"	培育乡村的产业特色、人文魅力和内生动力，实现一村一品

（二）韩国的"新村运动"

韩国"新村运动"大致经历了三个发展阶段：第一阶段是政府主导阶段，着重改善农民的居住条件；第二阶段是产业带动阶段，着重提高农民收入；第三阶段是自我发展阶段，着重展现乡村文化。

表 2 - 2　韩国的乡村人居环境建设与发展

发展历程	主要目标	措施
政府主导阶段	改善农民的居住条件	在周围山上植树造林；拓宽连接村庄和主要公路的道路；修整村庄周围的河岸；建设粪肥库；修整小水塘；修理灌溉水塘；清理村庄道路和沟渠；修建公共水井；建立公共洗衣设施；控制鼠害。政府无偿提供水泥，钢筋等物质，成立全国性的组织新村运动中央协议会，构建了覆盖全国的自上而下的组织网络
产业带动阶段	提高农民收入	政府动员科研机构、技术人员深入农村进行技术推广和劳动力培训，同时，政府把工作重点放在发展畜牧业，农产品加工业和特产，农业等领域通过制定规划，提供财政、物质、技术和服务等支持手段，调整农业结构，发展多种经营，在提高农民收入的同时，逐步改善农村的生活环境和文化环境

发展历程	主要目标	措　施
自我发展阶段	展现乡村文化	政府逐步退出新村运动主导地位，政府的直接投入转为政策引导市场进入其他培训，宣传信息工作改由民间组织来承担，农村发展由硬实力向软实力转变，展现农村历史文化，乡村特色的产业发展迅速，使得韩国农村持续焕发青春

（三）德国的"村庄更新"

"二战"后的德国"村庄更新"经历了三个阶段，第一阶段始于 20 世纪 50 年代早期，乡村更新的主要目标是通过农地整理，改善乡村土地的拥有结构不至于过于分散，影响农业现代化。第二阶段始于 20 世纪七八十年代，德国基本实现现代化，这段时期注重乡村规划，基础设施建设更加完备，生态环境、地方文化都得到很好的保护。第三阶段始于 20 世纪 90 年代，注重可持续发展，推动生态、文化、旅游、休闲与经济价值融合发展。

表 2 - 3　德国的乡村人居环境建设与发展

时间	阶段特征	建设要点
1950 ~ 1960 年	进行农地整理，实现农业现代化	适应农业经济结构调整的要求，改变了失去功能的农业经济房屋的用途，重新调整了剩余建筑物的形状、规模、开发状态和建筑物现状；为适应农村社会和人口发展状况，对农村基础设施做出相应调整，减少没有经济收益的土地利用，改善农村生活和生产条件
1970 ~ 1980 年	关注乡村聚落形态、传统建筑、交通道路、生态环境和地方文化	关注村庄原有形态和村中建筑，重视村内道路的布置和对外交通的合理规划，关注村庄的生态环境和地方文化
1990 年以来	引入可持续发展理念，挖掘乡村文化、生态、旅游等方面	从保护区域或地方特征出发，更新传统建筑；从保护乡村特征出发，扩建村庄基础设施；按照生态系统的要求，把村庄与周边自然环境协调起来；因地制宜地发展经济

（四）日、韩、德的乡村人居环境建设的启示

1. 乡村人居环境整治呈现阶段性发展特征

在不同的阶段不同类型的乡村环境整治面临不同的任务。在初始阶段，农村支持城市发展，为工业发展提供要素支持。随着工业的发展，带动第三产业的发展，城镇日益繁荣。在城镇化水平达到50% ~70%时，城乡统筹进一步提升，此时国家公共财力比较强，城乡社会保障和公共服务差距缩小，这个情况下乡村建设就被提上议事日程。当城镇化水平到了70%以后，国民经济达到高度发展的阶段，这个时候农村人口、农业人口占比会变得极小，城市人口比较大，城乡社会保障、城乡公共服务、城乡要素市场等要实现一体

化。一般来说，在城镇化程度不高、农村和农业比例很大的情况下开展乡村建设，政府负担会越重。

2. 实施政府主导下的科学合理的村镇规划

政府发挥主导作用，做好村镇规划，大力支持乡村人居环境建设。在规划中，要综合考虑各项设施的配置和标准，既要符合现代化的要求又要考虑村镇的长远发展。规划不但要具有综合性、科学性、超前性、务实性，而且还要具有权威性。规划一旦得到批准，就必须按规划实施建设，不能随意更改。日本在综合性国土规划前后在国内进行四次国土规划，根据规划，引导资金在农村，小城镇投放扶持农业，促进当地发展。德国在村镇建设过程中注重环境建设规划，村镇建设项目的选择必须通过专家论证及有关部门批准后方可实施，村落建筑协调优美，并具有地方特色和乡土气息。

3. 尊重农民的主体地位

综观德、日、韩三国的成功经验，农民是农村生产力中最活跃的因素，是农村生产关系中的主导力量。农业的发展、农村的繁荣、农民的富裕归根结底都要依靠农民。日本农民自发组织兴起的"自下而上"的发展模式，政府做引导工作，且为农民提供技术、资金等支持，将农村建设的主权和选择权交由农民。激发他们的积极性和创造性，真正让农民实现自我管理和服务。韩国通过农村启蒙，激发农民的积极性和创造性进行新村建设。德国鼓励公众参与村镇建设，任何一项村镇建设项目，如果没有经过公众的民主讨论，都不能申报立项。

4. 实施发展与环境保护并重的政策

环境与发展是融合、共生的，像情同手足的"孪生兄弟"，做好乡村环境保护工作，牢固树立人与自然和谐发展的观念，真正把乡村环境保护工作摆上重要议事日程。韩国修建卫生的供水系统、改造排污系统。德国在环境保护方面有着明确的规定："任何项目的建设都要保证绿地总量的平衡，决不允许未经处理的污水排放。50人以上的村庄必须进行污水处理，乡镇政府所在地一般都建有污水处理厂。"

5. 以改善农民基本生活设施为主要内容

从德、日、韩三国建设乡村人居环境的实践来看，投资兴建农村基础设施，对于乡村人居环境的改善、农民生产和生活状态的改变、现代农业的发展、农村产业的转型升级，都有重要的作用。主要包括三方面内容：一是建设农村信息通信、乡村道路等基础设施，对农村产业的市场化、专业化有一定的促进作用，利于优化产业结构和集聚产业规模，加快农村现代化的进程。二是建设农村基础设施，降低包括生产、运输、销售等在内的总生产成本，提高资金使用效率和农村经济活动的经济效率。改变投资环境，促进社会其他部门的资源向农村和农业转移，增强吸引外资的能力，发展外向型农业。三是加强农田水利建设，不但增强粮食综合生产能力，提高农民收入水平，还可以提高农民抵御风险的能力，减少或者避免灾害给农民造成的损失。

二、国内乡村人居环境建设与发展

（一）我国乡村人居环境建设历程

1. 缓慢恢复期（1949～1957年）

乡村居住环境大都受"天人合一"的环境思想影响，宅地和庭院成为了乡村人居环境建设的主要区域，并以村庄聚落的形式存在。受长期战乱影响，农村经济破败，农村秩序混乱，乡村人居环境恶劣。新中国成立后，进行土地改革运动，实现耕者有其田；进行除四害（苍蝇、蚊子、老鼠、麻雀）运动；响应毛泽东号召"要把医疗卫生工作的重点放到农村去"，完善各种医疗制度；建立了农村居民广播网、夜校等传播文化的基础设施，丰富农村文化生活。但乡村人居环境建设水平总体偏低。

2. 初步发展期（1957～1978年）

这一时期的农村土地等各种生产资料全部归农村居民集体所有，所有的农村居民劳动也由人民公社集中分配，所有获取的农产品则由人民公社进行调拨和分配，乡村由自治转为集体管理。构建农村居民文化基础设施以普及知识，修建大规模的农田水利设施过程中注重保持水土修复。但计划经济体制的局限性，加之国家重视工业发展，不仅造成资源浪费而且环境也遭受了严重的污染。

3. 缓慢发展期（1979～2003年）

建立以家庭联产承包责任为主，实行统分结合的新型集体所有制模式，乡村居民环境建设主力由政府管理转接到农村居民自身。1979年颁布了《中华人民共和国环境保护法》，以法的形式保障环境治理；1984年将1973年成立的国务院环境保护领导小组办公室更名为国家环保局，强化了政府对乡村人居环境建设的意识。加强农村科教文卫事业的发展，农村居民生活水平提高，身心健康得到很大的保障。从1982年到1986年，国务院相继颁布了五个中央"一号文件"都涉及了农村环境的保护。但1987～2003年，国家把发展的重心放在城市，城乡差距不断拉大，随着户籍制度放松，农村的青壮年进城务工，乡村人居环境建设缺乏必要的执行者，建设滞后。

4. 快速发展期（2004～2012年）

从2004年至今，中央连续16年以"一号文件"的形式连续出台支农和惠农政策，加大农业基础设施建设，优化乡村环境。2005年党的十六届五中全会提出建设社会主义新农村，其核心内容是"生产发展、生活富裕、乡风文明、管理民主、村容整洁"，提出把村庄规划和乡村人居环境建设作为社会主义新农村建设的重要任务之一。随后，国家政府提出了"科学发展观""生态文明""中国梦""美丽中国"以及"美丽乡村"建设战略，这都对乡村人居环境建设起到了很大的推动作用。此外，2006年正式实行"全面取消农业税"等一系列的强农惠农政策，中国进入"以城带乡""以工促农"的新阶段。财政支农力度增大，增加农村公共产品、公共服务的供给，强化教育、就业、医疗、收入、保险及社会管理的具体惠民措施，乡村人居环境建设全面快速发展。

5. 完善巩固期（2013 年至今）

党的十八大以来，中央先后四次召开全国改善乡村人居环境工作会议。习近平总书记就建设好生态宜居的美丽乡村多次做出重要指示，强调要因地制宜，精准施策，始终把全面推进农村人居环境整治放在实施乡村振兴战略、建设美丽乡村的突出位置，努力建设好生态宜居的美丽乡村，让广大农民在乡村振兴中有更多获得感、幸福感。党的十九大报告明确提出：开展农村人居环境整治行动。随后，中办、国办下发了《农村人居环境整治三年行动方案》，全面推开以农村垃圾污水治理、厕所革命和村容村貌提升为重点的农村人居环境整治，村民环境与健康意识普遍增强。

（二）浙江乡村人居环境建设与发展

1. 乡村基础环境整治阶段（2003～2007 年）

该时期以乡村环境污染问题的基本治理为乡村建设重点。通过村庄的分类整治，将实施"千万工程"的村庄划分为示范村和环境整治村。前者以提升物质、精神、政治文明为目标，后者以治理乡村"脏、乱、散、差"为重点，开展环境整治。该阶段重在基础，不但改变传统农村地段的生活环境面貌，也影响了各地的政府和基层村民的价值观念，促使其由被动接受到主动参与乡村建设，加大对乡村建设的财政投入力度，为后续的各类乡村建设内容奠定了重要基础。

2. 乡村人居环境提升阶段（2008～2010 年）

该时期以乡村生活环境的全面整治为工作重点。从农民群众最关心、最直接、最现实的问题入手，着眼于城乡统筹发展和城乡公共服务均衡化，全面改善乡村人居环境。浙江将所涉行政村划分为待整治村与已整治村两大类，前者进行乡村环境综合整治，后者重点实施生活污水治理，并以农村土地整理为共同目标，由此全面提升乡村人居环境。为后续的美丽乡村建设提供重要物质环境支撑。

3. 美丽乡村建设阶段（2011～2015 年）

该时期乡村建设坚持以人为本，将所涉乡村建设划分为三大方面，即待整治村环境综合整治、中心村建设以及历史文化村落保护与利用。该阶段在进行环境综合整治的基础之上，更加注重乡村内在品质的提升与历史文化的传承，注重发挥中心村辐射带动的重要作用。同时，浙江省加大资金直接扶持力度，在原有村庄整治建设资金保持不变的基础上，各县（市、区）都安排了美丽乡村建设专项资金。

4. 美丽乡村建设深化阶段（2016 年至今）

该时期主要集中在乡村环境整治建设、公共服务体系智能化和乡村基础设施的进一步完善方面。如 2016 年提出的全省乡镇试点垃圾分类减量资源化处理政策、乡村垃圾分类智能回收平台建设、农业创新创业政策、村务上线共建共享政策，以及 2017 年的浙江省六十余条穿镇公路"乱点"消除政策、乡村文化治理政策和垃圾资源回收建造生态公园政策等，这些基于地方实践经验的政策条例进一步优化了现有乡村建设的成效。

第三章　合肥乡村人居环境发展现状

一、主要历程

自 2005 年启动新农村建设以来，合肥市改善乡村人居环境工作主要经历了三个阶段：

第一阶段：新农村建设示范阶段（2005 年至 2012 年 9 月）。2005 年党的十六届五中全会做出社会主义新农村建设决定后，合肥市启动新农村建设"十镇百村"示范工程（即：在全市选择 100 个村和 10 个镇开展试点示范，针对城区、近郊、远郊等不同区域村镇的实际情况，分别实施新建型、改造型、整治型和综合型等多种类型的新农村建设），改善人居环境是重要内容，特别是实施的"四清四改"（清垃圾、清污泥、清路障、清私搭乱建，改路、改水、改圈、改厕）为后期的农村人居环境整治工作积累了经验。

新农村建设"十镇百村"示范工程实施不久，国家出台农村建设用地减少与城镇建设用地增加挂钩试点政策，合肥市 2008 年起积极利用这一政策，出台《合肥市土地及宅基地整理和新农村建设项目实施意见（试行）》，并将土地整理、宅基地整理和新农村建设相结合，着力探索出一条土地整治、新农村建设和现代农业发展"三位一体"的新农村建设"合肥模式"，新农村建设重点调整到江淮分水岭等生态脆弱、人口流失较多、空心化较为明显的村庄，其路径主要是建设新型农村社区，并一直成为江淮分水岭地区改善人居环境的主要路径延续至今。

第二阶段：美好乡村（美丽乡村）中心村建设阶段（2012 年 9 月至 2017 年 5 月）。2012 年 9 月，省委、省政府做出决定，全面推进美好乡村建设（2016 年省委、省政府将美好乡村调整为美丽乡村），提出按照"生态宜居村庄美、兴业富民生活美、文明和谐乡风美"的要求，到 2020 年，力争全省 80% 以上的中心村达到美丽乡村建设要求。合肥市在制定具体实施意见时，将目标确定为"到 2020 年，全市规划布点中心村全部达到美丽乡村建设要求"。建设重点包括：基础设施（道路建设、安全饮水、电力、通信、村庄亮化）、公共服务设施建设（公共服务中心、配套服务设施）、环境整治（垃圾处理、污水处理、村庄绿化、卫生改厕、沟塘清淤、农房整治、村容美化、长效机制）等。这一阶段美丽乡村建设主要任务是建设中心村，肥东县、肥西县和长丰县建设模式主要延续新农村建设模式，以集中新建型为主，其中相当一部分是 2008 年以来已经建成的新农村；庐江县和巢湖市以旧村整治型为主。

第三阶段：以农村环境"三大革命""三大行动"为重点的全面全域推进阶段（2017 年 5 月至今）。2017 年 5 月，省委、省政府做出决定，把一体化推进农村垃圾污水厕所专项整治（以下简称农村环境"三大革命"）摆在美丽乡村建设的突出位置，加大工作推进力度，集中力量加以突破，尽快改变农村脏乱差面貌。2018 年，中办、国办印发的《农村人居环境整治三年行动方案》提出，以建设美丽宜居村庄为导向，以农村垃圾、污水治理和村容村貌提升为主攻方向，动员各方力量，整合各种资源，强化各项举措，加快补齐农村人居环境突出短板，为如期实现全面建成小康社会目标打下坚实基础。合肥市在全面总结美丽乡村中心村建设的基础上，将工作重点转向农村环境"三大革命"和"三大行动"，农村人居环境整治实现由点向面全面推进，着力实现了人居环境整治全域全覆盖，形成了乡镇政府驻地建成区—中心村（省级、市级）—自然村（永久性居民点、近期保留村、拟搬迁拆并村）农村人居环境整治分类推进标准体系。具体包括三个方面：

（1）乡镇政府驻地建成区"两治理一加强"（治脏、治乱和加强基础设施和公共服务配套）环境整治。治脏包括：垃圾处理、河沟渠塘疏浚清淤、改厕；治乱包括：治理乱搭乱建、治理乱停乱放、治理乱摆乱占、治理乱拉乱挂；加强基础设施建设和公共服务配套包括：道路建设、供水设施建设、集贸市场建设、文化健身场所建设、互联网基础设施建设、提升绿化水平，着力补齐乡镇政府驻地建成区人居环境和基础设施短板。

（2）美丽乡村中心村建设。紧扣省级中心村垃圾处理、饮水安全巩固提升、卫生改厕、房前屋后环境整治、道路畅通、污水处理、河沟渠塘疏浚清淤、公共服务设施建设、村庄绿化、村庄亮化10项重点任务和长效管护机制建立，以及市级中心村垃圾处理、饮水安全巩固提升、卫生改厕、房前屋后环境整治、道路畅通5项重点任务，奋力建设生态宜居的美丽乡村。

（3）全域开展农村环境"三大革命"。针对非中心村，围绕一体化推进农村垃圾污水厕所专项整治和村容村貌提升，按照永久性居民点、近期保留村、搬迁撤并村三种类型，分类、分年度推进农村人居环境整治。主要包括：全面开展农村垃圾治理，集中清理陈年垃圾，全面治理农村生活垃圾，集中清理农业生产废弃物，推进农村生活垃圾分类，建立村庄保洁机制；加快农村生活污水治理，加大乡镇政府驻地和美丽乡村中心村生活污水治理力度；稳步推进自然村改厕，对不能纳入污水集中处置收集系统的非卫生厕所进行改造；提升村容村貌，重点是做好净化、硬化、亮化等工作。

表3-1 合肥市农村人居环境整治工作主要历程

时间	阶段	工作重点	建设内容
2005年至2012年9月	新农村建设阶段	分为两个阶段： 1."十镇百村"工程（至2008年止） 2.江淮分水岭地区的生态脆弱、人口流失较多、空心化较为明显的村庄人居环境整治（2008年开始沿用至今）	1."四清四改"（清垃圾、清污泥、清路障、清私搭乱建，改路、改水、改圈、改厕） 2.将土地整理、宅基地整理和新农村建设有机整合，建设新型农村社区

时间	阶段	工作重点	建设内容
2012 年 9 月至 2017 年 5 月	美好乡村（美丽乡村）建设阶段	中心村美丽乡村建设	主要包括集中新建型和环境整治两种。其中： 1. 新建型主要集中在江淮分水岭地区，其路径主要是将土地整理、宅基地整理和新农村建设有机整合，建设新型农村社区 2. 旧村整治型主要在庐江、巢湖等区域。建设内容为：基础设施（道路建设、安全饮水、电力、通信、村庄亮化）、公共服务设施建设（公共服务中心、配套服务设施）、环境整治（垃圾处理、污水处理、村庄绿化、卫生改厕、沟塘清淤、农房整治、村容美化、长效机制）
2017 年 5 月至今	农村环境"三大革命""三大行动"为重点的全面推进阶段	1. 乡镇政府驻地建成区环境整治 2. 中心村美丽乡村建设 3. 自然村环境整治	1. 乡镇政府驻地建成区"两治理一加强"环境整治。治乱包括：垃圾处理、河沟渠塘疏浚清淤、改厕；治乱包括治理乱搭乱建、治理乱停乱放、治理乱摆乱占、治理乱拉乱挂；加强基础设施建设和公共服务配套包括道路建设、供水设施建设、集贸市场建设、文化健身场所建设、互联网基础设施建设、提升绿化水平，具体见乡镇政府驻地建成区"两治理一加强"整治标准体系 2. 中心村美丽乡村建设。省级中心村包括垃圾处理、饮水安全巩固提升、卫生改厕、房前屋后环境整治、道路畅通、污水处理、河沟渠塘疏浚清淤、公共服务设施建设、村庄绿化、村庄亮化十项重点建设内容；市级中心村建设包括垃圾处理、饮水安全巩固提升、卫生改厕、房前屋后环境整治、道路畅通五项重点内容，具体见美丽乡村建设标准体系 3. 自然村环境整治。主要内容是农村垃圾、污水、厕所专项整治，并根据村庄演变规律划分为永久性居民点、一般保留村和近期搬迁撤并村等层次，分别细化净化、亮化、硬化、绿化等方面要求。具体见合肥市自然村庄（非中心村）人居环境整治要求

二、主要成效及做法

自 2012 年全面启动美丽乡村建设以来，全市累计完成了 63 个城市规划区外的乡镇政府驻地建成区"两治理一加强"环境整治，累计建成 437 个省、市级中心村、在建中心村 93 个，到 2020 年底全市约 650 个左右的规划布点中心村将全部达到美丽乡村要求；全市 85 个乡镇政府驻地污水处理厂（污水处理设施）全部建成、在全省率先实现了乡镇政府驻地污水处理厂（污水处理设施）建设全覆盖率；合肥 1265 个行政村所辖自然村全域组织开展了"五清一改"村庄清洁行动，陈年垃圾全面完成清理，农村生活垃圾卫生保洁制度已实现自然村全覆盖、农村生活垃圾无害化处理率提高到 100%，累计完成近 20 万户厕所无害化改造，农村无害化卫生厕所普及率提高到 90% 以上。主要做法如下：

1. 坚持书记亲自抓，高位推进抓落实

按照"五级书记抓乡村振兴"要求，明确由市、县、乡、村四级书记亲自抓农村人居环境整治工作。市委成立由市委、市政府主要负责同志担任组长的美丽乡村建设暨一体化推进农村垃圾污水厕所专项整治工作领导小组，统筹推进农村人居环境整治工作，明确由市农业农村局牵头抓总，城乡建设、生态环境、卫生健康、城市管理、自然资源和规划、林业和园林、交通运输、供销等职能部门各司其职、各负其责的工作机制，全市上下进一步形成了书记抓、抓书记，一级抓一级、层层抓落实的工作高位推进机制，以及领导小组管总、农业农村部门牵头协调、职能部门具体主管、县级具体实施的工作高效落实体系。

2. 坚持系统谋划，顶层设计抓落实

坚持一张蓝图绘到底，一年接着一年干，一件事情接着一件事情办，形成了以三大政策文件为蓝图、年度农村人居环境整治"1 + 10"工作方案为任务书，《农村人居环境整治建设规划导则》为作战手册三位一体的农村人居环境整治政策体系。一是制定好蓝图。陆续出台了《关于全面推进美好乡村建设的意见》（合发〔2012〕18 号）、《合肥市一体化推进农村垃圾污水厕所专项整治工作方案》（合办〔2017〕25 号）、《合肥市农村人居环境整治三年行动实施方案》（合办〔2018〕33 号），明确不同阶段农村人居环境整治的目标任务，确定了到 2020 年农村人居环境整治的蓝图。二是编制年度任务书。根据三大方案确定 2019 年的目标任务，组织制定了合肥市 2019 年农村人居环境整治"1 + 10"工作方案体系，形成了年度工作任务书。"1"为 1 个工作要点，即《合肥市 2019 年农村人居环境整治工作要点》；"10"为 10 个专项工作方案，分别是：《合肥市 2019 年农村人居环境整治村庄规划提升行动方案》《合肥市农村人居环境整治村庄清洁行动方案》《合肥市 2019 年农村人居环境整治农村生活污水治理专项行动方案》《合肥市 2019 年农村人居环境整治"厕所革命"专项行动方案》《合肥市 2019 年农村人居环境整治农村生活垃圾治理工作方案》《合肥市 2019 年农村人居环境整治农药包装废弃物回收处置工作方案》《合肥市 2019 年农村人居环境整治村庄入户道路建设及村庄亮化专项行动实施方案》《合肥市乡村道路绿化实施方案》《合肥市 2019 年建制村环境综合整治工作方案》《合肥市 2019 年美丽乡村建设工作方案》。三是制定作战手册。出台了《合肥市农村人居环境整治规划建设导则》，分别明确了中心村、永久性居民点、近期保留村和拟搬迁撤并自然村的整治要求。其中：中心村达到美丽乡村建设要求；永久性居民点基本完成厕所无害化改造，实现"净化、硬化、亮化、绿化"要求，鼓励有条件的村同步建设污水处理设施、村内公共服务设施；近期保留自然村基本完成厕所无害化改造，基本达到"净化、硬化、亮化、绿化"要求；近期拟搬迁撤并自然村重点是实现垃圾治理全覆盖，实现干净整治基本要求。

3. 坚持因地制宜，分类推进抓落实

坚持一村一策，整村推进，分类整治，确保整治任务高标准完成，经得起检验。一是持续推进美丽乡村建设。围绕中心村"10 项整治建设任务"，高质量完成 89 个 2018 年度美丽乡村中心村建设，累计建成中心村 437 个，在建中心村 93 个，剩余规划布点中心村全部纳入 2020 年建设计划并力争年底前要全面启动前期工作，确保市委、市政府 2012 年确定的"到 2020 年，全市规划布点中心村全部达到美丽乡村建设要求"任务圆满完成。二是要深入推进农村环境"三大革命"。以人民为中心，坚持"六主六辅六转变"合肥模式，整村推进农村"厕所革命"，2017 年以来全市累计完成近 20 万户改厕任务，希望尽快在全省率先基本实现自然村常住农户改厕全覆盖。坚持"一根管子纳到底"，持续推进农村生活污水治理，突出抓好乡镇污水处理设施管网延伸，严格执行省定农村生活污水排放标准，抓好中心村污水处理建设和运维，全面提升农村生活污水治理水平。全面推行城乡环卫一体化进程，加快推进农村垃圾治理服务市场化向自然村全覆盖，全面推进农村生活垃圾分类实现已建中心村全覆盖，鼓励有条件的地方向行政村和永久性居民点全覆盖。三是要谱写村容村貌"四化"文章。谱写"净化"文章，大力组织实施村庄清洁行动，大力组织开展"五清一改"（清理村内塘沟、清理畜禽养殖粪污等农业生产废弃物、清理乱搭乱建和乱堆乱放、清理废旧广告牌、清理无功能建筑、改变影响农村人居环境的不良习惯）活动，让干部干起来，让群众动起来。谱写"硬化"文章，中心村和永久性居民点全面推进硬化路"户户通"，近期保留村实现村内通主干路。谱写"亮化"文章，中心村和永久性居民点实现村内道路和公共场所有公共照明，近期保留村实现村内主干路有公共照明。谱写"绿化"章，以乡村道路绿化为重点，力争实现 3000 千米农村三级以下道路绿化。

4. 坚持高质量建设，拉高标杆抓落实

树立"精心规划、精致建设、精细管理"理念，实施农村人居环境整治"315"任务计划，推动农村人居环境建设由点到线、由线向面、由村向镇拓展，把一个个"盆景"连成一片片"风景"。一是统筹推进村庄规划建设。抓紧组建由县级党委政府主要领导负责的县级乡村规划编制委员会，健全县、乡（镇）两级村庄建设规划管理机制，切实做到乡、村两级农村人居环境整治项目有专人管理。合理划分县域村庄类型，明确县域村庄分类，全市 17571 个村庄的初步分类成果已经形成，其中：集聚提升类 3896 个、搬迁撤并类 7169 个、城郊融合类 729 个、特色保护类 95 个、其他类 5682 个；到 2020 年底，结合国土空间规划编制在县域层面基本完成村庄布局工作。以县域乡村建设规划和村庄布点规划为依据，结合农村人居环境整治三年行动，加快推进村庄规划编制实施，统筹谋划村庄发展定位、主导产业选择、用地布局、人居环境整治、生态保护、建设项目安排等，做到不规划不建设、不规划不投入，省、市级中心村和特色保护类村庄到 2019 年底完成村庄规划编制工作；鼓励符合条件的其他村庄单独编制村庄规划；对暂不具备条件的自然村，按照"一村一策"原则，以行政村为单位，根据农村人居环境整治年度计划安排编制农村人居环境整治实施方案。二是启动实施乡村振兴项目。把农民生活富裕、生活幸福作为农村人居环境整治的根本目的，发挥市、县两级乡村振兴公司的作用，瞄准"位置偏、经济弱、基础差、环境优"区域，突出"农的本质、村的风貌、人的参与、居的变

化"，把改善农村人居环境与振兴乡村经济、促进乡村治理、深化农业农村改革有机结合，启动实施一批乡村振兴项目，打开"绿水青山"向"金山银山"的转化通道，丰富乡村旅游、养生养老、运动健康、电子商务等美丽业态，不断增进农民获得感幸福感。三是健全农村人居环境治理长效机制。坚持"三分建设、七分管理""先建机制、后建工程"，完善村庄常态保洁制度，全面推行县为责任主体、乡镇为管理主体、村为落实主体、农户为受益主体、第三方为服务主体"五位一体"的农村生活污水长效管护机制，基本建立有制度、有标准、有队伍、有经费、有督查的村庄人居环境管护长效机制。

5. 坚持真金白银投入，强化保障抓落实

市级财政持续大幅增加农村人居环境整治资金投入，支持地方开展农村人居环境整治工作。2019 年市本级财政安排和农村人居环境整治专项资金 9.5 亿元（不包括整合资金），比 2018 年增长了 122%。在增加投入的同时，政策覆盖面也在同步扩大，由 2017年初的美丽乡村建设和农村垃圾治理两个方面，覆盖到美丽乡村建设、农村生活污水治理、农村厕所革命、农村垃圾治理、农药包装废弃物回收处置、通组入户道路建设、乡村道路绿化、农村亮化、乡村规划编制等多个方面，确保整治工作全面推进。

三、存在的主要问题

1. 农村积累欠账较多

由于底子薄、基础差等原因，乡村人居环境基础设施投入欠账多。从乡镇政府驻地建成区来看，覆盖面窄。合肥虽然完成了 63 个乡镇政府驻地完成了"两整治一加强"环境整治任务，但一些地方"两整治一加强"整治范围不广，没有做到全域环境整治，乡镇政府驻地基础设施及公共服务仍然不高，未整治区域的群众人居环境条件仍然较差。如乡镇政府驻地虽建有污水处理设施（厂），但普遍存在管网配套不足现象，污水收集率和处理率低。从村庄整治任务来看，量多面广、任务重。据统计，全市目前约有 1.77 万个村庄，其中永久性保留的村庄（集聚提升、城郊融合、特色保护类）达 0.55 万个、看不准的村庄达 0.59 万个，人居环境整治任务十分繁重。以农村生活污水治理为例，合肥仅有309 个行政村建有生活污水处理设施，农村生活污水治理行政村覆盖率只有 26.8%，其中肥东县 24%、肥西县 15.3%、长丰县 27.1%、庐江县 33.5%、巢湖市 41.2%，村庄覆盖率更低。

2. 地方特色彰显不足

从 2012 年至今，合肥仍处于治脏治乱的环境整治基础阶段，注重满足农村居民最基本的人居环境改善需求，无论是中心村，还是一般村庄，其人居环境总体整治水平与长三角先发地区相比差距较大，缺乏特色。突出体现在：产业导入不足，产业发展与人居环境整治不能同步协调，一方面，一些地方产业发展较好但人居环境整治落后；另一方面，人居环境整治较好但产业发展又相当薄弱。文化铸魂不够，传统村落的挖掘、保护和开发利用力不够，一些传统的农耕文化、山水文化和民俗文化没有得到很好的传承。差异发展氛围不浓，无论是中心村，还是一般自然村庄，乡村人居环境整治总体上处于垃圾污水厕所专项整治和村容村貌提升上，缺少差异化的发展路径。

3. 规划引领作用不佳

总体上看，一些地方对乡村规划研究不够深入，县级村庄规划编制委员会作用发挥不够好，听取村庄规划编制工作得少。一些地方县域村庄布点规划执行得不够好，随意性较大，刚性不强。中央做出实施乡村振兴战略的重大决策部署后，一些地方没有严格按照"集聚提升类、城郊融合类、特色保护类、搬迁撤并类"等村庄分类要求进行分类，推进乡村战略实施缺少规划引领。一些地方村庄规划成果不高，达不到"多规合一"要求，村庄发展定位、主导产业选择、用地布局、人居环境整治、生态保护、建设项目安排等村庄规划六个必备要素欠缺。一些地方对农房设计关注不够，农村建房管控不够、缺乏指引，乡村风貌较为缺失。

4. 体制机制创新不够

一是投入机制创新不足。资金缺口严重，以乡镇政府驻地建成区整治为例，按照全域整治的标准，每个镇仍有 1 亿元的缺口，乡镇政府驻地环境整治资金总缺口有 70 亿元；以村庄整治为例，污水治理标准户均投入约在 2 万元/户、环境整治类投入约在 3 万元/户，按全市约 40 万户常住农户测算，总投资约在 200 亿元。投入渠道单一，主要依靠市、县两级财政投入，缺少多元化的投入渠道。乡村现有闲置资源利用不好，农村闲置集体建设用地和闲置宅基地、闲置宅基地未能很好地激活，化为农村人居环境整治投入的重要来源。二是建设体制创新不足。乡村人居环境整治目前主要是乡镇政府作为建设主体，没有一支与类似市、县重点工程建设管理局（重点工程建设管理中心）一样的专业化"拳头性"建设团队，乡镇人才队伍普遍薄弱、人员素质参差不齐，乡村人居环境整治建设管理水平不高、推进速度不快。三是长效管理创新不足。城市供水、燃气供应、污水处理等国企向乡村覆盖不够，一些地方以乡镇为单位确定乡村安全饮用水、污水处理运营等单位，经验不足、效果不好。

5. 部分地方定力不足

一些地方对乡村人居环境整治工作的艰巨性、长期性、持久性认识不足，工作缺少韧劲，面对艰巨任务，缺少久久为功和功成不必在我、功成必定有我的心态，工作主动性不足。对乡村建设的规律性认识不足，阶段性工作重点把握得不够好，把统筹推进农村经济、政治、文化、社会、生态建设简单地理解为齐步走，搞均衡用力，没有树立一件事情接着一件事情办的思想，没有从群众需求最迫切的地方做起，造成包袱过重、投入较大，影响推进效果，造成欲速而不达。

第四章　关于持续接力推进乡村人居环境整治，高水平建设生态宜居美丽乡村政策建议

改善乡村人居环境是实施乡村振兴战略的重要内容，是缩小合肥城乡发展差距、解决乡村发展不充分的重要措施，更是贯彻落实长三角一体化发展战略、建设具有国际影响力创新之都的重要组成部分。未来一段时间特别是"十四五"期间，是合肥市实施乡村振

兴战略关键时期，必须持续接力改善乡村人居环境。

总体思路是：以习近平新时代中国特色社会主义思想为指导，深入学习习近平总书记关于改善乡村人居环境系列重要指示、重要批示精神，积极借鉴浙江"千村示范、万村整治"经验，坚持农业农村优先发展，坚持绿水青山就是金山银山，顺应广大农民过上美好生活的期待，坚持"规划引领、注重保护、全域整治、久久为攻"，突出"农"的本质、"村"的风貌、"人"的参与、"居"的变化，以高水平建设生态宜居的美丽乡村为方向，持续接力推进农村人居环境整治，奋力在全省当排头、全国创一流，为全面推动乡村振兴和在全省率先实现农业农村现代化打下坚实基础。

主要阶段性目标是：

——到 2020 年，按照既定部署，加快补齐农村人居环境突出短板，全面完成农村人居环境整治三年行动任务，为全面建成小康社会打下坚实基础。

——到 2025 年，按照分类推进乡村振兴和梯次推进乡村振兴的要求，每年完成 20 个左右的乡镇政府驻地成区美丽集镇建设任务，每年完成 1000 个左右集聚提升类、特色保护类、城郊融合类村庄整治任务，到 2025 年，力争完成现有乡镇政府驻地成区美丽集镇建设任务、力争完成 5000 个左右集聚提升类、特色保护类、城郊融合类村庄人居环境整治任务。

表 4-1 合肥市"十四五"农村人居环境整治工作安排

年份	乡镇政府驻地建成区美丽集镇建设（个）	集聚提升类、特色保护类、城郊融合类村庄整治数量（个）	其他
2020	完成既定的农村人居环境整治三年行动目标任务		
2021	21	1000	坚持因地制宜，扎实推进搬迁撤并村村庄、暂不做分类人居环境整治，满足基本的人居环境改善需求
2022	21	1000	
2023	21	1000	
2024		1000	
2025		1000	
合计	63	5000	

一、强化组织领导，高位推进乡村人居整治工作

全面压实"五级书记抓乡村振兴"要求，建立健全农村人居环境整治工作书记抓、抓书记，一级抓一级、层层抓落实的工作高位推进机制，以及领导小组管总、农业农村部门牵头协调、职能部门具体主管、县级具体实施的工作高效落实体系。继续学习浙江"千万工程"经验，建议市委、市政府每年召开一次由市委、市政府主要负责人参加的农村人居环境整治现场会。适时出台《关于建设高水平生态宜居美丽乡村的意见》，明确到 2025 年农村人居环境整治工作的思路、任务及措施；组织制定《合肥市高水平生态宜居美丽乡村建设规划》（2021—2025），细化实化推进安排。

二、强化规划引领，有序推进乡村人居环境整治

强化由县级党政主要领导挂帅的县级乡村规划编制委员会作用，县级党委政府要定期研究乡村规划工作。建立健全乡村规划体系，加快形成"县域乡村建设规划—村庄规划—村庄设计—农房设计"四级乡村规划体系。把村庄分类工作作为实施乡村振兴战略、开展农村人居环境整治的基础性工作，按照实施乡村振兴战略要求，加快推进"集聚提升类、城郊融合类、特色保护类、搬迁撤并类"等村庄分类工作，确保到年底前全面完成村庄分类工作任务，确保到2020年底，结合国土空间规划编制在县域层面基本完成村庄布局工作，切实做到一张蓝图绘到底。按照"应编尽编"要求，抓紧组织编制"多规合一"的村庄规划，实现村庄发展有目标、重要建设项目有安排、生态环境有管控、农村人居环境有改善、自然景观和文化遗产有保护，有条件的地方可以以多个村庄为单元连片编制高水平的规划，推动实现村庄规划全覆盖，能够一任接着一任干，一个项目接着一个项目发展。全面推进设计下乡工作，提升乡村规划工作水平。更加重视农房设计工作，充分研究分析所在区域的地域特征与文化特色，积极探索村庄整体风貌下的单体设计，处理好传统与现代、继承与发展的关系，既深入挖掘历史文化资源，又充分体现时代气息，既注重农房单体的个性特色，更注重村居整体的错落有致，有序构建村庄院落、住宅组团等空间，着力探索各具特色的江淮民居风格。积极推进农房设计方案落地应用；广泛征集具有地域特征和文化特色的农房设计方案，并汇编成通用图集供广大农民免费选用。要选择一些基础条件好、农民积极性高的地方，开展农房设计与建设试点，积极探索政府引导、村民自主、市场推动的建设方式，形成一批可借鉴、可复制、可推广的示范村、示范项目，以点带面，推动面上农房设计和建设水平的提高。规划编制和村庄规划实施工作，要突出合肥地域特色和农村特色，重点在"留"字上做文章，保留和保护乡村风貌，"留"住田园乡愁，防止乡村建设"千村一面"，防止照搬城市的规划设计手法，防止专业规划公司类似的模板式的规划，防止把村庄规划搞成"缩小版的城市规划"。

三、强化分类整治，提升乡村人居环境品质

顺应村庄发展规律和演变趋势，根据不同村庄的发展现状、区位条件、资源禀赋等，按照"集聚提升、城郊融合、特色保护、搬迁撤并"的思路，分类高水平建设生态宜居的美丽乡村，不搞一刀切。

1. 集聚提升类村庄

现有中心村和其他仍将存续的一般村庄，这是乡村振兴的重点，也是人居环境整治的重中之重。这些村庄的重点是确定村庄发展方向，在原有规模基础上有序推进改造提升，激活产业、优化环境、提振人气、增添活力，已达到美丽乡村要求的中心村按照高水平生态宜居美丽乡村要求提升，其他仍将存续的一般村庄要按高水平生态宜居美丽乡村要求建设，努力保护保留乡村风貌，建设宜居宜业的美丽乡村。鼓励发挥自身比较优势，强化主导产业支撑，支持发展"一村一品"。其中：以农业为主的村庄，重点是结合农业资源禀

赋,做大做强主导产业,积极发展多种经营,提高农业生产效率和效益,成为延续农耕文明的重要载体。以工贸为主的村庄,重点提升产业发展层次,增强自身承载能力,主动承接城市产业外溢,就地吸纳农业转移人口。以休闲服务为主的村庄,充分挖掘特色资源优势,完善服务配套设施,推动产品供给特色化、品质化,增强体验性、参与性。对于这类村庄,要从基础设施建设、公共服务配套、村庄环境整治、特色风貌等方面有序推进村庄改造提升,切实做到农村生活垃圾无害化处理率、无害化卫生厕所普及率、生活污水收集处理率、农村安全饮水率达100%,绿化、亮化、硬化水平明显提升。

表4-2 集聚提升类村庄整治要求

序号	村庄类别	整治项目	整治要求
一	农业主要的村庄	规划管理	以村庄为单位,或者多个村庄连片在一起,编制多规合一的村庄规划
		村域人居环境整治及基础设施建设	农村生活垃圾无害化处理率、农村安全饮用水普及率、农村无害化卫生厕所普及率、农村生活污水处理率、入户道路普及率、村庄黑臭水体治理率、农村建房管控率、农村池塘清淤疏浚率、农村生活垃圾分类普及率、房前屋后空间环境治理率分别达到100%;村庄布有适当的公共照明;杆线交叉杂乱、私拉乱接问题得到有效整治;村庄绿化普及率达到40%以上;农房风貌得到有序管控
		提升主导产业	村域主导产业鲜明,农田基础设施适应产业发展需求
		传承农耕文明	对有关建筑进行保护;对各类遗存的民俗、美食、技艺等非物质文化遗产进行梳理保护
二	工贸为主要的村庄	规划管理	以村庄为单位,或者多个村庄连片在一起,编制多规合一的村庄规划
		村域人居环境整治及基础设施建设	农村生活垃圾无害化处理率、农村安全饮用水普及率、农村无害化卫生厕所普及率、农村生活污水处理率、入户道路普及率、村庄黑臭水体治理率、农村建房管控率、农村池塘清淤疏浚率、农村生活垃圾分类普及率、房前屋后空间环境治理率分别达到100%;村庄布有适当的公共照明;杆线交叉杂乱、私拉乱接问题得到有效整治;村庄绿化普及率达到40%以上;农房风貌得到有序管控
		产业发展	工贸产业鲜明,带动农户增收突出
		公共服务	村内建有公共厕所、停车场、便民服务网点及金融服务网站等,建有一定的文体活动空间
三	休闲服务为主的村庄	规划管理	以村庄为单位,或者多个村庄连片在一起,编制多规合一的村庄规划
		村域人居环境整治及基础设施建设	农村生活垃圾无害化处理率、农村安全饮用水普及率、农村无害化卫生厕所普及率、农村生活污水处理率、入户道路普及率、村庄黑臭水体治理率、农村建房管控率、农村池塘清淤疏浚率、农村生活垃圾分类普及率、房前屋后空间环境治理率分别达到100%;村庄布有适当的公共照明;杆线交叉杂乱、私拉乱接问题得到有效整治;村庄绿化普及率达到40%以上;农房风貌得到有序管控。
		公共配套	村内建有旅游公共厕所、停车场、便民服务网点,建有一定的文体活动空间
		主导产业	农业特色主导产业鲜明,一二三产业融合发展

2. 城郊融合类村庄

蜀山区、包河区、经开区、高刘社区等城市近郊区以及五县（市）城关镇所在地的村庄，具有成为城市后花园的优势，且有向城市转型的条件。综合考虑工业化、城镇化和村庄自身的发展需要，加快城乡产业融合发展、基础设施互联互通、公共服务共建共享，在形态上保留乡村风貌，在治理上体现城市水平，逐步强化服务城市发展、承接城市功能外溢、满足城市消费需求能力，为城乡融合发展提供实践经验。对于这类村庄，要促进城乡道路互联互通、供水管网无缝对接、污水管网向农村延伸、垃圾统一收运处理，促进城乡基本公共服务均等化。对已纳入城市规划范围内的村庄逐步完成改造并纳入城区，完成向城市社会转变，其他村庄要保留乡村空间形成和风貌特色。

表 4 – 3　城郊融合类村庄整治要求

序号	村庄类别	整治项目	整治要求
一	城郊融合类村庄	人居环境整治	按照城乡一体化要求，农村生活垃圾无害化处理率、农村安全饮用水普及率、农村无害化卫生厕所普及率、农村生活污水处理率、入户道路普及率、村庄黑臭水体治理率、农村建房管控率、农村池塘清淤疏浚率、农村生活垃圾分类普及率、房前屋后空间环境治理率分别达到100%；村庄布有适当的公共照明；杆线交叉杂乱、私拉乱接问题得到有效整治；村庄绿化普及率达到40%以上；农房风貌得到有序管控
		基础设施建设	推动城市供水、污水管网向村庄延伸，供水、供电等设施完善；村内村庄人员密集出入重点地段、公共服务区域建有公共厕所
		提升主导产业	围绕城市需求，推动都市现代农业发展，打造城市后花园

3. 特色保护类村庄

这是合肥市的短板，也是彰显合肥特色的最大优势。主要是巢湖流域周边的一些历史文化名村、传统村落，肥东县、肥西县等地的少数民族特色村寨，庐江县、巢湖市、肥西县等地特色景观旅游名村，是彰显和传承中华优秀传统文化的重要载体。重点要统筹保护、利用和发展的关系，努力保护村庄的完整性、真实性和延续性。切实保护村庄的传统选址、格局、风貌以及自然和田园景观等整体形态与环境，全面梳理和保护文化古迹、历史建筑、传统民居等传统建筑。尊重原住居民生活的传统习惯，加快改善村庄基础设施和公共环境，合理利用村庄特色资源，发展特色产业和乡村旅游，形成特色资源保护与村庄发展的良性互促机制。对于这类村庄，要加快建立特色保护类村庄数据库，对村落的物质和非物质文化遗产尽可能准确、深入、完整地进行调查和登记。加强传统村落保护，对遭受破坏的山体、水体、植被、田园、坡岸等村落环境积极开展生态修复治理；尽可能梳理优化街巷空间结构，恢复水系原貌和功能，整治提升空间形态，延续传统村落脉络肌理；开展农房建筑风貌整治和公共空间节点打造，优先修缮修复重要建筑和公共空间节点，稳妥推进一般建筑和公共空间节点的整治工作，慎重开展历史遗迹遗址的恢复重建活动；对严重影响整体风貌的现代建筑，可采取迁出、置换、补偿等多种方式予以拆除或整体改造；对核心保护范围外的建筑和公共空间节点，要加强整治提升村落风貌，适度有机更新。加强民俗文化、耕读文化、宗族文化、地名文化、农业生产遗迹等各类非物质文化遗产的挖掘与保护。发挥传统村落的资源禀赋优势，扶持发展特色产业，提高村民和村集体经济收入。

表4-4 特色保护类村庄整治要求

序号	村庄类别	整治项目	整治要求
一	特色保护类村庄	人居环境整治	农村生活垃圾无害化处理率、农村安全饮用水普及率、农村无害化卫生厕所普及率、农村生活污水处理率、入户道路普及率、村庄黑臭水体治理率、农村建房管控率、农村池塘清淤疏浚率、农村生活垃圾分类普及率、房前屋后空间环境治理率分别达到100%；村庄布有适当的公共照明；杆线交叉杂乱、私拉乱接问题得到有效整治；村庄绿化普及率达到40%以上
		村落保护	对村庄物质和非特质文化遗产进行全面登记保护；对遭受破坏的山体、水体、植被、田园、坡岸等村落环境积极开展生态修复治理；梳理优化街巷空间结构，恢复水系原貌和功能，整治提升空间形态，延续传统村落脉络肌理；开展农房建筑风貌整治和公共空间节点打造，优先修缮修复重要建筑和公共空间节点，稳妥推进一般建筑和公共空间节点的整治工作，慎重开展历史遗迹遗址的恢复重建活动；对严重影响整体风貌的现代建筑，可采取迁出、置换、补偿等多种方式予以拆除或整体改造；对核心保护范围外的建筑和公共空间节点，要加强整治提升村落风貌，适度有机更新。加强民俗文化、耕读文化、宗族文化、地名文化、农业生产遗迹等各类非物质文化遗产的挖掘与保护
		发展特色产业	发挥资源禀赋优势，发展特色产业，体现价值

4. 搬迁撤并类村庄

对位于江淮分水岭等生存条件恶劣、生态环境脆弱、自然灾害频发等地区的村庄，因引江济淮等重大项目建设需要搬迁的村庄，以及人口流失特别严重的村庄，可通过引导农民进入城镇和农村集聚发展搬迁等方式，统筹解决村民生计、生态保护等问题。拟搬迁撤并的村庄，严格限制新建、扩建活动。规划建设一批新型农村社区，有效发挥传统村庄自然凝聚属性，节约集约用地，着力改善基础设施条件，提升基本公共服务水平，增强社区管理和服务功能，吸引留乡农民相对集中居住。搬迁撤并后的村庄原址，因地制宜复垦或还绿，增加乡村生产生态空间。对于这类村庄，要选择公共服务好、就业机会多的县城、中心镇、中心村为主要迁入点。新建社区要搞好供排水、道路、粪污处理、垃圾收运、供气、供电、照明、通信、绿化等设施配套，合理设置党群服务、教育医疗、文化体育、健康养老、农贸商业、金融物流等公共服务设施。总体上要搬得出、稳得住、富得起。

表4－5　搬迁撤并类村庄整治要求

序号	村庄类别	整治项目	整治要求
一	搬迁撤并类村庄	规划管控	严格控制新建、扩建活动
		人居环境整治	推进农村生活垃圾治理
		建设新型农村社区	选择公共服务好、就业机会多的县城、中心镇、中心村为主要迁入点。新建社区要搞好供排水、道路、粪污处理、垃圾收运、供气、供电、照明、通信、绿化等设施配套，合理设置党群服务、教育医疗、文化体育、健康养老、农贸商业、金融物流等公共服务设施

5. 暂不作分类的村庄

看不准的村庄，可暂不做分类，留出足够的观察和论证时间。现阶段农村人居环境整治重点是满足农户基本的垃圾治理、改厕及通村道路出行需求，待明确后及时分类，按相应分类进行处理。

表4－6　暂不作分类村庄整治要求

序号	村庄类别	整治项目	整治要求
一	暂不作分类的村庄	人居环境整治及基础设施建设	推进农村生活垃圾治理、改厕工作
		适时科学规划	对发展方向明确后，尽快确定村分类，按照相应村庄整治要求进行整治

6. 美丽集镇建设

按照全域整治的要求，持续推进"两整治一加强"环境整治，整体提升乡镇政府驻地人居环境，建设美丽集镇。

表4－7　乡镇政府驻地建成区美丽集镇建设要求

序号	指标		内容
一	规划编制		按照全域整治的要求，组织编制乡镇政府驻地"两整治"整治建设规划
二	治脏	垃圾处理	农村生活垃圾无害化处理率、生活垃圾分类普及率达100%
		河沟渠塘疏浚清淤	村庄黑臭水体治理率、农村池塘清淤疏浚率达100%
		改厕	公共场所及人员密集活动场所均建有公厕；无害化卫生厕所普及率到100%
		污水处理	农村生活污水管网收集率及达标处理率达90%以上
三	治乱	治理乱搭乱建	对违法建（构）筑物全面登记造册；依法拆除违法建（构）筑物成效明显；规范建房审批，建立巡查制度，违法建（构）筑得到有效控制
		治理乱停乱放	因地制宜设置停车场站或划定停车位；机动车、非机动车停放整齐有序
		治理乱摆乱占	沿街商铺无店外经营、无占道经营，保证道路畅通
		治理乱拉乱挂	对现有杆线进行梳理，该合并的架空线路应予合并，无违规交越、杂乱无序现象；店招广告、过街横幅体量协调、悬挂整齐；主要道路两侧建筑物外立面上没有影响镇容的吊挂、晾晒和堆放物品，电线杆等杆体无乱张贴、乱涂写、乱吊挂

序号	指标		内容
四	加强基础设施建设和公共服务配套	道路建设	结合实施县乡公路畅通工程，提升道路通达水平，实现乡镇建成区与外部交通有效连接；贯通和改善主干道，修缮破损路，整治低洼路，保持路面平整、形成安全路网；采用适宜方式适当硬化背街小巷，整治烂尾路，打通断头路，实现建成区内路网畅通；完整醒目，指路牌、路名牌等标识规范的，在学校周边道路增设和完善交通安全设施
		供水设施建设	通过集中供水方式，安全饮水普及率达到100%；水质符合国家《生活饮用水卫生标准》，水压水量能够较好满足群众生活需求
		集贸市场建设	合理规划新建或改造集贸市场，满足群众生活需要；集贸市场管理有序，保持干净整洁
		文化健身场所建设	因地制宜改造或修建综合性文化设施，能够提供文体活动、书刊阅读、教育培训、网络信息、法律宣传等基本公共文化服务，满足居民日常文化生活需求；建有室外健身场所，可结合公园广场等公共空间综合布置，也可与街头绿地、公共建筑、学校体育设施等相结合，并合理配套健身器材、灯光设备等
		互联网基础设施建设	结合宽带支撑工程，开展宽带等互联网基础设施升级改造，推进宽带提速
		提升绿化水平	开展植绿见绿，见缝插绿，乡镇绿量显著增加，建成区绿化覆盖率达35%；强化主要街道、单位庭院、道路沿线、乡镇出入口、空置地块等绿化；绿化以乡土树种为主

四、创新体制机制，保障农村人居环境整治

一是创新投入机制。继续加大财政投入力度，城乡建设用地增减挂钩所获土地增值收益，按相关规定用于支持农业农村发展和改善农民生活条件。村庄整治增加耕地获得的占补平衡指标收益，通过支出预算统筹安排支持当地农村人居环境整治。在逐年加大投入力度的基础上，整合使用现有市本级 9.1 亿元"大专项＋任务清单"农村人居环境整治资金，以户为单位进行重新测算，分解到县，由县集中使用到年度人居环境整治村庄，确保每个村庄市级投入不低于 100 万元并力争达到 200 万元。将乡镇政府驻地建成区美丽集镇建设纳入大建设范围，每年安排大建设专项资金用于美丽集镇建设。发挥县级国有融资平台作用，依法合规发行政府债券筹集资金，用于农村人居环境整治。二是创新建设模式。认真借鉴城市规划、建设模式，发挥市、县两级乡村振兴投资公司作用，提倡农村人居环境整治项目由县级乡村振兴投资公司组织实施、镇村予以配合，共同推进农村人居环境整治。大力推进城乡污水处理一体化，提倡农村污水处理工程按照建设运维一体化要求，采取特许经营方式吸引社会资本、国企集团参与，市场化运作，镇村作为污水设施使用主体，按特许经营方案和约定向特许经营者交纳污水管理费、污水处理服务费。

五、强化产业植入，增强乡村建设动力

一是规划前置。将产业作为农村人居环境整治规划、建设的基础，做到产业规划与人居环境整治一体规划、分步实施、系统推进，切实做到集聚提升类村庄优先明确村庄主导产业，特色保护类村庄形成特色资源保护和与村庄发展的良性互促机制，城郊融合类村庄发展城乡产业融合，满足城市消费需求。二是建设前置。坚持从有产业基础的做起，对于主导产业不明确的，产业发展路径不清晰的，可以先缓一缓、放一放。三是多元发展。产业发展项目重点是依靠新型经营主体、当地农民、社会资本投入，并对于产业发展有潜力但是尚未形成特色的先期可采取市、县乡村振兴投资公司示范带动方式投入，带动农民增收、集体经济发展、产业发展。四是改革联动。深化农业农村改革，特别是农村集体产权制度改革、农村土地制度改革，激发农业农村发展活力，通过各类改革的落地落实努力为乡村产业发展注入动力。积极做好闲置农房激活文章，在符合规划和用途管制的前提下，稳妥推进闲置农房利用，发展新业态。

六、强化文化铸魂，守住乡村文明之根

乡村文化是传统文化的家园，是村民在农业生产与生活实践中逐步形成并发展起来的道德情感、社会心理、风俗习惯、是非标准、行为方式、理想追求等，表现为民俗民风、物质生活与行动章法等，以言传身教、潜移默化的方式影响人们，反映了村民的处事原则、人生理想以及对社会的认知模式等，是乡民生活的主要组成部分，也是乡民赖以生存的精神依托和意义所在。乡村文化具有极为广泛的群众基础，在民族心理和文化传承中有着独特的作用。在当代，尽管工业文明和城市文明长足发展，但乡村文化仍有其独立的价值体系和独特的社会意义、精神价值。重点要帮助村民寻找文化认同点，如祖庙、祠堂、风俗、手艺等；要修复、重建或新建当地村民认同的文化传承点；要结合当地的风情习俗，规划建设不同层次的文化设施；要通过建设乡村阅读空间、农民文化书屋、建设文化礼堂等，导入新时代先进文化与道德风尚。

七、强化农民主体，充分发挥农民主体作用

发挥好基层党组织核心作用，强化党员意识、标杆意识，带领农民群众推进移风易俗、改进生活方式、提高生活质量。尊重村民意愿，根据村民需求合理确定整治优先顺序和标准。建立政府、村集体、村民等各方共谋、共建、共管、共评、共享机制，动员村民投身美丽家园建设，保障村民决策权、参与权、监督权。发挥村规民约作用，强化村民环境卫生意识，提升村民参与人居环境整治的自觉性、积极性、主动性。提高群众文明卫生意识，营造和谐、文明的社会新风尚，使优美的生活环境、文明的生活方式成为农民内在自觉要求。同时，要培养一批熟知乡村、技术过硬、村民认可的乡村工匠，探索建立乡村工匠的培训、评定和管理机制。鼓励本土能人、企业家、新乡贤及相关社会力量多渠道参

与农村人居环境整治和后期的管理工作。

第五章　结语

总之，建设高水平生态宜居的美丽乡村是一项长期任务，必须树立功成不必在我、功成必定有我的心态，久久为功，接力建设。科学把握乡村区域差异，尊重发挥基层首创精神，发挥和总结典型经验，推动不同区域、不同发展阶段的乡村有序建设高水平生态宜居的美丽乡村。严防形式主义和官僚主义，严禁搞堆盆景、造亮点的政绩工程，要经得起广大群众和历史时代的检验。根据"集聚提升、城郊融合、特色保护、搬迁撤并"分类，明确不同类型村庄的高水平生态宜居美丽乡村标准，确定分阶段标准要求，重点对生态环境、基础设施、公共服务、社会管理等方面进行统一规范，并对村庄经济发展、文化建设、组织建设等方面提出总体原则和基本要求，作为规划设计、指导建设、考核验收的依据。鼓励各地在市定标准基础上，按照"一村一策"要求，创新特色，打造各具特色的富有合肥特点的富春山居图。

参考文献

［1］陈前虎. 乡村规划与设计［M］. 北京：中国建筑工业出版社，2018.

［2］费孝通. 乡土中国［M］. 北京：北京大学出版社，2008.

［3］肖唐镖. 乡村建设：概念分析与新近研究［J］. 求实，2004，23（1）：88－91.

［4］洪亮平，乔杰. 规划视角下乡村认知的逻辑与框架［J］. 城市发展研究，2016（1）：4－12.

［5］刘彦随. 中国新农村建设地理论［M］. 北京：科学出版社，2011.

［6］刘彦随. 中国新时代城乡融合与乡村振兴［J］. 地理学报，2018，73（4）：637－650.

［7］龙花楼，刘彦随，邹健. 中国东部沿海地区乡村发展类型及其乡村性评价［J］. 地理学报，2009，64（4）：426－434.

［8］叶强，钟炽兴. 乡建，我们准备好了吗——乡村建设系统理论框架研究［J］. 地理研究，2017，3（10）：1843－1858.

［9］史靖塬. 重庆乡村人居环境规划的生态适应性研究［D］. 重庆：重庆大学建筑城规学院，2018.

附　录

乡镇政府驻地"两治理一加强"整治标准体系

序号	指标		内容	分值比重
一	规划编制		认真编制乡镇整治建设规划；规划指导性、操作性较强；规划落实较好	5
二	治脏	垃圾处理	合理配置垃圾箱（桶）、垃圾收集和清运设备且正常使用建成区道路沿线、背街小巷、镇村接合部、集贸市场、河沟渠塘、居民小区、公园广场、公共厕所、建筑工地和学校周边等区域垃圾及时清扫、处理，无暴露和积存垃圾，做到日产日清；实现卫生长效保洁，做到有制度、有资金、有人员	10
		河沟渠塘疏浚清淤	疏浚河沟渠塘，实现水体清澈；河沟渠塘疏浚后，及时护坡，做好绿化；无积存垃圾、无白色污染、水面无明显漂浮物	7
		改厕	结合集贸市场、公园广场等公共活动场所和服务半径要求，改造现有公共旱厕，合理布局水冲式公厕；在城镇污水管网覆盖范围内的住户，推广使用水冲式厕所，未纳入城镇污水管网的住户推广使用三格一体式化粪池，采取单户或多户分散处理，工作进展较好；无露天粪坑和简易茅厕	8
三	治乱	治理乱搭乱建	对违法建（构）筑物全面登记造册；依法拆除违法建（构）筑物成效明显；规范建房审批，建立巡查制度，违法建（构）筑物得到有效控制	9
		治理乱停乱放	因地制宜设置停车场站或划定停车位；机动车、非机动车停放整齐有序	8
		治理乱摆乱占	沿街商铺无店外经营、无占道经营，保证道路畅通，同时对于存在车辆维修、加工作业、废品收购站点等不具备店内经营条件的情况，要统筹规划，规范经营，保持环境整洁；清理规范建筑材料堆场、煤矸石场等，确保物料堆放整齐，保持周围环境整洁	8
		治理乱拉乱挂	对现有杆线进行梳理，该合并的架空线路应予合并，无违规交越、杂乱无序现象；店招广告、过街横幅体量协调、悬挂整齐；主要道路两侧建筑物外立面上没有影响镇容的吊挂、晾晒和堆放物品，电线杆等杆体无乱张贴、乱涂写、乱吊挂	10

续表

序号	指标		内容	分值比重
四	加强基础设施建设和公共服务配套	道路建设	结合实施县乡公路畅通工程,提升道路通达水平,实现乡镇建成区与外部交通有效连接;贯通和改善主干道,修缮破损路,整治低洼路,保持路面平整、形成安全路网;采用适宜方式适当硬化背街小巷,整治烂尾路,打通断头路,实现建成区内路网畅通;完整醒目,指路牌、路名牌等标识规范的,在学校周边道路增设和完善交通安全设施	10
		供水设施建设	通过集中供水方式,安全饮水普及率达到100%;水质符合国家《生活饮用水卫生标准》,水压水量能够较好满足群众生活需求	6
		集贸市场建设	合理规划新建或改造集贸市场,满足群众生活需要;集贸市场管理有序,保持干净整洁	6
		文化健身场所建设	因地制宜改造或修建综合性文化设施,能够提供文体活动、书刊阅读、教育培训、网络信息、法律宣传等基本公共文化服务,满足居民日常文化生活需求;建有室外健身场所,可结合公园广场等公共空间综合布置,也可与街头绿地、公共建筑、学校体育设施等相结合,并合理配套健身器材、灯光设备等	6
		互联网基础设施建设	结合宽带支撑工程,开展宽带等互联网基础设施升级改造,推进宽带提速	2
		提升绿化水平	开展植绿见绿,见缝插绿,乡镇绿量显著增加,建成区绿化覆盖率达35%;强化主要街道、单位庭院、道路沿线、乡镇出入口、空置地块等绿化;绿化以乡土树种为主	5
五	特别加分项		建成区主要街道实现弱电下地;建成区铺设污水管网;通过城镇污水管网延伸、乡镇建设集中污水处理设施等形式,污水经处理后达标排放,生活污水处理率达到80%;因地制宜开展建筑外观整治,提升特色景观,直观感觉风貌协调、镇容美观的;推动移风易俗,树立文明乡风,农村不良风气得到有效治理,社会主义核心价值观公益广告宣传氛围浓厚,在农村落小、落细、落实	5

注:乡镇驻地建成区包括基本项加上特别加分项满分102分,85分以上为合格。

资料来源:《安徽省美丽乡村建设验收办法》。

美丽乡村(省级中心村)建设标准体系

序号	指标	内容	分值比重
一	建设规划编制及执行	中心村选址科学合理;符合新一轮土地利用总体规划,并与产业发展规划、村镇建设规划等相衔接;规划人口规模达到《安徽省美丽乡村建设"十三五"规划》要求;规划体现乡村特色和地域特点的;在规划制定过程中,充分尊重农民意愿;中心村建设规划落实较好	5

续表

序号	指标		内容	分值比重
二	重点建设任务	垃圾处理	建立生活垃圾收运处置体系，交通便利且转运距离较近的村庄，生活垃圾可按照"户集、村收、乡镇转运、市县处理"的方式收运处理；其他村庄的生活垃圾通过"户集、村收、乡镇处理"等适当方式就近处理，其中交通不便、运距较远的村庄通过"户集、村收、村处理"的方式就近处理；合理配置垃圾桶、垃圾房或垃圾池、垃圾收集和清运设备；生活垃圾及时清扫、收集，日产日清，中心村内无暴露和积存垃圾；垃圾处理选择符合农村实际和环保要求、成熟可靠的终端处理工艺，推行卫生化的填埋、焚烧、堆肥、沼气处理和垃圾发电等方式	10
		饮水安全巩固提升	结合"十三五"国家农村饮水安全巩固提升工程，通过区域集中供水、小型集中供水等方式，扩大农村自来水使用覆盖面，提升饮水安全保障水平，安全饮水普及率达到100%；水质符合国家《生活饮用水卫生标准》，水压水量能够较好满足生活需求	6
		卫生改厕	户用卫生厕所普及率达到95%以上，且厕所粪污基本得到无害化处理或资源化利用的；对世界文化遗产地、省级以上传统村落等古村落，在保护优先的前提下，采取符合实际的粪便收集利用方式、不直接排放污染环境，视同完成卫生户厕改造；无露天粪坑和简易茅厕	7
		房前屋后环境整治	电力、通信线路架设安全规范、无违章交越和搭挂；有序堆放杂物，实现村庄内无乱搭乱建、乱堆乱放	6
		道路畅通	纳入年度乡村道路畅通工程的建制村且村部位于中心村范围内，实施通村主干道路拓宽改造，路面宽度达到4.5米；此外，除受有关政策法规和特殊自然条件限制的，通村主干道路路面宽度达到3.5米；除受有关政策法规和特殊自然条件限制的，村内主干道路采用水泥、沥青或者砖石等乡土材质硬化，路宽一般不低于3.5米的；村内路网布局合理，主次分明	10
		污水处理	以分散处理为主，通过分户式、联户式的办法，采用整体式粪池、三格式粪池等简易处理技术，就地生态治理；或在有条件和实际需求的地方，采用经济有效、简便易行、工艺可靠的无动力、微动力处理技术进行集中处理；或靠近城镇污水集中收集系统的，接入市政、企业污水管网进行处理；生活污水处理率达到80%以上；对世界文化遗产地、省级以上传统村落等古村落，在保护优先的前提下，采取符合实际的生活污水收集处理措施的，视同为符合以上相关要求	8
		河沟渠塘疏浚清淤	整治疏浚河沟渠塘，实现水体清澈；河沟渠塘疏浚后，及时护坡，做好绿化；无积存垃圾、无白色污染、水面无明显漂浮物	5

序号	指标		内容	分值比重
二	重点建设任务	公共服务设施建设	按照因地制宜、资源整合、简易适用的要求，利用现有设施统筹改造，或新建，或就近共享农村综合服务中心；服务中心面积适当，能够统筹合理使用，具备社区服务、图书室（农家书屋）、文化活动室功能；结合宽带支撑工程，实现宽带通村，适当提高固定宽带家庭普及率	
		村庄绿化	开展村庄道路、水体沿岸、庭院和村庄周围绿化，除受有关政策法规和特殊自然条件限制的，村庄建成区绿化覆盖率达40%的；村庄建成区范围内道路、河渠绿化率达90%；村前屋后因地制宜发展小菜园、小果园、小竹园、小花园、小茶园等，实现庭院美化；村庄绿化适地适树，以乔木、乡土树种为主，灌木为辅，倡导自然式种植，绿化效果较好	6
		村庄亮化	在村庄主干道和公共活动区域，利用多种方式安装安全简易路灯，并进行适度亮化分；维护到位、使用正常	5
		长效管护机制	建立县乡财政补助、村集体补贴、住户适量付费、社会资助相结合等切实可行的经费分担机制，做到有制度、有资金、有人员，实现垃圾和污水处理、绿化、卫生保洁、公共设施维护等长效管护	4
三	产业发展		中心村所在行政村、乡镇被评为"一村一品"示范村、镇或休闲农业与乡村旅游示范点；或中心村纳入粮食生产"三大行动"核心示范区或各类农业示范园区；或中心村主导产业突出，主导产业产值占总产值50%以上的；或中心村在全省粮食绿色增产示范片、示范范围内或村内有示范家庭农场，或落实"三推"（推广高产高效新品种、推广规模化标准化机械化的栽培技术、推进耕地质量建设）、"三控"（控肥、控药、控水）效果较好，转变农业发展方式成效明显。中心村土地（包括耕地、林地、水面）流转适度规范；或农业社会化服务水平较高。村集体年经营性收入达到10万元以上	10
四	农村精神文明建设		培育乡村文明新风，积极开展文明村镇、文明家庭、文明户、"好儿女、好婆媳、好夫妻"或具有地方特色文明创建活动；开展道德评议活动，设立"身边好人榜"等类似评议；开展"传家规、立家训、扬家风"活动，村规民约合法简约规范且群众知晓率高；广泛开展各种志愿服务活动，重点开展关爱农村留守儿童、留守老人、留守妇女活动；经常性开展群众喜闻乐见的文体活动；发掘本地本村历史文化、红色文化、山水文化、农耕文化等，传承和保护乡村非物质文化，古树古民居保护等较好；中心村治安状况较好；广泛开展农民普法教育，积极开展法治村镇、"法律明白人"等创建活动，引导群众依法有序反映问题、化解矛盾	5

续表

序号	指标	内容	分值比重
五	群众满意度	环境卫生改善满意度；基础设施改善满意度；公共服务改善满意度；乡风文明改善满意度；是否存在违背群众意愿、损害群众利益、搞面子工程等问题	5
六	特别加分项	村内次干道采用沙石等乡土材质适度硬化，实现"户户通"，便于群众出行；村内实现雨污分流；村内建有室外体育文化场所；直观感受村庄房屋布局错落有致，村庄和村庄周围自然景观优美，村容村貌较好，田园特色突出	2

注：美丽乡村（省级中心村）基本指标得分再加上特别加分，满分102分，85分以上为合格。

资料来源：《安徽省美丽乡村建设验收办法》。

美丽乡村（市级中心村）建设标准体系

序号	指标	内容	分值比重
一	垃圾处理	建立生活垃圾收运处置体系，交通便利且转运距离较近的村庄，生活垃圾可按照"户集、村收、乡镇转运、市县处理"的方式收运处理；其他村庄的生活垃圾通过"户集、村收、乡镇处理"等适当方式就近处理，其中交通不便、运距较远的村庄通过"户集、村收、村处理"的方式就近处理；合理配置垃圾桶、垃圾房或垃圾池、垃圾收集和清运设备；生活垃圾及时清扫、收集，日产日清，中心村内无暴露和积存垃圾；垃圾处理选择符合农村实际和环保要求、成熟可靠的终端处理工艺，推行卫生化的填埋、焚烧、堆肥、沼气处理和垃圾发电等方式	12
二	饮水安全巩固提升	结合"十三五"国家农村饮水安全巩固提升工程，通过区域集中供水、小型集中供水等方式，扩大农村自来水使用覆盖面，提升饮水安全保障水平，安全饮水普及率达到100%；水质符合国家《生活饮用水卫生标准》，水压水量能够较好满足生活需求的	10
三	卫生改厕	户用卫生厕所普及率达到80%以上；对世界文化遗产地、省级以上传统村落等古村落，在保护优先的前提下，采取符合实际的粪便收集利用方式、不直接排放污染环境，视同完成卫生户厕改造；无露天粪坑和简易茅厕	10
四	房前屋后环境整治	电力、通信线路架设安全规范、无违章交越和搭挂；有序堆放杂物，实现村庄内无乱搭乱建、乱堆乱放	8
五	道路畅通	纳入年度乡村道路畅通工程的建制村且村部位于中心村范围内，实施通村主干道路拓宽改造，路面宽度达到4.5米；此外，除受有关政策法规和特殊自然条件限制的，通村主干道路路面宽度达到3.5米；除受有关政策法规和特殊自然条件限制的，村内主干道路采用水泥、沥青或者砖石等乡土材质硬化，路宽一般不低于3.5米的；村内路网布局合理、主次分明	10

注：美丽乡村（市级中心村）指标满分为50分，40分以上为合格。

资料来源：《安徽省美丽乡村建设验收办法》。

自然村庄（不包括中心村）整治要求

序号	村庄类别	整治项目	整治要求
一	永久性居民点	垃圾治理	农村生活垃圾无害化处理率达90%以上；全面推进农村生活垃圾治理"户分类、村收集、乡镇转运、市县处理"或"户分类、保洁员收集、公司转运、市县处理"；推进农村生活垃圾就地分类和资源化利用；主要沟塘水系清淤、疏竣，进行驳岸处理和景观绿化
		污水治理	农村生活污水处理率明显提高；分类推进农村生活污水处理；将农村生活污水治理纳入河长制、湖长制管理
		厕所革命	基本完成户用卫生厕所无害化改造，粪污基本得到处理或资源化利用；具有旅游功能的村庄配建旅游厕所
		村庄道路硬化	基本完成村内道路硬化，道路由"村村通"向"户户通"延伸；通村公路达到安全通乡村公交条件
		村庄亮化	推进村庄道路照明亮化，推广节能灯具和新能源；在村内小广场、小游园等公共场所进行景观亮化
		村庄绿化	塑造乡村绿色边界，提升田园风光品质；结合绿色村庄建设，开展植树造林、古树名村保护、湿地修复等工作；充分利用房前屋后、河塘沟渠、道路两厢闲置土地见缝插绿、拆违还绿、留白建绿
		村庄美化	根据村庄实际情况，对公共节点进行美化建设，不做过高要求
二	近期保留村	垃圾治理	农村生活垃圾无害化处理率达90%以上；全面推进农村生活垃圾治理"户分类、村收集、乡镇转运、市县处理"或"户分类、保洁员收集、公司转运、市县处理"
		污水治理	农村生活污水得到有效治理；实现雨污分流、污水管道收集或暗渠化、人畜分离，杜绝污水乱排乱放
		厕所革命	全面推进户用厕所无害化改造，同步实现粪污处理或资源化利用
		村庄道路硬化	基本完成村内道路硬化，通村公路达到安全通乡村公交条件
		村庄亮化	主要道路安装灯光照明
		村庄绿化	根据村庄实际进行绿化建设，不用过高要求
三	拟搬迁拆并村		在优先保障基本生活条件的基础上，实现村庄干净整洁的目标

注：村庄（非中心村）整治要求参照《合肥市农村人居环境整治建设规划导则》。

本课题组参与人员名单：

课题组成员：夏明珠、叶群慧、陈媛元、郭晓敏、杨全红

合肥城市文化品牌建设研究

安徽大学商学院课题组

近年来随着合肥城市发展和吸引力的提升，合肥城市文化品牌建设的重要性和紧迫性与日俱增。推进合肥城市文化品牌建设，对于提高合肥城市文化品位，塑造合肥城市形象和打造合肥城市品牌具有重要意义。

第一章　合肥城市文化品牌建设存在的问题

合肥城市品牌定位从最早的"三国故地、包公故里"，到"包公故里、科教基地、滨湖新城"，再到"大湖名城、创新高地"，经历了几次较大的变化，反映出合肥城市品牌定位与合肥城市发展密切相关。在城市经济发展促进城市文化发展，城市文化发展又进一步推动城市经济发展这一循环往复过程中，城市文化品牌建设成为城市持续发展的基石，因此，合肥城市文化品牌建设需要更加积极推进。调查结果显示，合肥城市文化品牌建设还存在以下问题。

（一）城市文化品牌定位与优势资源结合不够紧密

依据课题组设计的关于合肥城市文化品牌的调查问卷，通过网络发送、受访者在线填写等，收回问卷454份，其中有效问卷共计394份。从问卷中可以看出：市民对合肥城市及文化建设有着较为浓厚的期盼，如针对"您希望合肥未来成为什么样的城市？"超过一半的受众希望合肥能够成为朝气蓬勃的创新创业城市和休闲舒适的绿色生态城市（见表1-1），说明市民及利益相关者对于合肥城市发展和文化品牌建设具有较强的期望，但同时也发现合肥城市文化品牌的建设在定位、资源利用、建设管理、传播维护等方面存在诸多不足之处，居民知道城市品牌宣传口号"大湖名城、创新高地"，理解其含义却不多。归根结底，其原因主要在于没有对合肥文化资源进行科学评估和有效整合。

表1-1　被调查者希望合肥未来成为什么样的城市

选项	小计	比例
风景宜人的观光旅游城市	124	31.47%

选项	小计	比例
朝气蓬勃的创新创业城市	272	69.04%
休闲舒适的绿色生态城市	245	62.18%
淳朴和谐的幸福生活城市	169	42.89%
充满商机的特色产业城市	85	21.57%
活力四射的工业经济城市	38	9.64%

（二）城市文化品牌建设具体内容不够完善

近年来，合肥市城市道路等基础建设投入大，但依然没有达到公众期望值。总体来看，合肥城市基础设施有待完善，城市环境污染严重，对文化产业、创新产业的重视程度有待加强，能够体现合肥城市文化品牌建设的内容相对薄弱。

（三）城市文化品牌规划科学性有限

在品牌识别方面，合肥城市文化识别系统建设不完善，没有市标，也没有吉祥物，城市色彩没有统一标准，公共导视、公共雕塑和城市色彩均存在规划设计不足问题。文化品牌定位不清，传播乏力。

（四）城市文化品牌传播渠道分散

外部公众和游客对合肥城市品牌形象陌生，城市文化品牌知名度远远落后于城市历史文化的厚度和经济的发展速度。

（五）城市文化品牌管理不力

城市文化品牌传播推广后，还需要对其进行日常维护和管理工作，特别是城市文化品牌面临危机，品牌危机管理尤为重要。合肥城市文化品牌存在危机管理乏力等问题，处理水平有待于进一步提升。

（六）城市文化品牌建设主体不健全

没有设立城市文化品牌建设主体，难以满足城市文化品牌建设各项要求，不能从城市物质文化、制度文化和精神文化多个层面来规划和培育合肥城市文化品牌。

第二章　合肥城市文化品牌定位及表现形式

（一）合肥城市文化品牌的定位

城市文化品牌定位需要根据城市自身资源和典型特征。合肥城市文化资源集中在以量子科技、语音智能等为代表的创新文化、以包公为代表的孝廉文化、以渡江战役为代表的红色文化、以巢湖为代表的水生态文化，文化品牌定位可以是创新文化、孝廉文化、红色文化和水文化。

（二）合肥城市文化品牌定位的表现形式

依据合肥城市文化品牌创新文化、孝廉文化、红色文化和水生态文化的定位，设计Logo（见图2-1），且包含以下几点意思：①以蓝色为主色调，表现出创新文化和水文化，并有一束亮光投射指明方向，寓意合肥的创新动力和创新方向；②Logo取"合肥"拼音首字母H和F，F字形是外直内曲，体现出外廉内孝，即对外不突破规则和尺度，对内有孝和情，具有延展性；③H形如两条河流，寓意东淝河和南淝河合二为一，形成巢湖，同时，H如船形，有逆流而上渡江之势，契合渡江战役为代表的红色文化，也展现出一种积极向上、奋勇拼搏的精神；④整体造型犹如蓝色天空中冉冉升起的风筝，合肥两字大气、庄重，体现出合肥在文化指引和创新动力下不断腾飞。

图2-1 合肥城市文化品牌Logo

第三章 合肥城市文化品牌的建设内容

合肥城市文化品牌建设从物质文化、制度文化到精神文化需要形成"主文化鲜明、子文化并存"的深厚城市文化印象，打造以创新文化、孝廉文化、红色文化、水资源文化为特色的城市文化品牌。

（一）物质文化建设

城市的物质文化可以通过建筑文化、雕塑文化、文化设施、人文景观、自然景观文化等体现，城市布局、城市建筑、城市道路、城市通信设施甚至城市的草木花卉等都构成城市物质文化的外壳。

1. 城市环境建设

突出合肥市环城景区的特色，形成以环城公园、周边生态屏障为主体的城市园林特色，有重点地在城郊蜀山、紫蓬山、岱山湖等地建设高品位的旅游度假中心，吸引周边城市游客来合肥旅游，使合肥成为长三角周边区域"休闲的天堂"。

2. 城市景观建设

城市景观具体包括城市标语、城市色彩、市标、市树、市花、吉祥物、公共导视、公共雕塑以及特色建筑等。首先，合肥市景观建设应该融入创新和"水"元素。利用量子科技和语音智能等开发创新工业旅游路线，开发天鹅湖和巢湖的"亲水"旅游路线。其次，从合肥的山林、滨水景观方面入手，打造合肥特色景观带。为凸显合肥生态形象，融入合肥市树广玉兰及市花桂花、石榴花等元素，可将大蜀山、紫蓬山等打造为合肥特色山体景观带，融入创新元素。再次，为凸显合肥人文形象，可将包公祠、李鸿章故居一带打造成合肥历史文化景观带，突出孝廉文化。最后，以渡江战役纪念馆、三将军故居等为基础打造红色文化景观，让合肥红色文化得以弘扬。

3. 文化设施建设

可以将文化创意产业园区、主题公园、博物馆等城市创意空间作为文化标志，展示城市制度文明演变历史构造带和文化剖面图，让现代人真切感受、体验城市文化生态，适当融入"包公""马头墙"和"庐剧"等。

（二）制度文化建设

制度文化是城市精神文化的产物和物质文化的工具，是城市不同主体所表现出来的行为与活动的习惯、规则。制度文化外化于政府、企业和市民等不同主体行为上，在制度文化建设过程中，需要以创新、孝廉、互爱、绿色为指导。

（三）精神文化建设

要凸显城市精神"开明开放，求是创新"。注重创新精神，并辅以孝廉和仁爱，特别是依托产业创新，积极宣传创新精神；要突出国家级非物质文化遗产的庐剧、安徽巢湖民歌、肥东洋蛇灯、纸笺加工技艺等民俗文化，以及包公文化节、包公故里文化游等大型文化活动，体现本地历史传统、地域特色，并且促进其他行业的发展。

第四章　合肥城市文化品牌建设路径

（一）科学利用创新和文化资源

对于创新产业和民俗文化，可以将相关人物角色、情节事件等文化元素结合现代价值观进行改编和可视化开发，激发人们的情感共鸣；对于特色工艺，可以设计文化创意产品，提升人们对传统工艺的兴趣，传承工匠精神。同时还要着重利用优势资源建设具有特色的城市文化品牌，如水资源、红色文化资源等。

（二）美化城市环境，提升城市形象

在城市公共设施方面，如车站、垃圾桶等进行规范化建设和创意性改造。在城市雕塑方面，结合城市文化定位代表性创意元素，打造具有识别度的城市雕塑。在城市建筑方面，保护传统的古建筑、历史街区，也要建设具有本地特色的创意建筑和标志性建筑。

（三）加强道路交通系统和文化设施建设

城市道路交通要科学规划，稳步推进，改善道路交通管线运营。合肥市需要将公共文化设施与城市广场、体育设施、交通设施等组合建设，展现合肥城市文化氛围，提升公共文化设施的用户体验和服务质量。

（四）改造历史街区，保护历史建筑

合肥市部分老城区内部整体性好，街巷交错、街道蜿蜒，例如庐州仓廪米布交易的繁华之地"坝上街"、商贾云集的古庐州"东大街""木滩街"等在原有建筑基础上改造，对历史建筑采取原地保护或整体搬迁方式保护，留住城市记忆。

（五）创新文化产业发展模式

充分利用新媒体打造以黄梅戏、庐剧等为代表的戏曲文化产业。特色饮食文化、旅游文化、创意文化等可以进行整合利用，形成特色的优势旅游产业。重点打造合肥市的优秀文化产业品牌，增强大型文化庆典活动品牌，龙虾节、牡丹节、徽园民俗文化节、合肥国际马拉松、三国文化节等节日，大力发展文化创意产业。

（六）塑造城市精神

要抓住合肥市的文化个性和定位，即创新、孝廉、红色、绿色的文化定位，突出地域特色，通过文化设施建设和文化活动的开展，提高合肥市民的精神文明素养，塑造与其他城市不同的特色城市精神。

（七）提升市民形象

通过政策引导，制定市民日常行为规范，创立激励机制，营造良好氛围，鼓励市民树立"创新、孝廉、仁爱、绿色"的城市精神。组织开展一系列与提升人文素养相关的文化活动来感召市民，例如"十大感动合肥人物"活动等。

（八）成立合肥城市文化品牌建设委员会

负责规划和执行合肥城市文化品牌建设的系统工程，同时调动社会等多方力量，共同努力打造合肥城市文化品牌。

第五章　合肥城市文化品牌传播与保障

通过广告传播、公关传播、人员传播、销售传播、自媒体传播等渠道及各种媒介，用恰当的方式持续地传播城市文化品牌，与目标受众进行一系列关于品牌信息的交流活动。

（一）改造公共设施

注重城市标志性文化建筑、基础文化设施等传播性，如在地铁、公交及站台等物质载体上，或在城市道路墙壁上绘制巢湖风景、包公形象、科技成果等图案，适当体现合肥元素，传播合肥城市文化品牌特征。

（二）打造名牌产品进行传播

加大力度支持本地名牌产品，如美菱、荣事达、科大讯飞等，逐渐将它们培养成在全国乃至世界范围内具有较高知名度的名牌产品，促进城市文化形象的提升和传播。

（三）拍摄宣传片或纪录片

选择有代表性的景点、稀缺资源等，拍摄宣传片、纪录片，多视角、多层次、全方位地向观众展现和传播自然景观的绚丽多姿或人文历史的厚重底蕴，生动呈现合肥创新资源、水资源、孝廉和红色资源等文化元素。

（四）名人代言

可以选择代言人，特别是气质适合的本土知名代言人进行合肥城市文化推介。具有影响力和匹配度的名人效应能够为城市文化宣传带来极大影响，如上海聘请胡歌担任旅游形象大使，王源担任重庆文明旅游宣传大使等。

（五）赞助影视剧及综艺

可以通过赞助影视剧或者综艺来进行传播。2002年合肥曾做出尝试，如以合肥为背景的《大哥》电视连续剧吸引了全国观众。如结合市情、地情创作大型情景剧"包青天"、"印象巢湖"等，充分展现并传播合肥城市文化元素。

（六）节事活动

打造属于城市自己的文化节庆，或者嫁接其他重要的节事，如类似世界制造业大会、国家级体育赛事、国际电影节等重大活动，能够推动合肥城市文化品牌传播。

（七）加强中外文化交流互鉴

运用文化节展、文物展览、博览会、书展、电影节、体育活动、旅游推介和各类品牌活动，讲好合肥故事、传播好合肥声音、阐释好合肥特色、展示好合肥形象，助推合肥城市文化品牌的国际传播。

本课题组参与人员名单：

课题组成员：魏华飞（执笔）、白琳、袁海霞、陈俊、尹世民、胡安民

合肥地方金融监管机制研究

合肥兴泰金融控股（集团）有限公司金融研究所

第一章　我国金融监管体制演变、现状与问题

金融安全是国家安全的重要组成部分，是经济平稳健康发展的重要基础。防范和化解金融风险，保障金融安全，必须将金融活动纳入规范化、法制化轨道。因此，金融监管作为金融市场不完全性的修正与补充，它的建立及演变取决于经济环境及金融行业的发展，并以服务经济金融发展为目的。我国金融监管结构本质上是由社会主义经济制度及市场经济的发展程度所决定的。不同于西方国家，我国金融监管体制的变迁是一个渐进式改革的过程，经历了由国家主导的控制性金融监管制度向以市场为导向的审慎监管制度的转变。这种转变包括监管主体由统一监管向分业监管、混业监管的演进，及监管权限上中央与地方双层监管体制的形成。

一、我国金融业监管体系演化路径

与我国金融行业发展轨迹同步，我国金融业监管体系模式经历了由统一到分化的过程，大致可以分为以下四个阶段。

1. 金融大一统（改革开放前）

新中国成立后，一直到改革开放前我国实行的是大一统的金融体系，中国人民银行几乎从事了全部金融业的经营和管理工作。政府是社会经济体系中储蓄和投资的主体，国家通过财政对社会经济有绝对控制权，不存在现代意义上的金融监管。

2. 人民银行统一监管体系（1978~1992 年）

1978 年，我国开始实行"改革开放"的战略计划，这一时期的我国金融体制改革也开始起步，伴随着其进一步深入，金融监管制度也进入探索阶段。我国金融监管体系建设由最初的主要围绕专业银行和中央银行进行；到四大行相继从人民银行分离，形成四大专业银行体系；再到"拨改贷"改革深入推进与国务院颁布《银行管理暂行条例》，人民银

行作为金融监管者的主体地位不断明确，形成了以人民银行为唯一监管主体的统一监管体系。

3. "一行三会"的分业监管体系（1993~2016 年）

20 世纪 90 年代以后，我国金融行业格局发生了重大变化。随着资本市场的发展壮大，股份制银行、农信社渐次登上金融舞台，非银行金融机构迅速发展，仅靠人民银行进行金融管理已然力不从心。金融监管体系开始由统一监管走向分业监管，逐步形成以人民银行、证监会、银监会、保监会——"一行三会"为主导的监管格局。人民银行的主要职责是对货币市场、信托机构、反洗钱等方面进行监管，"三会"的主要职责则是制定监管部门规章和规范性文件，并通过业务审查、现场检查等方式对相应行业进行审慎监管。

4. "一委一行两会"综合监管体系（2017 年至今）

2017 年，国务院金融稳定和发展委员会（以下简称"金稳委"）设立。作为国务院统筹协调金融稳定和改革发展重大问题的议事协调机构，金稳委的设立拉开了新时代金融体系改革的大幕。2018 年在新一轮国家机构改革中，银监会、保监会合并组建银保监会，我国金融监管体系得以进一步完善，同时进入到金稳委、人民银行、银保监会和证监会"一委一行两会"为主导的新时代，综合监管的步伐正式迈开。

可见，经过多年的发展，我国金融监管体系日臻完善，组织架构更趋合理，监管规则逐步健全，监管决策机制更加高效，为金融安全的健康和社会的发展提供了重要制度保障。

二、中央地方双层监管体制的形成与发展

与央行统一监管体系相似，在很长一段时间内，我国金融监管权集中于中央层面。在中央单一监管体制下，各类金融机构由中央垂直监管，由于未对地方金融监管做出专门安排，中央垂直监管难以对游离于银证保体系之外的地方金融（包括小额贷款公司、融资担保公司、地方资产管理公司、融资租赁企业等地方性金融机构及非持牌的地方金融活动等）进行直接管理。与此同时，近年来大量地方性金融机构如雨后春笋般涌现，各地的民间金融活动日益活跃，在满足地方经济主体的投融资需求、促进基础设施建设以及推动地方经济增长方面发挥着越来越重要的作用。

为有效应对地方金融快速扩张及金融风险渐进暴露，中央逐渐将地方金融监管职能及风险处置责任交由地方政府承担。各级地方政府顺势而为，纷纷主动设立金融办（金融局）对地方金融进行监督管理，并逐渐赋予其更大的职权。2002 年 9 月上海市在全国率先设立金融办，随后全国省（自治区、直辖市）纷纷效仿，并将其组织架构逐渐下沉到县区级政府，金融办的功能也由最初单一的议事协调慢慢扩展到兼具监管协调、风险处置、规划制定等多项职责上，我国地方金融管理机制初具雏形。2017 年第五次全国金融工作会上，中央明确指出"地方政府要在坚持金融管理主要是中央事权的前提下，按照中央统一的规则，强化属地风险处置责任"。随后，《中共中央 国务院关于服务实体经济防控金融风险深化金融改革的若干意见》进一步明确小额贷款公司、融资担保公司、区域性股权市场、典当行、融资租赁公司、商业保理公司、地方资产管理公司和辖内投资

公司、开展信用互助的农民专业合作社、社会众筹机构、地方各类交易场所（以下统称"7＋4"类金融机构）由地方金融监管部门实施监管。这是我国金融监管体制的一次重大改革，标志着中央地方双层监管体制的确立。

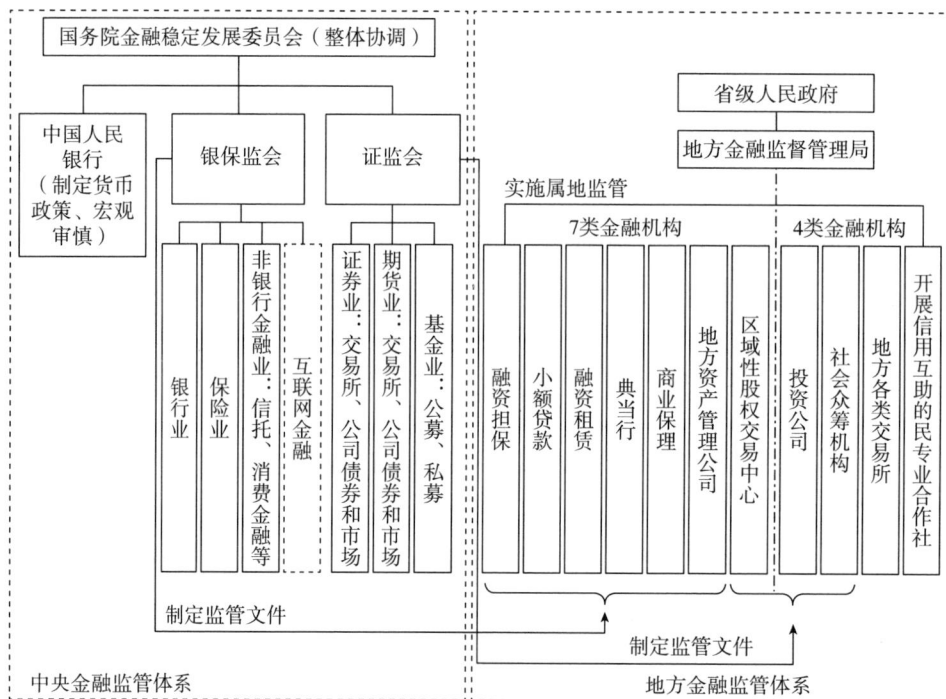

图1－1 我国中央地方双层金融监管体系

三、地方金融监管权责演变历程

在我国中央与地方双层监管体制的形成过程中，地方金融监管权责经历了四个阶段的演变。单点处置权限阶段。1996年中央授权地方政府对农村合作基金会的债务风险进行处置，我国开始了地方金融风险处置及监管的实践。多点监管权限阶段。伴随着金融领域改革创新的深化以及金融与地方经济融合程度的不断提升，地方金融风险处置及监管权限逐渐扩大。2004年，省级地方政府获得监管农村信用社的权限；2006年，地方政府被明确具有处置地方金融风险的责任；2009年，地方政府成为融资担保公司的监管主体。由点到面的处置权限。2011年国家"十二五"规划纲要提出要完善地方政府金融管理体制，并首次明确"中小金融机构的风险处置责任"归地方政府所有，2012年第四次全国金融工作会议对此再次强调，中央统筹下的地方监管权限强化。虽然在2017年前地方金融监管权力获得重大的进展，但是地方政府仍没有法定意义上的金融监管事权。直至2017年，第五次全国金融工作会议的召开及《中共中央 国务院关于服务实体经济防控金融风险深化金融改革的若干意见》的发布，地方金融监管事权明确为"7＋4"类金融机构。

"7 +4"类金融机构在明确由地方金融监管部门监管前分属于不同监管部门,即便在监管主体明确后,由于"7 +4"类金融机构涉及行业较广,在各类业务指导上也分属人行、银保监会、证监会等不同部门。为此,进一步梳理了"7 +4"类金融机构发展概况及监管主体的演变。

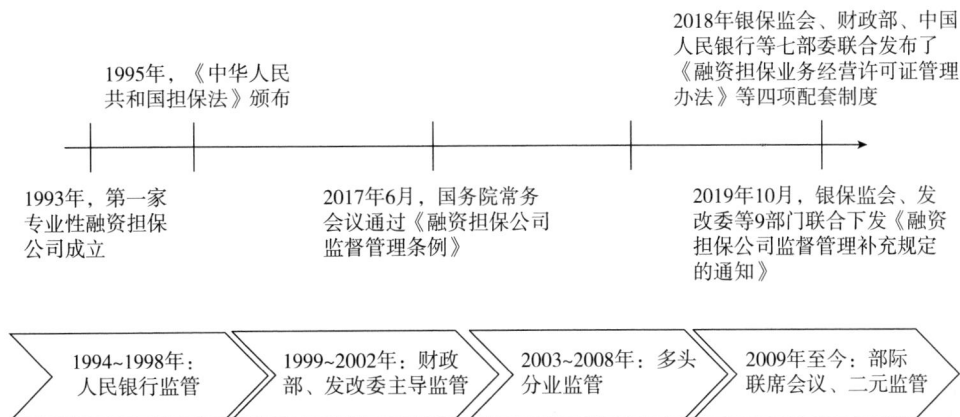

图 1 - 2 融资担保行业发展、监管轴线图

融资担保行业监管主体变化频繁,历经人民银行、财政部和国家发改委。2017 年国务院发布《融资担保公司监督管理条例》明确地方政府负责对本地区融资担保公司监督管理,由银保监会牵头的融资性担保业务监管部际联席会议负责拟订融资担保公司监督管理制度,协调解决融资担保公司监督管理中的重大问题,督促指导地方政府对融资担保公司进行监督管理和风险处置。

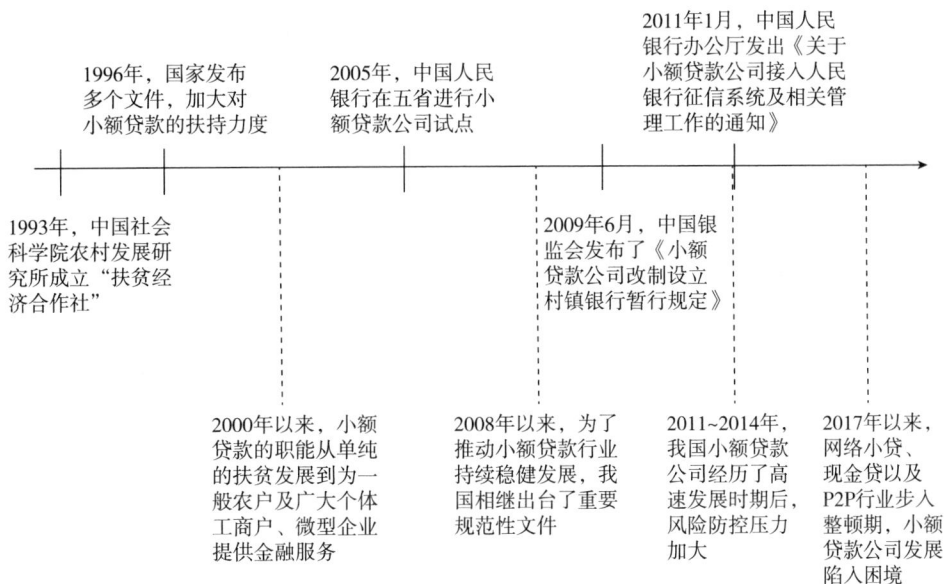

图 1 - 3 小额贷款行业发展、监管轴线图

　　小额贷款公司监管主体不明确，在一段时间内小额贷款公司由银监会进行管理，但由于我国并没有小额贷款公司金融牌照，银监会对其监管于法无据。2008 年中国银行业监督管理委员会、中国人民银行发布《关于小额贷款公司试点的指导意见》，指出小额贷款公司的申请设立由省级政府主管部门批准，风险处置和日常监管由各省金融办或者相关机构负责，银监会派出机构和人行分支机构予以配合及业务指导。

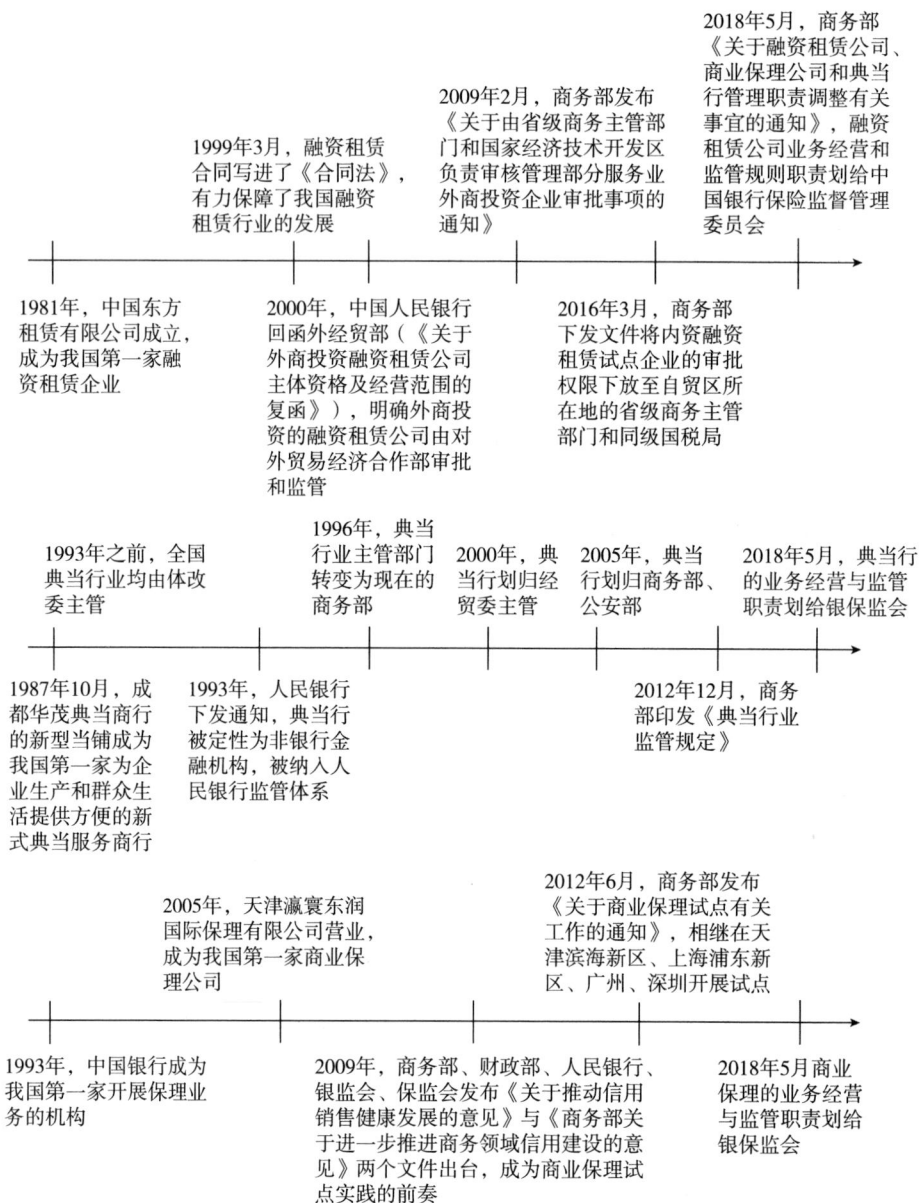

图 1 - 4　融资租赁、典当行、商业保理监管轴线图

　　融资租赁、典当行、商业保理在相当长一段时间内，由商务部门制定管理办法、规章制度，2018 年这三类机构的经营和监管规则职责正式由商务部移交银保监会。

　　区域性股权市场在国务院办公厅发布的《关于规范发展区域性股权市场的通知》中，

明确由所在地省级政府按规定实施监管，并承担相应风险处置责任，证监会依法依规履职尽责并加强对省级政府开展区域性股权市场监管工作的指导、协调和监督。

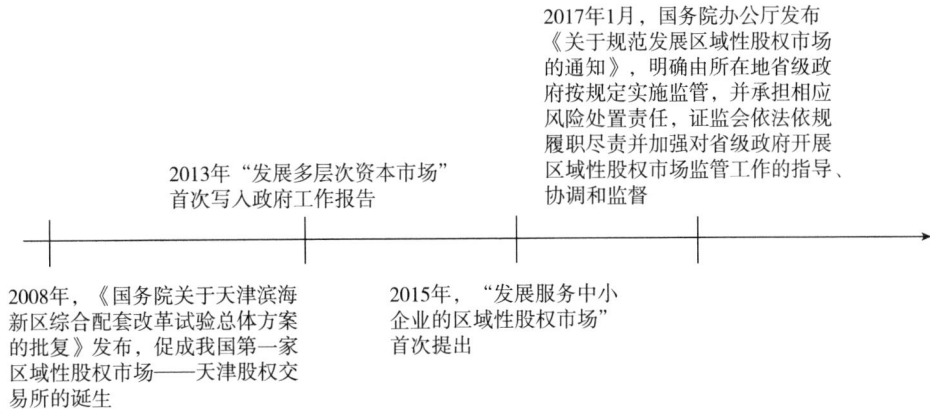

图1-5　区域性股权市场监管轴线

地方资产管理公司在银保监会《关于加强地方资产管理公司监督管理有关工作的通知（征求意见稿）》中，明确各省级政府地方金融监管部门具体负责本地区地方资产管理公司的机构监管，包括地方资产管理公司的设立、变更、终止、日常监管、风险防范和处置等工作，督促其严格遵守相关法律法规和监管规则，促进地方资产管理公司健康发展。银保监会负责制定地方资产管理公司的监管规则，指导省级政府地方金融监管部门做好地方资产管理公司的日常监管工作。

投资公司、开展信用互助的农民专业合作社、社会众筹机构、地方各类交易场所四类机构在由地方监管部门监管前，投资公司设立审批部门是工商部门，开展信用互助的农民专业合作社设立审批部门是县（市、区）金融监管部门，社会众筹机构设立审批部门是证监会，地方各类交易场所设立审批部门是省级政府。

此外，伴随着新兴金融行业的发展，以互联网金融为代表的金融创新活动一直没有明确的监管部门，中央层面多是出台规范性文件，地方金融监管部门则承担着风险处置的职责。如P2P网贷行业，中央层面搭建了制度框架2015年央行发布《关于促进互联网金融健康发展的指导意见》，随后银监会发布《网络借贷信息中介机构业务活动管理暂行办法》《网络借贷信息中介机构备案登记管理指引》《网络借贷资金存管业务指引》《网络借贷信息中介机构业务活动信息披露指引》，初步形成了相对完善的监管政策体系。地方层面由于对P2P机构缺乏监管手段，更多的是通过开展自查、通报信息等方式在属地范围内排查风险、协助清退等配合性工作。

四、地方金融监管面临的问题

1. 地方金融监管法律制度不完善

由于我国金融较长一段时间都是由中央统一监管，使得地方金融监管在法律制度层面较为滞后，目前我国尚没有以立法这种形式存在并赋予中央监管部门和地方金融管理部门分别行使金融监管权力的法规。当前我国与地方政府金融监管相关的法律规章，除了

《融资担保公司监督管理条例》，都是法律效力较低的部门规章、规范性文件，且出台时间较早，无法满足新形势下地方金融监管需求。同时，地方金融监管法律法规缺乏系统性规划，各类规范性文件的出台多是出现问题后解决问题，缺少前瞻性、系统性的顶层设计。

2. 地方金融监管资源有限

随着"7＋4"类金融机构迅速发展，互联网金融、"套路贷"等金融活动风险高发，面对庞大且复杂的监管对象，地方金融监管部门缺乏必要的人员、技术知识和经费支持，监管资源相当有限。在监管实践中，由于严重缺乏监管手段，缺乏必要的执法权，导致地方金融监管部门只能采取较多的准入监管和行政性监管。以惩罚措施为例，由于地方金融监管部门不能实施行政处罚，尽管在融资担保监管办法中最严厉的是罚款50万元以上、100万元以下，但地方金融监管部门既没有被行政执法权，也没有执法人员，惩罚无法执行。

3. 地方金融监管部门与职能部门存在监管交叉

在我国现行的金融监管体系里，除了"一委一行两会"和地方金融监管部门对金融机构有明确的监管职责，国有金融机构所属的国有资产监督管理委员会（以下简称"国资委"）同样具有资产监管的权限。近年来，各地政府越来越意识到金融服务业对地方经济发展的重要性，为配合地方政府做好金融支持经济发展，纷纷成立组建银行、融资担保、金融集团等地方金融机构。还有一些非金融行业领域的国有企业为了开拓业务，参股金融机构，甚至是P2P网贷平台和交易场所。这使得地方国有金融机构及国有企业参股的金融机构在监管中面临地方金融监管部门和国资委的多头管理。而金融监管部门的行业监管与国资委的资产监管，即便都是地方政府的重要组成部门，但依然存在信息不对称的情况，容易出现监管重叠或空白。

4. 地方金融监管组织框架不统一

在较长的一段时间里我国地方金融机构、准金融机构及非金融机构的管理权限散落于多个部门，尽管目前"7＋4"类金融机构监管权责得以明确，但有效、统一的监管制度框架尚未建立。而网络借贷信息中介机构（P2P平台）等形式的互联网金融、民间金融活动虽然未明确纳入地方金融监管范围，地方金融监管部门却事实上承担着风险处置等职责，使得各地方金融监管差异性较大、规范性较弱。

第二章　合肥市地方金融监管的现状

一、合肥市地方金融监管职能概况

2009年合肥市政府单设金融工作办公室（以下简称"合肥市金融办"），作为全市金融工作的专门议事机构。2019年按照新一轮机构改革部署，在合肥市金融办基础上组建合肥市地方金融监督管理局,加挂市政府金融工作办公室牌子。合肥市地方金融监督管理局为正处级建制,内设 5 个处室,分别为综合处、银行保险服务处(政策法规处)、资本市场处、金融稳定处、金融监管处,核定编制 20 人。其中金融稳定处、金融监管处主要承担地方金融监管职能。

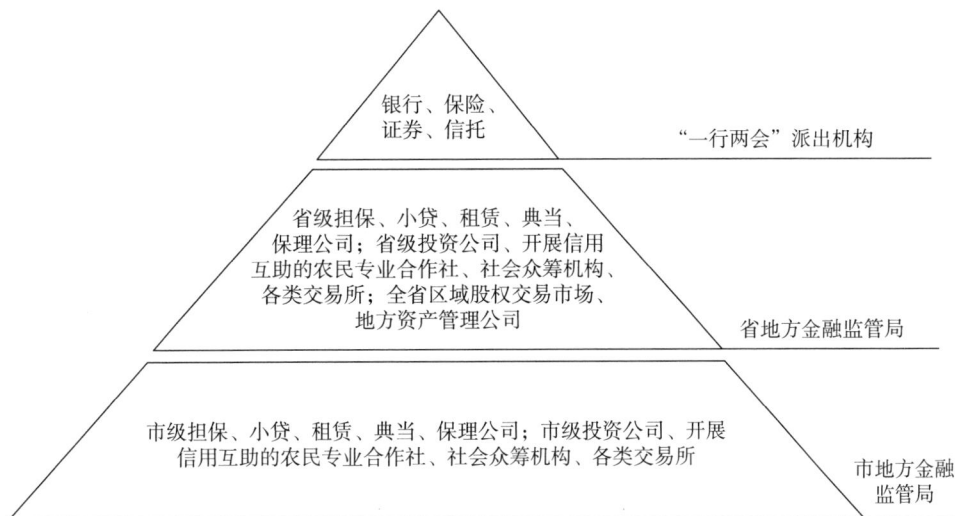

图 2-1 合肥市金融机构类型及所属监管部门

在国务院明确的"7+4"类金融机构里由于合肥市级层面没有区域性股权交易市场、地方资产管理公司,而投资公司、开展信用互助的农民专业合作社、社会众筹机构、地方各类交易所四类机构省级层面尚未出台相关管理办法,尽管合肥市各类交易场所监督管理工作领导小组(2014 年成立)办公室设在合肥市金融办,对于这四类机构合肥市主要承担协调方面的工作,且尚未实施行业监管。因此,融资担保公司、小额贷款公司、融资租赁公司、典当行、商业保理公司五类金融机构(以下简称"五类金融机构")是合肥市地方金融监管局的主要监管对象。

同时,由于合肥市互联网金融风险专项整治工作领导小组(2016 年成立)及合肥市防范和处置非法集资工作领导小组(2016 年成立)办公室也设在合肥市金融办,这两类金融活动的监管工作,尤其是风险处置是合肥市地方金融监管局监管工作的重要组成部分。

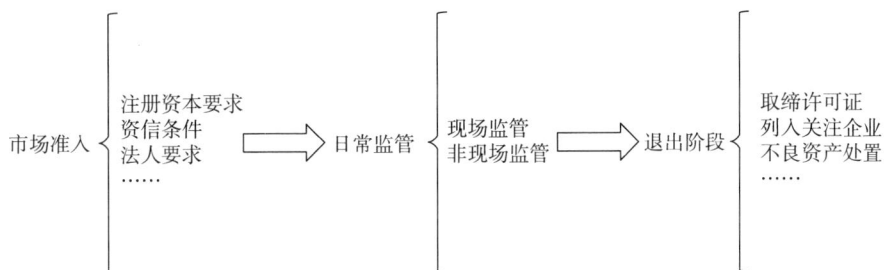

图 2-2 地方金融监管流程及主要方法

二、合肥市五类金融机构发展现状及监管现状

近年来，合肥市地方金融监管部门通过创新监管手段，强化风险防控，以监管促发展，推动了合肥市地方金融稳定向前发展。

（一）五类金融机构发展现状

1. 融资担保

自 2002 年 8 月合肥市第一家融资担保公司成立以来，合肥市融资担保市场持续稳定发展，期末余额维持在合理区间。截至 10 月末，安徽省融资担保机构数量 235 家，融资担保在保余额 2188.94 亿元；合肥市融资担保机构数量 21 家，融资担保在保余额 428.39 亿元。截至 2019 年 9 月末，融资性担保期末余额在 250 亿元区间值上下浮动，全市正常经营的 19 家融资担保机构及 2 家分支机构合计在保户数 14280 户，在保余额 433.74 亿元。通过整合省民营经济发展专项扶持资金、省市财政资金和省市担保集团参股等方式，合肥市建立了政策性融资担保机构国有资本持续补充机制，并在《关于有效发挥政府性融资担保基金作用切实支持小微企业和"三农"发展的指导意见》指引下，合肥市融资担保公司的政策性定位愈加明显，以兴泰担保集团为代表的担保公司发展势头良好，开创了政策性担保的"合肥模式"。

2. 小额贷款

合肥市小额贷款机构数量从最高峰 102 家逐年递减，截至 2019 年 9 月末，全市 62 家正常经营的小额贷款公司贷款余额 156.60 亿元，同比增长 6.58%。在机构数量逐年下降的情况下，贷款余额稳步上升，说明合肥市小额贷款机构规模不断壮大，市场的竞争压力将进一步增强。历年小额贷款发生笔数始终保持稳步增长的势头，而当年的发生额并没有实现明显的增长，反映小额贷款市场逐渐回归小额、分散、短期的资金需求，且普惠金融的政策导向初见成效。

3. 融资租赁

截至 2019 年 9 月，合肥市正常经营的融资租赁企业共计 14 家，从业人员超 270 人，资产总额 182.62 亿元，其中融资租赁资产总额为 155.21 亿元。2019 年 1～9 月实现营业收入 5.58 亿元，净利润 1.45 亿元，为合肥市纳税贡献突出，纳税总额达 0.94 亿元。前三季度，合肥市融资租赁行业为各类企业提供资金超 120 亿元，为合肥市地方经济发展注入了重要的发展动力。

4. 典当行

目前合肥市正常经营典当公司 72 家，典当总额 80.64 亿元，典当余额 36.15 亿元。无论是公司数量还是行业规模都呈现下降趋势。与此同时，合肥市典当行业面临业务转型压力，数据显示典当市场房地产业务和财产权利业务下降 48.53% 和 43.99%，动产业务则呈上升趋势。

5. 商业保理

合肥市商业保理业务起步较晚，但近年来发展迅猛。截至 2019 年 9 月，合肥市共有

商业保理公司 3 家，注册资本 2.5 亿元，总资产规模近 5 亿元，在保余额超 4 亿元。全市商业保理经营状况良好，2018 年商业保理的不良率仅为 0.78%，融资回收率为 98.1%，净资产收益率为 8.86%。

（二）五类金融机构监管现状

合肥市金融监管局目前在监管中坚持"以现场检查为重点强化合规经营意识、以摸底排查为抓手摸清机构风险底数、以健全制度为依托构筑行业监管屏障"监管思路，规范五类金融机构日常经营行为，实现持续健康发展。

1. 融资担保、小额贷款监管机制渐成

在本轮机构改革前，合肥市金融办既已对融资担保、小额贷款两类机构实施监管，合肥市地方金融监管局组建后，进一步"以监管，促发展"，目前两类机构发展情况良好，监管成效明显。

提高准入门槛，注重源头防控。合肥市地方金融监管局根据行业发展阶段性特征，动态调整行业监管规则，在机构准入以及主要股权变更上，参照外地先进做法，提高门槛，注重出资能力审核，严格把关，严防虚假出资，从源头上保证机构具备持续健康发展能力。同时依据中央、省级金融监管部门出台的相关政策法规，研究出台《合肥市小额贷款公司监管办法》《合肥市融资性担保公司监管办法》，结合监管计分办法等制度文件，为两类机构的准入、经营和退出构建制度保障。

加强日常监管。日常监管主要分为现场监管和非现场监管，目前合肥市地方金融监管局开展的现场监管包括年度现场检查和年度资格审查，主要通过"双随机一公开"模式（即在依法实施监督检查时，采取随机方式抽取被检查对象，采取随机方式选派执法检查人员，及时公开检查结果）开展，非现场监管一般采取报表统计分析监测、重大事项变更审批等方式开展。在日常监管中合肥市地方金融监管局重点关注机构主要经营指标，与资金注入、风险补偿、考核奖励等扶持政策挂钩，并结合群众举报、电话投诉等，动态监管企业，做到风险早发现早防控。对违法违规企业，则联合相关部门进行专项检查，依法依规处置，防止风险蔓延。

建立良性退出机制。结合监管计分、信用评级结果，依法支持合规经营机构做优做强，限制资产质量较差、存在违规行为的机构发展，直至退出市场。2019 以来，在合肥市范围内开展"僵尸型"机构清理工作，共清理注销 9 家融资担保机构业务经营许可证，已经取消 16 家小贷公司试点经营资格。

2. 融资租赁、典当行、商业保理监管逐步开展

2019 年 5 月，融资租赁、典当行、商业保理监管由商务部门转入地方金融监管部门。为保持监管工作力度和节奏不变，按照中央、省级金融监管部门的要求，合肥市地方金融监管局于 2019 年 7 月下发《关于做好融资担保、小额贷款、典当行、融资租赁、商业保理五类机构监管工作的通知》，明确融资租赁、典当行、商业保理监管三类机构的属地监管责任，完善市县两级监管体系，建立工作交流机制，形成市县有效联动的工作格局。与此同时在全市范围内重点开展了三类机构摸底排查清理工作，并将 303 家不正常经营企业列入异常经营名录。

三、互联网金融等风险处置情况

由于互联网金融、非法集资等金融活动系民间自发形成，制度层面的规定由中央统一制定，地方金融监管部门更多是在事后风险处置中予以支持、配合，落实属地责任。自2016年合肥市下发《互联网金融风险专项整治工作方案》及《关于进一步做好防范和处置非法集资工作的实施意见》以来，合肥市地方金融监管局围绕互联网金融、非法集资等金融风险高发领域重点布防。尤其是面对近年来风险高发的P2P网贷领域，先后成立由市政府主要领导或分管领导牵头的专项整治、风险应对、重点风险处置等多个领导小组，组建了案件侦查、资产处置、信访维稳、宣传引导等工作专班，形成政府一把手"挂帅"、分管领导牵头推进、县区和部门协同联动的工作格局。

2018年以来，受全国P2P网贷机构暴雷潮影响，合肥市新发非法集资案件数量（62件，同比增长8.8%）和涉案金额（62.42亿元，同比增长199.5%）大幅上升，为此，合肥市地方金融监管局通过开展全面排查、重点监测、专项整治、集中宣传等行动，各类非法集资风险事件得到平稳有序处置，年度考核位居全省前列。同时，在互联网金融整治中，坚持行业整治和风险处置两手抓、两手硬，以市场化退出为工作导向，通过摸底数、查风险，建立合肥市网贷机构动态名单库。截至2019年11月底，在合肥市地方金融监管局先后摸排掌握的53家网贷平台中，成功引导15家平台完成无风险退出，监督退出中9家，立案查处17家，正常发标平台数量和待还余额分别比整改初期下降88.7%和89.6%。

第三章　合肥市地方金融监管存在的问题

一、五类金融机构监管中存在的问题

1. 监管自主权不足

当前以"一行两会"直线式专职监管为主体的混业监管机制能够保障监管的专业化、系统化，但同时也使得地方金融监管机制形成了"条块分割"，导致地方监管部门始终处于较为尴尬的境地。在五类金融机构里，除《融资担保公司监督管理条例》外，其他都是法律效力较低的部门规章、规范性文件，而国家层面的《地方金融监督管理条例》《非存款类放贷组织条例》《典当管理办法》等上位法迟迟未出台，导致合肥市地方金融监管局在监管实践中严重缺乏自主权，监管手段不足，监管效率较低。比如，由于无法实施"吊销营业执照"等行政处罚，使得合肥市存在较多"有照无证"（即有"营业执照"无"金融业务许可证"）依然经营的企业，对于这些企业的监管，除了提请市场监管部门将其纳入异常经营名录，合肥市地方金融监管局没有其他监管措施。

2. 与派出机构难以对等沟通

"一行两会"采取业务垂直管理模式，但是地方派出机构工作的开展离不开地方政府的协助，同时地方政府金融工作的开展也离不开派出机构的支持。但由于两者间缺乏常态化的沟通机制，地方金融监管部门在牵头相关工作时面临较大的沟通压力。合肥作为省会城市，"一行两会"并为在合肥设立专门的派出机构，而是省级派出机构落地合肥，皆为厅级建制，但合肥市地方金融监管局为正处级建制，与派出机构难以对等沟通协调。同时，"一行两会"在合肥的省级派出机构管理范围包括全省各地市，没有对口合肥的专职部门，且增加了合肥市地方金融监管部门与其协作难度。

3. 新划转业态监管亟待破题

相较于融资担保、小额贷款行业而言，融资租赁、典当、商业保理三类金融机构由于划转地方金融监管局时间较短，且前期行业发展环境比较宽松，出现了大量不合规、不正常经营企业，而经济下行压力进一步加剧了以中小微企业为主要服务对象的这三类金融机构的业务风险。尽管合肥市在日前下发了包括这三类金融机构在内的监管实施细则，开展多轮摸底排查工作，但由于历史遗留问题较多，且全国层面监管办法只有商业保理刚刚落地，三类金融机构的日常监管目前仍然处于起步阶段。就摸排情况来看，合肥市注册登记的融资租赁、典当、商业保理三类金融机构共有 400 余家，持证经营的仅有 116 家，不合规经营企业底数仍未摸清，行业风险较高。

4. 信息系统建设滞后

相对于金融风险网络化、复杂化、交叉化的趋势，金融监管的信息化水平不足，而五类金融机构由于分散在各地且规模、影响力有限，更是没有统一的信息体系建设。目前五类金融机构中只有典当有全国统一的监管系统，其他几类金融机构监管信息无法实时共享，监管部门与监管对象的电脑系统尚未联网，导致监管工作人员多忙于监管资料的收集和层层上报，而人行征信系统，合肥市的五类金融机构也只是部分接入。信息报送不规范、口径不统一等现状大大降低了合肥市地方金融监管效率。

5. 人才队伍薄弱

地方金融监管涉及的点多面广，需要足够的人力、物力资源作为保障，但从当前监管资源配置情况来看，中央、省、市、县呈现倒三角形式，资源主要集中在中央及省级，市县金融监管部门缺乏必要的人员、技术知识和经费支持，在合肥表现得尤为突出。尽管本轮机构改革，合肥地方金融监管局力量得以充实，但与其所承担的监管职责相比力量仍显不足。据统计，合肥市五类金融机构合计 200 余家，投资公司、社会众筹、各类交易场所、开展信用互助的农民专业合作社 4 类机构不完全统计超过 2000 家，全省 70% 的 P2P平台集中在合肥。与之相对应，合肥市本级负责"7 + 4"类金融机构监管工作仅 3 人，全市 13 个县区仅有 1 个区单设立了金融监管局，其他县区金融监管部门基本附设在财政部门，负责金融监管工作人员仅 1~2 人，且兼职财政其他工作。而与合肥相似的南京、杭州等省会城市，市级人员编制远超合肥，同时下设有事业单位。以南京为例，机关行政编制 30 名，下设 9 个处室中有 3 个监管处室、1 个稳定处室。可以看出，无论是相对于监管对象数量，还是相对于其他省会城市，合肥地方金融监管部门力量配置十分薄弱，根本无法进行深度监管。

二、互联网金融等风险处置存在的问题

1. 相关法律法规和政策体系不健全

当前大量的助贷机构、金融中介机构、民间借贷机构游离于监管之外，合肥市在这些机构风险的处置中缺少行政执法权限和执法队伍，对风险机构的前期处置缺乏有效的方法和手段。即便是互金整治办和网贷整治办最新发布的《关于网络借贷信息中介机构转型为小额贷款公司试点的指导意见》，虽然明确了网贷信息中介可转型申请小贷牌照，但10亿元的注册资本红线将绝大多数P2P平台排除在外。这意味着在下一步网贷平台的清理中，地方金融监管部门将面临较大的清退压力和风险处置压力。

2. 风险监测预警能力不足

目前，合肥市级金融、市场监管、公安等部门均未建立非法集资监测预警平台，未能发挥大数据、云计算等金融科技手段赋能地方金融风险监测的作用。而县区相关部门受人力、物力所限，难以开展常态化摸排工作，非法集资行为源头防治和早期发现的能力存在不足。

第四章　完善合肥市地方金融监管的对策建议

（一）完善"7+4"类金融机构监管的政策建议

鉴于融资租赁、典当和商业保理的管理权限，2019年初这些金融机构才从商务部门转移到地方金融监管局，长期按照普通企业进行管理，致使这两类机构的监管几乎一片空白。融资担保、小额贷款2类机构，监管部门也主要是从外部审计、专项检查等传统方式进行事中和事后监管，效率较低。因此，有必要结合当前地方金融发展的新形势，充分运用大数据等现代技术对合肥地方金融监管机制进行完善，为此提出如下建议。

1. 推进地方金融监管立法

加快立法进程，由省级政府出台地方金融监督管理条例等地方性法规，明确各级地方金融监管部门的职责、措施和法律责任等，尤其是对于最新划转的融资租赁、典当等业态，亟须从制度上规范其监管，赋予市县监管部门明确的监管权限。同时提高法律效力，在各级政府前期发布的各类"意见、管理暂行办法、实施方案"等文件基础上，由省级政府出台类金融机构地方性法规，建立并完善配套的实施细则，使地方金融监管有法可依。

2. 畅通与"一行两会"沟通机制

建立地方金融监管联席会议，由省级政府层面牵头，建立"一行两会"派出机构、市相关部门、区县地方金融监管局共同参与的合肥市金融监管联席会议制度。发挥联席会议在协调指导派出机构、市各部门之间的协同监管、风险防控等方面的作用，共

享监管技术手段和相关数据信息，在风险监测预警、落实监管措施等方面进行联动，形成对类金融业态的合力监管，协同应对新形势下的金融监管问题，共同维护地方金融安全稳定。

3. 推进"7+4"类金融机构信息系统建设

借鉴银行业"1104"工程以及典当行业全国监管系统，由省级监管部门牵头，在合肥市试点尝试开展"统一规划、统一管理、统一标准、资源共享"的"7+4"类金融非现场检查信息系统建设，解决当前信息报送不规范、口径不统一、耗时耗力等问题，为全面实时监管了解合肥市"7+4"类金融机构动态夯实信息基础。借助大数据等金融科技的力量建立覆盖全市的金融风险监测防控平台，将风险防控平台作为金融风险监测、辅助金融监管、促进金融稳定发展的重要金融基础设施。

4. 建立合肥市地方金融大数据库

与人行合肥中心支行对接，推进"7+4"类金融机构全面接入征信系统并将失信客户纳入征信系统；与市数据资源局合作，建立合肥市地方金融大数据库，推动"7+4"类金融机构全面接入工商、税务、海关、法院、公安、信访、政府服务热线等政务信息，专项用于金融风险信息的挖掘、比对、整理、分析；建立企业信用信息平台，通过对大数据库信息进行综合分析，整合梳理企业信用信息，向金融机构提供企业征信服务，提升金融机构风险管控水平。

5. 完善地方金融监管流程

研究建立机构监管与行为监管相结合的地方金融监管模式。在现有机构监管的基础上，加强对各类金融活动的正面、负面清单式管理，争取实现"7+4"类金融业态的监管无死角、全覆盖，杜绝不具备金融从业资质和能力的企业从事金融经营活动。同时，完善事后监管，建立地方金融风险处置联动机制。发挥地方金融监管联席会议在金融风险处置中跨平台、跨部门的协同作用，强化部门协商联动，进一步完善突发事件应急预案和应急处置机制。同时，在合肥市担保行业保障金的基础上，扩大行业保障金覆盖范围，为各类金融机构的兼并、重组、救助和退出搭建资金防御池；健全群众举报、媒体监督渠道，实现风险处置的多方联动，防止小问题、小风险演变为区域性、系统性金融风险。

6. 提升地方金融监管能力

按照中央和省的改革部署要求，完善合肥市本级及县区地方金融监管部门职能设置和机构、人员配置，充实市级地方金融监管局人员编制，推进县区财政部门的地方金融监管工作的分离，成立专职部门，在监管类金融业态、防范化解金融风险工作上形成市县联动，合力打造合肥地方金融共建共治共享格局。在此基础上，充分调动行业协会等外部力量。目前合肥的"7+4"类金融业态中除租赁和保理外，都设有市级行业协会。在地方金融监管部门现有编制人数短时间内难以突破的情况下，积极探索通过政府采购服务、由行业协会提供服务等方式，由行业协助开展合肥市金融信息平台建设、金融市场推广、金融政策宣传等工作。并鼓励高等院校、行业协会、各类金融机构开设专业课程、组织专业培训、举办专题论坛讲座等多种形式培育金融风险管理专业人才，提高市直相关部门、"7+4"类金融机构对金融风险管理工作的重视程度和工作能力。

（二）互联网金融等风险处置的政策建议

1. 提高监测预警能力

强化与金融科技公司合作，提高运用大数据、云计算等信息科技手段开展风险监测预警的能力。充实县区风险处置人员、经费保障，加大非法集资等违法违规金融行为举报奖励制度实施力度，建立线上线下相结合、常态化的风险排查机制，提高动态监测和风险研判能力。

2. 提高风险联防联控能力

在现有工作机制的基础上，进一步强化组织领导和工作考核，按照"谁审批、谁监管、谁主管、谁负责"及属地管理原则，进一步压实各地、各部门风险处置责任。强化各监管（主管）部门纵向管理和横向联动机制建设，努力形成互联网金融等风险处置工作"党委主导、政府主抓、部门主管、属地主责、公安主打"的格局。

3. 完善征信管理体制

在人行合肥中心支行的支持下，推动人民银行征信系统、地方信用信息服务平台和互联网金融企业社会信用信息体系融合发展，促进信息共享与交流，实现社会信用信息良性发展。

4. 加强专业人才培养

目前合肥市专业金融监管人才短缺，尤其是在以互联网金融为代表新兴金融业态的监管中，不仅需要金融知识，更需要掌握计算机等操作技能。为此，建议高校和研究机构加强对新兴金融业态的研究，开设互联网金融相关专业，同时教授金融专业知识和计算机专业技能，培养新型金融领域复合型人才，填补新兴金融领域的人才缺口。

附录 "7＋4"类金融机构最新监管文件

行业	文件名称	颁布部门	年份
融资担保	《融资担保公司监督管理条例》	国务院	2017
	《融资担保业务经营许可证管理办法》	银监会等部门	2018
	《融资担保责任余额计量办法》		
	《融资担保公司资产比例管理办法》		
	《银行业金融机构与融资担保公司业务合作指引》		
小额贷款	《非存款类放贷组织条例（征求意见稿）》	人民银行	2015
	《关于小额贷款公司试点的指导意见》	银监会	2008
融资租赁	《商务部办公厅关于融资租赁公司、商业保理公司和典当行管理职责调整有关事宜的通知》	商务部办公厅	2018
	《金融租赁公司管理办法》	银监会	2014
	《融资租赁企业监督管理办法》	商务部	2013

续表

行业	文件名称	颁布部门	年份
典当行	《关于明确典当行监督管理有关事项的函》	银保监会普惠金融部	2019
	《典当行业监管规定》	商务部	2012
	《典当管理办法》	商务部、公安部	2005
商业保理	《关于加强商业保理企业监督管理的通知》	银保监会	2019
	《商业保理企业管理办法（试行）》	商务部	2015
区域性股权市场	《关于规范发展区域性股权市场的指导意见》	证监会	2019
	《区域性股权市场监督管理试行办法》	证监会	2017
	《关于规范发展区域性股权市场的通知》	国务院办公厅	2017
地方资产管理公司	《关于加强地方资产管理公司监督管理工作的通知（征求意见稿）》	银保监会	2019
	《关于规范金融资产管理公司不良资产收购业务的通知》	银监会	2016
	《关于地方资产管理公司开展金融企业不良资产批量收购处置业务资质认可条件等有关问题的通知》	银监会	2013
投资公司	《金融资产投资公司管理办法（试行）》	银监会	2018
社会众筹机构	《关于对通过互联网开展股权融资活动的机构进行专项检查的通知》	证监会	2015
	《私募股权众筹融资管理办法》	证监会	2014
地方各类交易场所	《国务院办公厅关于清理整顿各类交易场所的实施意见》	国务院办公厅	2012

本课题组参与人员名单：

课题组成员：徐蕾（主笔）、程丹润、李庆、张旭

合肥市智慧城市建设研究

安徽建筑大学经管学院课题组

智慧城市发展需要经历四个阶段：数字化、网络化、智能化、智慧化。2018 年 6 月，国际标准化组织 ISO/TC268/SC1 评选合肥入选"全球十大智慧城市"，与英国剑桥、日本川崎并列，体现了合肥发展智慧城市的潜力受到广泛认可。

一、国内外发展经验

（一）国外发展经验

美国智慧城市建设是企业先行，国家政策介入随后。欧洲智慧城市以人为本，注重城市的可持续发展。日本把智慧城市建设作为解决环境与能源等问题的新方法，并将"国家标准化"作为重点之一。韩国通过智慧城市建设培育新产业，提出要实现"智能绿色城市"的信息化发展目标。新加坡是由政府和私营企业合作建造的"虚拟新加坡"项目，将所有的传感器汇集起来，形成一个巨大的城市模型平台。

（二）国内发展经验

上海市深入开展城市规划、公共管理、公共服务、社会治理等领域标准体系研究，为城市运行安全、生产安全提供标准化支撑。杭州市重视"城市大脑"建设，2018 年 12 月，杭州"城市大脑"综合版发布。南京市建成了国内首个真正意义上的城市级数据交换共享平台，构建了大量的智能分析模型。

（三）国内外智慧城市发展借鉴

地区特色突出。美国智慧城市的发展受助于国家政策支持的资源整合；欧洲智慧城市多为政府和居民合作共建。

多方资金参与。伦敦与巴黎等在吸引数字经济投资方面有较大的突破。在政企合作方面，德国城市一般会选择 PPP 模式。

目标导向多元。欧盟提出智慧城市建设的目标导向是提高能源应用效率。日本将利用数码技术、人才培养策略研发方案等做出了智慧城市目标导向。

示范区先行。美国将示范区选在发达地区，使示范区起到引领创新的作用。上海等地将示范区选在新城区，达到开发新城区的目的。

二、合肥智慧城市发展现状和存在短板

合肥智慧城市目前处于智慧城市 3.0 阶段，即新型智慧城市（New - Intelligent City，N - ICity），其核心理念是以智慧城市经济为重点。在智慧城市五层次技术结构中，合肥进入第四层——城市大数据和云平台，向第五层——综合智能系统迈进。

（一）发展现状

1. 智慧应用多领域落地

报警监控联网工程、"天网"工程、合肥交通超脑计划、政务云平台"城市超脑"、小学报名应用"合肥通"、数字化"天眼"、机场 Digital Twin 等智慧项目相继落地。2019 年 6 月，中铁四局集团物资公司"智慧仓库"正式启用，同期，庐阳区打造智慧养老信息平台。

2. 信息基础不断升级

继 4G 全覆盖后，合肥市加大推进 5G 行业应用，中科大一附院建成国内首台基于 5G 网络的移动 ICU、安徽医科大学第二附属医院完成全省首例 5G 网络远程协同手术、合力叉车开发全国首例 5G 自动引导运输车等。

3. 运营模式创新发展

2015 年，合肥高新区采取"智慧城市发展商"PPP 模式。截止到 2019 年 9 月底，合肥市数据资源局大数据平台共有 68 个单位在平台上共享目录。

4. 政策保障不断优化

《合肥市新型智慧城市建设三年行动计划（2018 - 2020 年）》、《合肥市大数据企业认定管理办法》、《合肥市智慧社区建设规划》（2019 - 2021 年）、《合肥市大数据企业认定管理办法》相继出台。

5. 综合实力尚存在差距

2019 中国城市数据经济指数排名，合肥综合排名第 18 名，说明智慧合肥建设已进入高速发展阶段，但与一线城市相比，合肥在政策环境、科研能力、人工智能水平、资本环境等方面还有提升空间。

（二）存在的短板

1. 领导机制需要完善

智慧城市建设领导小组职能需要进一步明确。各区县智慧城市建设专职人员的专业知识上尚欠缺，多级政府联动机制也不是很顺畅。

2. 合作机制仍然缺乏

智慧城市建设中，公共资源较为集中、管理权力较大的部门在重新分配资源时存在不愿意将资源分享出去的情况，易引发"信息孤岛"现象。

3. 市场引领不够充分

推进重点方面，重视技术应用，而忽视以人为本；推进策略方面，供给导向型，而非需求导向型。

4. 评估指标尚缺乏

一是缺乏细化的智慧城市建设绩效考核政策。二是标准体系和政策法规相对滞后。

5. 运营模式不够清晰

智慧城市建设缺乏运营管理的长效机制，存在运营模式单一，重建设轻运营现象。

6. 保障体系不够健全

智慧城市建设的制度保障、政策保障、资金保障、运营保障、人才保障上都有待于进一步完善。

7. 智慧民生上有待完善

当前存在人民需求多元化与智慧城市系统建设问题的矛盾。

8. 信息化建设需加强

2019 年数据及信息化基础设施方面，信息基础在 113 个城市中排名 35，数据基础排名 32。

三、提升智慧合肥建设水平的思路和建设原则

建设思路：在"以人为本"、CIM 理念指导下，以"平台先行、行业示范、分建共享、集中服务"为思路，以"产业升级，打造智慧生态圈"为定位，深入推进合肥智慧城市建设。以"争先进位"为目标，积极谋划以智慧城市经济为重点的智慧城市 3.0 建设。把合肥"产业转型升级"作为智慧城市经济转型升级的主载体，找准比较优势、打造竞争优势、构筑产业优势，开启"5G + AI"下合肥智慧城市孪生新时代。

以两个"三位一体"为战略方针，一个"三位一体"是信息基础设施、产业转型升级、智慧应用"三位一体"，另一个"三位一体"是党政机关、企事业单位、居民家庭"三位一体"，合肥智慧城市建设特色凸显在两个"三位一体"中，更要突出产业转型升级和居民家庭这两个重中之重。

建设原则：统筹规划。加强顶层设计，科学编制建设规划，确保智慧城市建设工作科学、有序、高效，推进行业信息化一体发展。统一标准。坚持过程管理，建立智慧城市运行标准规范和管理体系，按照整合、共享、集约、安全建设原则，破除信息孤岛，节约资金投入。试点示范。以问题为导向，在需求强烈、技术成熟的领域率先启动，分阶段发展，分步骤实施，形成可复制的解决方案。因地制宜。充分考虑合肥城市实际，体现差异性和针对性，突出合肥的地方特色，重视创新驱动，确保体系的适用性、科学性和合理性。分级建设。按照市、区县分级建设，建设高效的市、区县联动工作机制，确保全市统一行动与区县自我运行的有机统一，实现上下联动，合力推进智慧城市建设。

建设目标：到 2030 年，在城市治理、引领发展多个领域发挥示范带动作用，信息基础设施达到国际先进水平，智慧化的城市运行管理与服务国内一流，智慧城市与智慧产业融合发展水平大幅提升，智慧城市关键安全设备自主可控程度达 95% 以上。力争在

《2035 中国城市数字经济指数》评估中，合肥力争位列全国前十。在《2035 中国人工智能城市发展白皮书》排名中，合肥排名力争进入前三名。

四、政策建议

（一）健全信息共享机制

完善信息资源共享交换政务云平台，打破各部门间由于缺乏沟通形成的"信息孤岛"现象。

（二）构建以需求为导向的开放性服务体系

加强与知名企业和咨询机构的交流合作，支持中科大、38 所、科大讯飞等人工智能行业顶尖企业、高校和科研院所、投资服务机构等共同成立人工智能产业联盟，提升人工智能科技成果产业化水平。

（三）建立评估考核体系

将智慧城市建设的主要任务、指标体系分解落实到各部门、各区县，作为各部门、各区县工作绩效评估和发展目标管理的重要依据，每年定期考核各部门、各区县智慧城市建设和应用情况。

（四）鼓励多方参与

推进建管主体由"分散化"向"专业化"发展。推进投入模式从"单一化"向"社会化"延伸，构建合肥智慧城市基础设施的 PPP 模式。

（五）完善保障体系

建立良好的项目实施政策环境；按照政府主导、市场运作的原则，为参与建设的企业提供一些资金保障的政策和优惠；人才保障上，一方面，加强对外合作；另一方面，依托中国科大、安徽大学、合肥工大等高等院校，有计划地重点培养"智慧合肥"建设所需复合型人才。

（六）以智慧民生为核心

平衡不同的智慧城市项目，打造出一批特色鲜明、个性化强、可操作性高的智慧产品。开设智慧城市相关讲座，对政府职员进行有关智慧城市知识与理念的培训，形成一定的"互联网思维"。

（七）完善全方位应用

加快形成全市"大社保"服务体系，构建智慧健康服务体系，打造合肥智慧旅游品牌，提升教育治理体系和服务水平现代化，不断深化公共智能卡服务应用，打造智慧文化新亮点，拓展智慧应用。

（八）优化提升"城市大脑"，建设合肥新型智慧城市

在 CIM 系统的科学理念指导下，完善合肥市与科大讯飞股份有限公司及合肥交警支队城市交通超脑建设。在合肥市公安"在线警务"和合肥勘测设计、社会治理等进行 CIM 部分试点，可以考虑选取合肥某个街道为试点，以社区治理体系现代化为契机，对数据归集、整理、应用进行系统性变革，做出市域治理现代化、智慧化的合肥样本。

（九）智慧产业引领推进以智慧经济为特征合肥智慧城市 3.0 建设

建设知识中心和数据中心，推进人工智能产业联盟，通过产业引领推进合肥智慧城市 3.0 建设。支持以科大讯飞、中科类脑等为代表的人工智能平台型企业，做大做强深度学习、语音识别、语法语义分析、图像识别、智能微创、辅助诊疗等云服务发展。

（十）利用 5G 网络赋能合肥，构建数字孪生城市

坚持数字城市与现实城市同步规划、同步建设、适度超前布局智能基础设施，推动全域智能化应用服务实时可控，并与现代农业、工业制造业、现代服务业相融合，致力于将合肥打造成具有高精度城市信息、全域智能设施布局、安全高效以及智慧城市大脑操控的数字孪生城市。

（十一）聚焦"城市大脑"，打造合肥数字治理方案输出地

以"城市大脑"建设统筹各行业各领域数字化建设应用计划，将"城市大脑"打造成为深度链接和支持数字经济、数字社会、数字政府协同联动发展的城市数字化治理综合基础设施。着力强化云计算在城市规划建设、管理运营等方面的作用，全面推动城市各类数据加速向"城市大脑"汇聚。

（十二）尽快出台合肥全面推进"三化融合"打造合肥数字经济行动计划

把合肥"产业转型升级"作为智慧城市经济转型升级的主载体，全面推进合肥市数字产业化、产业数字化和城市数字化"三化融合"协同融合发展，打造安徽省数字经济第一城。坚持不懈抓数字产业化，持续提升创新能力和产业能级；集中攻坚抓产业数字化，全力推动数字技术与全产业各领域的深入融合；全面系统抓城市数字化，以城市数据资源深度开发利用为支撑，打造多元参与、成果普惠的数字治理"合肥模式"。

本课题组参与人员名单：
课题组成员：陈莉（主笔）、陈泰、许莹、董兆丰、谌苏靓

合肥制造业智能升级研究

中共合肥市委党校课题组

第一章　绪论

一、研究背景

持续增长的经济体是以强大的制造业体系为基础的，然而受到国际金融危机的持续影响，各个国家的制造业均面临着产值下降、市场萎缩、用户需求日益个性化、高资源利用率等挑战，这些问题倒逼着各个国家开始重新审视自身的制造业发展前景。毋庸置疑的是在金融危机之后，世界经济发展的重心已经向实体经济回归，制造业的转型升级成为衡量国家核心竞争力的重要指标。国际经济形势以及国际产业结构的发展趋势，促使发达国家纷纷实行"再工业化战略"。与此同时，新一代信息技术如大数据、云服务以及物联网技术在全世界范围内的快速发展，为各国制造业的发展带来了新的思路。通过新一代信息技术优势实现制造业转型升级，比如美国2012年颁布实施的"先进制造业国家战略计划"，提出以制造业智能升级为向导的产业发展方向，同时推动"新一代机器人"以及"工业互联网"对应的制造业智能升级布局。2011年，德国政府及相关产业研究所合作的研究制造工程，并于2013年正式颁布实施"工业4.0"国家战略，增强其在全球制造业的领先地位。日本提出的"科技工业联盟"战略，旨在大力发展无人化工厂以及机器人产业，提升本国的国际竞争实力。

当今中国已成为世界范围内的第一制造大国，但是"大而不强"始终是一个醒目的标签。与美国、德国、日本等发达国家制造业发展水平相比，我国制造业仍然存在缺乏核心竞争力、产业低端化、产业空心化、自主创新能力不足、生产成本持续上升等核心问题。2015年我国制造业颁布了一个系统的长期发展规划，为推动我国从制造大国转向制造强国以及制造业的转型升级提供总体布局。

近年来，合肥市紧跟国家步伐，大力推动制造业转型发展。目前合肥市制造业智能升级已进入深水区，许多问题亟待解答。合肥市在制造业智能升级领域的政策出台、平台构建、模式培养与能力培育方面，取得了哪些成就，还存在哪些不足？以合肥市目前制造业发展基础与发展势头为依据，合肥在制造业智能升级方面应当确定怎样的战略目标？合肥市应当如何紧紧抓住制造业智能升级的主线，激发创新活力、发展潜力与转型动力？如何进一步打造大企业"双创"平台与为中小企业服务的第三方"双创"平台？如何进一步强化基础技术能力、系统解决方案能力与安全保障能力？如何进一步支持鼓励发展智能制造模式、网络化协同制造模式、个性化定制模式与服务化制造模式？这些问题涉及合肥市制造业质量的提升与优化，也涉及我国制造业行业的变革与前进。以上问题亟须我们探索出具有切实可行的并具有理论创新的发展路径进行解答。

二、研究意义

在全国省会城市中，合肥工业基础薄弱，中华人民共和国成立之初市区只有几家小工厂和一些手工作坊。中华人民共和国成立后虽从上海等地迁来一批工厂，但并无国家级大工业项目在此布局。一直以来，与同类城市相比，合肥市制造业发展都呈现出底子薄、基础差、发展慢的特点，随着 2005 年"工业立市"战略的提出，合肥市立足自身科技优势，在实践探索中形成"工业立市、制造强市、质量兴市"的工业发展新战略，走出了一条创新驱动发展的特色工业之路，推动制造业实现跨越式发展。

近年来，合肥市围绕制造业高质量发展积极谋篇布局，出台推动经济高质量发展 30 条政策，安排 100 亿元资金扶持实体经济发展。深入实施"三重一创"，统筹推进战略性新兴产业集聚发展基地建设，智能语音基地入列首批国家先进制造业集群培育试点，战略性新兴产业增加值增长 18% 左右、对全市工业增长贡献率达 70% 以上。京东方 10.5 代线、晶合 12 吋晶圆、通威 2.3GW 高效晶硅电池、江汽蔚来等项目投产量产，江淮大众首款新能源汽车"思皓"正式下线，维信诺第六代柔性显示生产线开工建设。家电、装备制造等传统优势产业加速智能化改造，建成 57 家智能工厂、495 个数字化车间。服务业集聚区发展五年规划出台实施，高科技服务、文化创意、旅游休闲等新业态迅猛发展，合肥数字经济位居省会城市前十，新能源汽车博览会、家博会、农交会、苗交会等展会影响力、美誉度持续提升，区域性金融中心功能不断增强。合肥电子信息军民融合产业基地获批建设，省级军民融合服务平台正式落户。2019 年 10 月，新型显示、人工智能、集成电路三大产业同时入选国家首批战略性新兴产业集群。新兴产业和传统产业共同发力，先进制造业和现代服务业加快融合，"合肥制造"正加速向全球价值链中高端迈进。

但是，与建设长三角世界级城市群副中心和合肥都市圈的战略目标相比，合肥市制造业在总体上仍然存在着总量不大、结构不优、效益不高、转型升级不快、自主创新转化能力不够强等问题，如何推进新形势下合肥市制造业高质量发展是合肥市政府和社会各界广泛关注的焦点问题。本课题拟结合当前国际国内制造业发展的背景和趋势探索研究合肥市制造业转型升级的主攻方向和基本路径，为市政府开展制造业相关政策制定提供决策咨询，具有重要的理论意义和实践意义。

三、研究方法

本书的研究方法主要包含以下四种：

（1）文献分析法。课题组广泛查阅国内外相关文献资料，包括政策文件、期刊论文、优秀案例、新闻报道、工作总结与法律法规等。在掌握了基本的文本资料后，深入分析，以此为基础了解制造业智能升级的基本理论，理清思路，并为本课题写作打下坚实基础。

（2）访谈研究法。课题组对合肥市及其他重点城市在制造业智能升级领域取得突出成就的优秀企业进行参观走访，对企业管理人员进行充分访谈掌握相关信息，为课题写作提供有力支撑。它可以弥补文献分析法内容过于笼统、聚焦程度不够的缺点，是课题研究的重要方法。

（3）比较分析法。课题组通过文献调研的方式系统梳理国际主要发达国家制造业发展模式和成功经验，通过文献调研加实地调研相结合的方式了解国内主要对标城市推动制造业智能升级的经验做法，结合国家制造业发展规划和省、市制造业发展实施方案，通过比较分析，探索推动合肥制造业智能升级的现实路径。

（4）SWOT 分析法。SWOT 分析是一种针对企业宏观和微观环境内各方面因素展开的系统性、科学性的综合性评估，以此使企业可针对自身情况选择差异化、最佳化的经营策略。其中 S 代表企业内部优势，W 代表企业内部劣势，两者针对的是企业微观环境内的各能力因素；O 代表企业外部机遇，T 代表企业外部威胁，两者针对的是企业所处宏观环境中的有利与不利因素。本书采用 SWOT 分析法对合肥制造业智能升级发展所面临的宏观和微观环境因素进行分析。

四、研究思路

本课题的研究思路主要是：

第一章，绪论。分析合肥市制造业智能升级的背景和重大意义。

第二章，制造业智能升级的理论基础。主要从理论角度分析可能影响合肥市实施制造业智能升级的因素，为课题研究提供理论基础。

第三章，合肥制造业智能升级的现实基础。主要从八个方面概括合肥市制造业的发展现状以及未来趋势。

第四章，合肥制造业智能升级的问题分析。主要从宏观和微观角度，利用 SWOT 分析合肥市在进行制造业智能升级过程中可能面临的主要问题。

第五章，国内外制造业智能升级的典型做法。分析了国外包括美国、德国、日本三个发达国家以及国内包括成都、南京、宁波、武汉 4 个重点城市的典型做法，为合肥市实施制造业智能升级提供经验借鉴。

第六章，合肥制造业智能升级的路径探究。主要结合前文可能面临的问题，进行解决路径的探索，为问题的具体解决提供理论基础和指导方向。

第七章，合肥市制造业智能升级的保障措施。全面总结本书内容，凝练出合肥市制造业智能升级的保障措施。

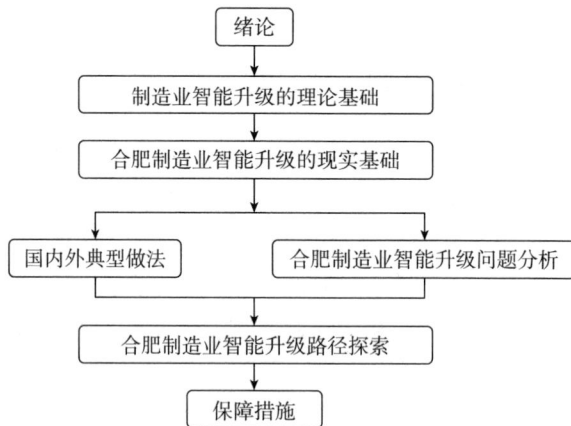

图 1 - 1　研究框架

第二章　制造业智能升级的理论基础

一、国外研究现状

理论研究集中于制造业转型升级模式研究。Gereffi（1999）将产业转型升级从资源配置的角度分为四个层次，即国际领域上的产业转型升级、国家内部产业的转型升级、不同地域之间的产业转型升级和产业内部的转型升级。在此基础上，通过结合全球价值链分析法，Humphrey（2002）将产业升级划分为四种模式，分别为：产品升级（Product Upgrading）、工艺升级（Process Upgrading）、跨产业升级（Inter - sectoral Upgrading）、功能升级（Functional Upgrading）。与此同时，Kaplinsky（2002）通过全球价值链分析法发现，对于发展中国家处在价值链低端环节的企业，可依次通过工艺（Process）、产品（Product）、功能（Functional）的升级，达到产业链（Industry chain）的升级，从而形成这种序贯式的升级模式。全球价值链理论还与产业集群理论相结合，如 Schmitz（2006）通过分析全球价值链和产业治理模式，认为学习不同种类的价值链和治理模式能够实现全球价值链的价值增值，指出了全球价值链治理模式在制造业转型升级中所起的作用，分析了制造业转型升级的机制及方法。Marks 和 Lauren（2005）将制造业企业升级路径总结为代加工生产模式向研发设计模式升级，再向自主品牌模式升级。

在实证研究方面，国外学者的研究主要集中于产业结构、影响因素和发展方式。Chenery（1960）通过分析 51 个国家的经济规模变化规律，运用数据实证分析得出制造业在工业化模式中与资源配置的关联度最大，农业和服务业关联最小。在产业结构方面，

Caves（1974）利用澳大利亚和加拿大的制造业数据分析时，发现行业中外资份额的增加能够带动两国当地企业利润率的增加，从而使两国产业结构得到优化。Barrios 等（2005）分析爱尔兰时，发现跨国公司通过中间投入品能够带动当地企业发展，进而优化东道国产业结构。在影响因素方面，如 Albert 等（2005）认为技术进步能缩小发展中国家与发达国家之间的差距，发展中国家可以通过技术引进获取先进技术，从而优化制造业结构。Pavlinek 等（2009）对欧洲四个国家的汽车制造业转型升级进行了研究，发现国外的直接投资能够对欧洲汽车行业的转型升级产生重大影响。Russu（2015）研究罗马尼亚制造业时，发现技术水平、劳动力技能水平等因素对制造业产业结构的影响显著。在发展方式方面，国外学者更多的关注创新和绿色发展。Fankhauser 等（2013）选取了 2005 ~ 2007 年美国、英国、日本、意大利、法国、韩国、德国和中国的 110 个制造业专利数据，研究了绿色制造对国家行业层面的影响，认为绿色制造能够改变竞争优势。Sezen 等（2013）通过回归分析法，对土耳其化学和汽车行业选取了 53 家公司进行问卷调查，结果显示环保创新能够对企业的可持续发展产生积极影响，得出生态创新和绿色制造能够提高企业的可持续发展能力。Miguel 等（2015）通过比较哥伦比亚制造业和服务业的创新时，发现创新投入越密集，创新程度越高，劳动生产率也就越高。Thurne 等（2016）应用潜类别分析研究，以俄罗斯 600 多家生态创新公司为样本，发现对能源密集型的行业，其中创新程度高的公司在产品升级上十分注重绿色发展，甚至将绿色产品开发作为销售手段，甚至延伸到整个供应链。

二、国内研究现状

通过借鉴国外学者的产业转型升级理论，国内学者在全球价值链分析法的基础上，对制造业转型升级做了进一步的研究，并且提出了与之相关的对策建议。如张辉（2004）对全球价值链理论的形成和研究思路进行了系统的总结，对如何应用价值链理论提出了建议，对制造业全球价值链理论的动力机制进行了理论创新。梅丽霞、聂鸣和蔡铀（2005）分析台湾计算机产业时，提出我国原始设备制造价值链升级路径为制造—设计—品牌，其过程中伴随着低成本向创新转变，资本积累向技术创新转变，从而达到价值链的升级。

国内学者对技术创新等内部影响因素方面进行了相关研究。易先忠等（2007）认为技术创新是产业转型升级的动力，中国现阶段的自主创新对技术进步的促进作用还不明显，主要是通过模仿外国的技术来促进技术进步，但随着自主创新能力的提高，模仿的促进作用会不断减弱，中国的技术创新正处于技术模仿向自主技术创新的发展阶段。刘伟、蔡志洲（2008）认为以制造业为主的中国工业，通过技术创新来推动产业转型升级，能够为中国的经济发展提供持续动力，并证实了技术创新能够影响生产效率和资源消耗，能够为经济增长做出贡献。李毅（2010）通过研究发现，制造业转型升级应当转变发展方向，从资源过度消耗的粗放型发展向注重质量效益的可持续发展方向转变，走上以自主创新和内生增长为核心的发展轨道，并受到发达国家再工业化等政策的影响和国内资源配置的制约。张波（2010）认为企业的转型升级是适应内部、外部环境变化的过程，为了维持企业的生存发展而对经营战略的优化，通过不断创新形成新的竞争优势。金碚等

（2011）对中国制造业转型升级中的发展现状与问题进行了系统描述，并分析了未来中国制造业发展的内外环境，来描述中国制造业转型升级的变化趋势，认为技术创新对制造业的转型升级具有重要作用，提出技术创新推动制造业转型升级的对策，研发投入成为企业转型升级的重要制约因素。姚正海、杨宝华等（2013）认为创新驱动能够推动产业转型升级和区域经济发展，而创新驱动离不开创新教育和创新人才，因此应充分结合产业分布特点和产业优势，充分地发挥创新驱动效果。江源、陈颖婷（2014）认为中国制造业转型升级的主要方向应当致力于成本优势向技术优势的转变，在供给结构明显滞后于需求结构的环境下，供需错位的现实状况对转型升级的要求更加迫切。朱晓霞、郭秀君（2014）通过对中国高端装备制造业的分析，总结了我国高端装备制造业转型升级的动因，并探索了动因的相关对策。

此外，国内学者还对外资等外部影响因素方面进行了相关研究。杜修立、王维国（2007）在分析制造业的转型升级时，提出中国出口贸易的技术水平并未显著提高，自改革开放以来虽然出口拉动了中国制造业的规模，但规模的扩大对制造业的产业升级拉动作用却不显著。李小平等（2008）也通过研究得到了类似结论，在中国以出口为主的产业并没有更高的技术水平，出口的增长并未带动生产效率的提升，在出口的产品中对低端要素的依赖性较强，现有的国际贸易模式很难推动中国制造业转型升级。樊福卓（2008）通过研究发现外资工业是影响中国制造业结构升级的重要因素，尤其对高新技术产业的升级起着主导作用，提出增加科研投入来增强自主创新的能力，从而提高内资对制造业转型升级的影响能力。梁维全（2009）实证分析了广东省制造业结构升级的过程，测度了其中外资工业和内资工业对广东省制造业结构变化的贡献度，得出广东省的制造业结构变化是由外资工业占据主导地位，对制造业结构升级的贡献效应显著。任志成和戴翔（2014）分析中国行业面板数据时，得出贸易自由化对出口能力具有明显的提升作用，从而加速了制造业转型升级。鲁晓东（2014）分析研究中国制造业出口竞争力时，发现中国出口规模对出口技术水平并没有产生正向的影响。

第三章　合肥制造业智能升级的现实基础

中华人民共和国成立 70 年特别是改革开放以来，合肥始终将工业作为立市之本、强市之基，始终坚持走新型工业化道路，以开放集聚资源，以创新引领升级，探索具有合肥特色的制造业转型升级、提质增效之路。2016 年 4 月，国务院批复的合肥市城市总体规划中，明确提出合肥是"国家重要的现代制造业基地"的战略定位。2018 年 5 月，合肥入选国家"推动'中国制造 2025'、促进工业稳增长和转型升级成效明显市"并获国务院通报激励。在赛迪先进制造业研究院发布的《2018 先进制造业城市发展指数报告》中，合肥居全国 126 个重点城市第 12 位。

一、合肥市制造业发展现状

近年来，合肥坚定不移地实施工业立市、制造强市、质量兴市战略，推动资源要素向制造业集聚、政策向实体经济倾斜，形成了以战略性新兴产业为先导、高新技术产业和传统优势产业为主导的先进制造业体系。合肥已成为全国重要的先进制造业基地，拥有 37 个工业行业、200 多个工业门类、2000 多种大宗工业产品。拥有家电、装备制造、平板显示及电子信息、汽车及零部件 4 个千亿元产值的产业，拥有家电、智能语音、平板显示、新能源汽车 4 个国家新型工业化产业示范基地，是全国乃至全球规模最大的家电产业基地，全国最大的挖掘机、叉车、轮胎生产基地之一和全国全系列汽车生产基地之一。新型显示、光伏及新能源、新能源汽车、公共安全等战略性新兴产业保持国内领先，新型显示、机器人成为国家战略性新兴产业区域集聚发展试点，新型显示、集成电路、智能语音、新能源汽车、生物医药和高端医疗器械、创意文化 6 个产业入选省级战略性新兴产业集聚发展基地。

（一）家电产业

近年来，合肥市依托工信部"消费品三品战略示范城市"建设，以创新为驱动力，以产线智能化改造、产业高端化提档为抓手，家电产业转型升级步入高质量发展新阶段，正围绕打造"具有全球影响力的世界级智能家电产业集群"笃定前行。

一是总量领先。2018 年，合肥家电"四大件"总产量 7044.9 万台，增长 14.2%，占全国的 12.7%，连续第 8 年居全国城市首位。其中，冰箱、洗衣机、彩电、空调产量分别为 2159.5 万台、1928.8 万台、1775.3 万台和 1181.3 万元台，占全国的 27.4%、27%、8.7% 和 5.8%。二是品牌集中。全市聚集惠而浦、三洋、海尔、美的、格力、TCL、长虹 7 个国内外知名品牌，拥有美菱、荣事达、帝度、晶弘、尊贵、欧力 6 个本地国内知名品牌，以及华凌、惠科、万和等知名品牌，成为全国品牌家电企业集中度最高的城市。三是行业聚集。龙头企业众多的合肥家电，其行业聚集度不断提升。海尔、美的、格力、惠而浦、美菱五大家电集团合计已占全市家电总产值逾 80%。四是产品丰富。主要有电冰箱、洗衣机、空调器、彩电等大家电产品和抽油烟机、集成灶、热水器、微波炉、吸尘器、太阳能等小家电产品。以及电冰箱压缩机、空调压缩机、洗衣机电机、平板显示器等配套产品。家电本地平均配套率约为 70%，核心配套率约为 75%。五是研发较强。拥有国家级和省级企业技术中心（工业设计中心、工程技术研究中心）共计 26 个。2016 年 4 月获批成立的国家家用电器产品质量监督检验中心（安徽）已成为家电企业的设计和研发基地。

（二）装备制造业

装备制造业是合肥第二个突破千亿元的产业，近年来合肥装备制造业取得显著发展，重大技术装备自主化水平显著提高，新兴产业装备异军突起，工程机械、大型成套装备的部分产品技术水平和市场占有率跃居国内前列，在数控机床、机器人、3D 打印（增材制造）等智能装备细分领域形成新优势，拥有安徽叉车、日立建机、应流集团、合肥锻压、天威合变等优势企业集团，以及东华工程、水泥研究院等成套装备研发和生产企业，形成了从核心零部件制造到集成应用的产业体系。目前，日立建机已成为日立集团全球最大的挖掘机生产基地，合力叉车成为我国叉车行业唯一的上市公司，是我国最大的叉车生产、研发和出口基地，合锻机床在成形机床行业排名跻身第 5 位。2018 年，全市装备制造业增速达 3.4%。

（三）汽车及零部件产业

合肥拥有 11 家规模以上汽车整车及专用车生产企业以及 250 多家零部件生产企业，现已形成以轻型、中型和重型载货车、客车、商务车、微型车、轿车为主导产品的系列化发展格局，具有中国最全商用车产品型谱，拥有 30 多个系列 400 余种车型，年产能达到 120 万辆。2018 年，江淮大众乘用车项目研发中心开工建设、江淮大众首款新能源汽车"思皓"下线、江汽蔚来项目量产等一批项目实质性进展，全年新能源汽车产量增长 107.3%，江汽蔚来成功交付了 1.13 万辆智能网联汽车 ES8，江淮大众思皓首款 E20X 正式下线。

（四）新型显示产业

合肥市在新型显示产业的主要特点是：一是抓项目，坚持龙头带动。在以京东方、维信诺等面板龙头企业重大项目带动下，推动区域创新创业质量和层次大幅提升。二是抓配套，坚持构建生态。通过支持产业协作和垂直整合等方式，进一步做强 TFT - LCD 关键配套环节，加快提升 OLED 上游关键材料、装备本地化供给率，积极扩大各类智能终端应用产品制造规模。三是抓服务，坚持政策支撑。合肥市在研发创新投入、重点创新平台建设、高层次人才引进、高层次人才团队创业等多个方面加大资金和要素保障支持力度，出台了成体系的支持政策，大力支持新型显示产业链企业发展。强化金融支持创新，设立了总规模 29 亿元的显示产业投资基金，撬动社会资本超过 400 亿元，先后引进视涯、威迪等行业一流企业，仅京东方 10.5 代线项目通过芯屏基金直接引入社会资本近 80 亿元。四是抓创新，坚持高位推进。加快前瞻性技术布局，建设一批新型显示研发平台，攻克高性能氧化物液晶显示、有机发光二极管、柔性显示、激光显示等新技术，增强持续创新能力，提升产业核心竞争力。

（五）集成电路产业

近年来，在国家工信部等有关部委的关心支持下，安徽省委省政府、合肥市委市政府抢抓战略性新兴产业发展机遇，倾力打造"中国 IC 之都"。一是在产业集聚方面比较齐全，先后进入国家发改委 14 个集成电路产业重点发展城市、工信部 9 个集成电路产业发展基地名单。通过招引培育，截至目前，全市已经集聚集成电路企业 186 家，形成了涵盖设计（132 家）、制造（5 家）、封装测试（17 家）、材料与设备（32 家）的全产业链，集成电路产业复合增长率全国第一。二是在重大项目上影响力强。长鑫项目是国内在建项目中投资规模最大、年产能目标最高、产品技术最先进的自主 DRAM 存储器晶圆项目，获得工信部旗下检测机构中国电子技术标准化研究院的量产良率检测报告，与国际主流 DRAM 产品同步的 10 纳米级第一代 8Gb DDR4 首度亮相 2019 世界制造业大会并宣布投产，标志着我国在内存芯片领域实现量产技术突破，拥有了这一关键战略性元器件的自主产能。三是在产品应用方面市场广阔。近年来，合肥市发展壮大了家电、装备制造、平板显示三个千亿元产业。坚持以本地市场为牵引，与本地产业高度融合，聚焦发展存储芯片、显示驱动芯片、功率芯片、家电芯片等特色芯片，特色产业集群逐步形成，并兼顾国内外市场需求，努力将集成电路产业打造成为又一个提升合肥竞争力的核心产业。

（六）人工智能产业

合肥是国内最早关注、率先发展人工智能产业的先行城市，在语音合成、语音识别、深度学习、类脑智能等人工智能关键技术上拥有国际领先的原创成果，建设了全国唯一定位为语音和人工智能领域的国家级产业基地——"中国声谷"。一是在产业集聚上初步构建了从基础应用技术、底层硬件、数据计算到智能终端及行业应用的人工智能全产业生态体系，其中智能语音产业集聚发展态势初显，2018 年，合肥市智能语音全产业链产值 460 亿元、税收 22 亿元，同比增长 20.86%、15.79%。二是在龙头企业方面，2018 年科大讯飞、华米科技、科大国创、新华三、方正智家等龙头企业营业收入均实现 50% 以上高速增长。科大讯飞先后获批智能语音国家新一代人工智能开放创新平台、认知智能国家重点实验室，持续保持核心技术优势，人工智能开放平台服务终端用户数超 24 亿元，开发者总量超 103 万。华米科技成功赴美上市，2018 年手环出货量累计超过 5000 万只，是 2017 年的 2.8 倍，全年产值预计突破 30 亿元，旗下的小米运动成为国内应用最广泛的垂直泛运动类 APP，拥有国内最专业的跑步数据分析和最大的运动健康数据库。三是核心技术上国内外领先。拥有一批自主可控、领先国内外的智能语音及人工智能核心技术，以合肥市为主的安徽省人工智能申请专利数量及影响力排名位居全国第五。科大讯飞占有中文语音技术市场 80% 以上的市场份额，在感知智能、认知智能等领域技术国际领先；中科大基于类人神经网络的认知智能系统研发，引领国内类脑技术发展；哈工大机器人（合肥）国际创新研究院在智能机器人系统及机器人核心零部件技术研究方面处于国内领先地位；中科院合肥物质科学研究院在智能传感检测技术、自然人机交互技术、智能决策系统等方面处于国内领先水平；中科大量子信息领域具有一系列国际一流水平的原始创新科研成果。

（七）智能语音产业

"中国声谷"入园企业已达 433 户，影响力、竞争力持续提升，随着 BAT 以及思必驰、云知声、寒武纪、商汤科技等项目入园，已形成集核心技术研发、基础平台、物联网、智能客服、穿戴式设备等完整的产业链，基地从业人员超 6 万人，2018 年全年产值超 600 亿元。智能语音产业已被国务院列为重点布局的 11 个领域之一，上升为国家发展战略。2017 年，国家工信部部署合肥市依托智能语音基地，开展首批仅 3 个的"国家级先进制造业集群培育试点"工作。2018 年，工信部和安徽省政府签署《部省进一步推动智能语音产业发展合作协议》，进一步支持人工智能产业项目向中国声谷集聚，打造世界级先进制造业产业集群。以"讯飞超脑"为代表的人工智能核心技术已领先全球，成功占领中文语音市场70%的份额。截至2018年底，科大讯飞人工智能开放平台服务开发者总量达92万人，日均服务量达47亿次，创新团队数90万家，日服务量达47亿次。华米科技成功赴美上市，手环出货量累计超过5000万只，全年产值突破30亿元。

（八）光伏及新能源产业

近年来，合肥市加大招商引资力度，构建以通威太阳能（电池片，产能5GW）、晶澳太阳能（组件，产能3.7GW）、阳光电源（逆变器，产能15GW）为龙头，其他重点企业为支撑的产业格局，形成从玻璃基板—电池片—组件—逆变器—储能电池—发电工程等较完整的产业链。全市产业链企业90户，其中规模以上企业26户，从业人员达1.3万人。5户企业列入工信部光伏制造行业规范条件，10户企业产品获光伏领跑者先进技术认证，15户企业拥有高新技术企业资质，组建市级以上企业技术中心11个，拥有国家级企业技术中心2个和1个联合工程研究中心。全市重点光伏企业拥有发明专利451项，主持或参与4类国家标准、5类行业标准及7类地方标准制定，其行业话语权不断加大。

2018年全市光伏电站累计发电19.8亿千瓦时，占全市总用电量的5.74%（全国该指标为2.63%），相当于节约标准煤约57.7万吨，减排二氧化碳149.3万吨，光伏推广应用取得明显的经济、生态和社会效益，"光伏第一城"建设取得阶段性成效。

二、合肥市制造业发展趋势

（一）合肥市经济发展情况

近年来合肥的制造业快速发展，总量不断增加，成为长三角重要的制造业基地。在经济发展的过程中，制造业对经济的发展起到了重要的影响。

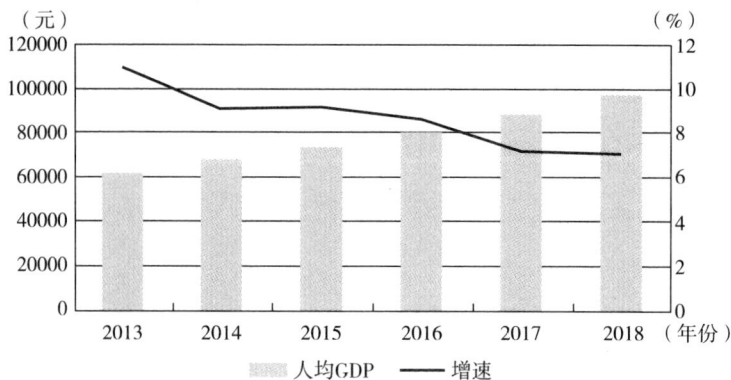

图3-1 合肥市人均GDP及增速

（二）合肥市制造业企业经营情况

从制造业投资数据来看，2019 年全市制造业企业完成工业投资同比增长 17.5%，占全市全社会固定资产投资的比重达 25%，从对财政贡献看，全市规模以上制造业上缴税收超过 229 亿元，是合肥市财政收入的重要来源。

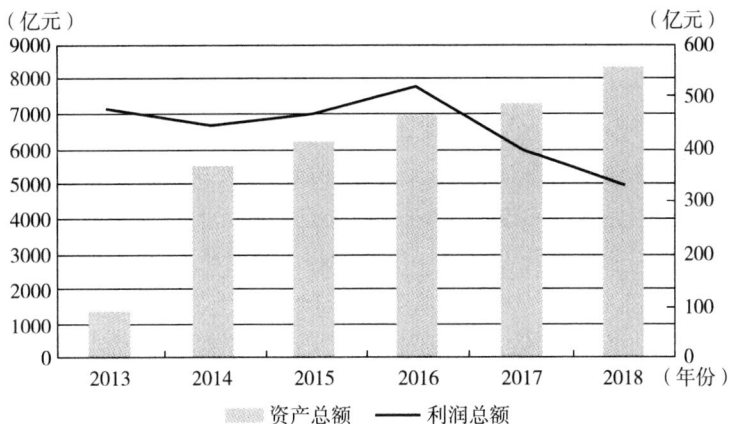

图 3-2　合肥制造业企业资产总额与利润总额

从推动就业看，占全市所有行业新增就业机会的 50%，对生产总值（GDP）发展起到了积极的作用。由此可以看出，从 2013 年到 2018 年，合肥市制造业企业单位数、资产总额、从业人员数等方面均呈现持续增加和利润平稳下滑的趋势。

（三）合肥市制造业产业发展情况

截至 2018 年底，合肥制造业实现产值近 7300 亿元，在从业人数方面，制造业的从业人数 484502 人，充分发挥了制造业带动就业的能力；企业单位数增加到 2018 年的 2231家。合肥市制造业资产总额高达 8325.47 亿元，由此可见制造业的整体产业销售态势良好，未出现严重的产能过剩问题，六大主导产业增加值比上年增长 15.6%，占规模以上工业的 64.4%，比上年提高 0.8 个百分点；其中平板显示及电子信息产业增长 31.4%，家用电器制造业增长 19.0%。规模以上工业出口交货值比上年增长 17.7%。此外，合肥市制造业在人才投入、经费投入以及研发产出方面也均呈现不断上升的趋势。

（四）战略性新兴产业发展情况

合肥市战略性新兴产业不断发展，动力强劲，逐步成为引领经济增长新引擎。2018年，全市战略性新兴产业产值占全市工业的 45.0%，同比提高 1.6 个百分点；产值增长13.1%，高于全市工业 4 个百分点。战略性新兴产业增加值增长 19.1%，较 2017 年提高2.7 个百分点，高出全市工业 7.8 个百分点；对全市工业增长贡献率为 76.9%，较 2017年提高 23.5 个百分点。其中，新一代信息技术、节能环保分别增长 33.3% 和 12.8%。从产品产量看，新能源汽车增长 1.1 倍，智能电视增长 30.0%，太阳能电池增长 17.9%。全年战略性新兴产业 PMI 均值为 55.8%，高于上年均值的 1.9 个百分点，比制造业总体 PMI 均值高出 2.8 个百分点。

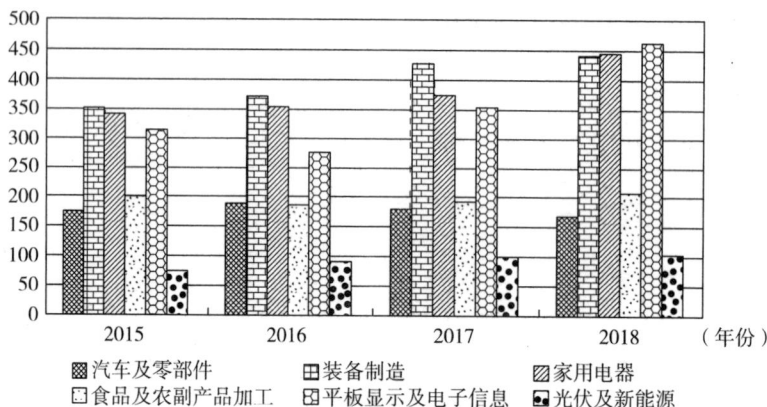

图 3-3　六大主导产业发展情况

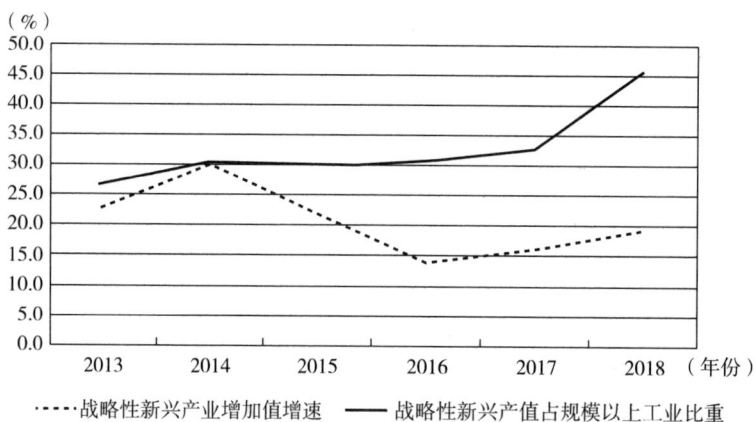

图 3-4　战略性新兴产业情况

（五）高新技术企业发展情况

高新技术产业作为衡量一个区域核心竞争力与发展潜力的决定性因素，2018 年全年全市高新技术企业增加值占全市比重的 57.5%，由此可见高技术制造业强大的带动力；从增加值增速来看，从 2013 年到 2018 年，增加值增速从 7.5% 增至 14.7%。从产值总量来看，2016 年产值达到 5673.77 亿元，创造了将近 60% 的总产值，从资产总额来看，各个行业的总产值均在不断增加。其中，电气机械和器材制造业总产值从 2013 年开始处于领先地位，在制造业中所占比重也一直最大，2016 年占比呈现逐年下降的趋势。

图 3 – 5　高新技术企业发展趋势

第四章　合肥制造业智能升级的问题分析

一、影响合肥制造业智能升级的影响因素分析

（一）宏观环境因素

1. 外部机遇分析

（1）地方经济持续稳定发展。合肥市作为长三角地区的副中心城市，经济发展始终稳步向前。2018 年，全市生产总值（GDP）7822.9 亿元，按可比价格计算，同比增长 8.5%，增速逐季回升。规模以上工业增加值同比增长 11.3%；进出口总额 308.13 亿美元，增长 23.5%；固定资产投资增长 7.1%；社会消费品零售总额 2976.74 亿元，增长 9.1%；财政收入 1378.33 亿元、增长 10.2%，其中地方财政收入 712.49 亿元、增长 8.6%。工业结构优化，"压舱石"作用凸显。全年工业实现增加值 2862.5 亿元，增长 11.1%；其中规模以上工业增长 11.3%。规模以上工业中，战略性新兴产业产值增长 13.1%。其中，新一代信息技术增长 21.7%，新材料产业增长 17.2%，生物产业增长 13.8%，节能环保产业增长 15%。新产品快速放量，新能源汽车产量增长 1.1 倍，微型计算机设备增长 28.4%，太阳能电池增长 17.9%。全年工业投资增长 17.5%。其中，高端装备制造业投资增长 3.02 倍，生物产业增长 48.3%，节能环保产业增长 60.3%。在工业投资中，内涵效益型的技改投资增长 27.8%。补短板投资快速增长，基础设施投资增长 22.9%，投资总量占全市的 18.8%。

（2）地方政府政策扶持力度较大。合肥作为安徽省省会城市，在政策实施上也有其独特的优势。2016 年 4 月，国务院批复的合肥市城市总体规划中，明确提出合肥是"国家重要的现代制造业基地"的战略定位。2017年4月，合肥成功获批"中国制造2025"试点示范城市，开启了合肥"制造强市"建设新阶段。2018年5月，合肥入选国家"推动'中国制造2025'、促进工业稳增长和转型升级成效明显市"并获国务院通报激励。政策配套方面，2017年安徽省就出台了《安徽省智能制造工程实施方案（2017－2020年)》、2018年又出台了《安徽省人民政府关于深化"互联网＋先进制造业"发展工业互联网的实施意见》。2019年合肥市出台了《合肥市培育新动能促进产业转型升级推动经济高质量发展若干政策》，均强调了制造业转型升级在安徽省经济发展中的战略地位和重要作用。合肥始终将工业作为立市之本、强市之基，始终坚持走新型工业化道路，以开放集聚资源，以创新引领升级，探索具有合肥特色的制造业转型升级、提质增效之路。

表4－1　省市扶持制造业转型政策一览表

出台时间	出台部门	政策名称
2017年	安徽省政府	《安徽省智能制造工程实施方案（2017－2020年)》
2018年	安徽省政府	《安徽省人民政府关于深化"互联网＋先进制造业"发展工业互联网的实施意见》
2019年	安徽省政府	《2019年支持制造强省建设若干政策实施细则》
2019年	合肥市政府	《合肥市培育新动能促进产业转型升级推动经济高质量发展若干政策》
2019年	合肥市政府	《合肥市人民政府办公厅关于印发合肥市培育新动能促进产业转型升级推动经济高质量发展若干政策实施细则的通知》
2019年	合肥市政府	《2019年合肥市支持先进制造业发展政策操作规程》
2019年	合肥市政府	《2019年合肥市培育新动能促进产业转型升级推动经济高质量发展若干政策实施细则》

（3）产业规模持续壮大。中华人民共和国成立以来，合肥工业实现了从小变大、由弱到强的历史性跨越。1949～1978年，工业产值由不足千万元增加到16.6亿元。改革开放之后，日立建机、联合利华、格力、海尔、惠而浦、京东方、康宁、联宝等一批耳熟能详的知名企业纷纷落户，平板显示、新能源汽车、智能语音、光伏、集成电路等新兴产业从无到有、从有到优，合肥工业实现了从规模到质量的升级蜕变，高质量发展迈出坚实步伐。1979～2018年，全市工业增加值年均增长14.7%，快于同期GDP增幅1.7个百分点；近5年来战略性新兴产业迅速崛起，增加值年均增速达到20.1%。2018年，全市2287户规模以上工业企业增加值同比增长11.3%，合肥工业对全省工业增长贡献率达23%，为2016年以来最高水平，工业增加值增速居省会城市第2位。

（4）长三角区域一体化发展带来新机遇。长三角区域一体化发展战略作为一项重要的国家战略，为合肥的发展带来了重大的战略机遇。在长三角五大都市圈中，合肥及合肥都市圈的后发优势较为明显，一方面，高铁时代的到来让合肥承东启西的区位优势变为了联通四方的交通优势，随着长三角一体化国家战略的实施，合肥将打开全面融入长三角国际航线网络的窗口，长三角主要城市间的高铁网络、城际铁路以及城市地铁将加密联通，全国性综合交通枢纽的地位将迎来跨越提升。另一方面，作为长三角城市群副中心，以及连接长江中游城市群与长三角城市群的重要节点，合肥能够从公共服务、科技创新、产业协同、基础设施建设、制度高对接等多个维度，为长三角城市群、合肥都市圈自身发展提供更有力的核心支撑。

2. 外部威胁分析

（1）宏观经济形势的变化。目前合肥市经济社会保持平稳良好运行，但近年来，受金融、房地产行业"暴利"增长、制造业成本快速上升、部分制造业向外转移等因素影响，合肥制造业增加值占 GDP 比重呈现过早过快下降特征。从 2015 年的 42.1% 降到 2019 年上半年的 35.6%，不到 5 年时间下降了 6.5 个百分点，下降速度明显过快，不符合一般产业发展规律。从省内看，2018 年，全省制造业占 GDP 比重为 38.9%，2019 年上半年接近 40%，规划到 2025 年占比要达到 43%，正处于上升阶段；合肥市规模以上工业增加值占全省的比重从 2013 年的 22.3% 回落到 2018 年的 18.9%，增速也下滑到个位数，呈逐年下滑趋势。

（2）金融业与制造业发展脱轨。2018 年，合肥主要的金融机构本外币制造业贷款余额 1216.19 亿元，同比增长 4.7%，增速较上年同期回落 2.3 个百分点；而主要金融机构本外币服务业贷款余额 6040.89 亿元，可以看出，制造业贷款余额规模只有服务业的 1/5。虽然合肥密集出台了一系列金融支持实体经济、民营经济的相关政策，但部分政策落实还不到位，部分中小企业和民营企业融资难、融资贵问题仍然突出，造成部分行业制造业企业生产经营困难甚至停业。

（3）产业发展外部生态的匹配不足。制造业和服务业协同程度仍需提升，面向产业高端需求的研发设计、品牌营销、金融服务、检验检测等服务业发展相对滞后。科技成果本土转化率与先发地区还有较大差距，优势主要集中在高校和科研机构中，以企业为主体的创新体系有待进一步完善。新兴产业集聚壮大和传统产业转型升级进程加快，对产业高端、紧缺人才需求明显增加。除了具备国际视野的行业领军人才外，产业技术研发、产品开发、生产线管理、智能化改造等中坚力量，以及产品线操作的高技能人才等都非常稀缺。

（4）区域竞争压力增大。全球制造业正处于转换理念、调整结构、重构优势的关键节点。从国际看，制造业竞争格局加速调整。发达国家对高端产业主导权的竞争日益警惕，各种不确定、不稳定、不可持续性因素增多。特别是 2018 年以来，中美贸易摩擦的持续升级，近期又将我国纳入汇率操纵国，对合肥短期的直接影响主要集中在工程机械、汽车零部件、部分小家电行业。虽然对面上情况影响不大，但长期看，将间接影响企业战略布局和发展信心，企业走出去困难增多。集成电路、智能终端、消费电子等产业升级阻力进一步加大，部分企业可能会通过在合肥的产能和订单转移对冲贸易摩擦。从国内看，长三角一体化战略上升为国家战略后，资金、技术、人才等资源要素流动性加大，制造业空间格局加快演变，区域和城市竞相发展、进位争先、加速赶超的态势愈加明显。合肥必须在新一轮高端要素和产业资源的布局中更加积极主动作为。

（二）内部环境因素

1. 内部优势分析

（1）产业结构不断优化。党的十八大以来，合肥家电、装备制造、平板显示及电子信息、汽车及零部件 4 个产业产值相继突破千亿元，新型显示、智能语音及人工智能、太阳能光伏、新能源汽车、集成电路等新兴产业在全国确立先发优势，"合肥制造"正加速向全球价值链中高端迈进。2013～2018年，合肥市战略性新兴产业增加值年均增长20.6%，对全市规模以上工业增加值贡献率由42.4%提高到76.9%，推动规模以上工业增加值实现年均增长11.4%，增速始终保持全国省会城市前列。2019年上半年，全市战略性新兴产业产值实现同比增长12%，占规模以上工业产值比重52.3%，同比提高8.8个百分点；战略性新兴产业增加值同比增长20%，对全市规模以上工业增加值贡献率达110.5%，带动规模以上工业增加值实现同比增长8.7%，新一代信息技术、节能环保等产业产值增速均达20%左右，继续保持高速增长态势。

（2）企业实力逐步增强。2018年，全市拥有规模以上工业企业2287户，其中产值超亿元企业851户；骨干企业对全市工业发展支撑作用突出，全市产值超亿元企业对全市工业增长贡献率达122.1%。全市大企业实现企业技术中心全覆盖，已拥有46家国家级企业技术中心和5家国家级工业设计中心，总数均居全国省会城市前三；全市制造业研发机构数、研发投入额、研发人员数、授权专利量占全市总量70%。民营经济在全市经济总量中的比重超50%、纳税比重超70%、吸纳就业人数超70%、技术创新成果比重超80%、市场主体比重超90%。截至2018年底，全市民营经济市场主体共80.9万户，占全市总量的96.49%，实有民营经济注册资本23176.15亿元，占注册资本总额的71.98%；全市境内上市公司48家，其中民营企业22家，占比45.83%；全市新三板挂牌企业93家，其中民营企业87家，占比93.55%。

（3）两化融合深度发展。合肥在全国率先实施"万千百"（即：万条数字化生产线、千个数字化车间、百家智能工厂）、"两化融合"贯标达标等工程，累计认定57家智能工厂、495个数字化车间，139家企业通过"两化融合"国家贯标认证；超3000家企业与工业云资源深度对接。涌现出了万力轮胎、客来福家居、奥瑞数控等一批行业智能制造解决方案领军企业。聚集了哈工大机器人、巨一自动化、欣奕华等一批新型智能制造企业，在数控机床、机器人、3D打印（增材制造）等方面具备相应优势地位。截至2019年6月，全市拥有市级以上企业技术中心590家，其中国家级46家，省级276家，市级268家。省高安全动力电池创新中心等9家创新中心被认定为省制造业创新中心，占全省总数的46.4%，合肥星宇化学等25户企业成功申报了省技术创新示范企业，捷讯光电等5个项目荣获工信部人工智能与实体经济深度融合创新项目，获批数量位居全国省会城市前列。

（4）双创活力得到释放。完善"1+13+X"公共服务平台功能，开展公共服务示范平台和小微企业创业基地建设。截至2018年底，全市建成各类创业园区65个，其中国家级创业园区2个、省级创业孵化基地4个、省级农民工返乡创业示范园3个，入驻创业实体5167个，带动就业5.56万人。建成市级以上众创空间75家（其中国家级18家）；市级以上科技企业孵化器59家（其中国家级12家），加速器8家，在孵团队超5000个，入驻初创企业超6000家。建成国家级中小企业公共服务示范平台6个，省级中小企业公共服务示范平台21个，市级中小企业公共服务示范平台30个；平台网络已完成与11家窗口平台和11家行业技术服务平台的互联互通，聚集服务机构115家，发布服务项目388个，注册企业会员近万家。

2. 内部劣势分析

（1）服务网络不够健全。制造业要想转型升级就必须有相应的服务网络，其支撑体系包括人才、政策以及技术、基础设施和资本等。近年来合肥市重视战略性新兴产业，其他的新兴服务业也迅速发展，如软件信息、电子商务、商务咨询等，大力培育生产性服务业市场主体，加快研发设计、融资租赁、检验检测认证、服务外包等重点领域发展，进一步强化生产性服务业在制造业提质增效的推动作用。同时，制造业还在资金、劳动力、材料上涨等方面影响制造业的发展。

（2）科技转化能力相对薄弱。2017 年数据显示，全市工业企业 R&D 经费外部支出 13.0 亿元，同比增长 31.5%，其中对境内研究机构支出、境内企业支出、境外支出分别为 2.1 亿、8.2 亿、1.6 亿元，分别增长 44.5%、36.6%、34.6%；对境内高等学校支出 1.2 亿元，下降 9.1%。总体上看，工业企业产学研出现紧密合作，此外，汽车制造、通用设备制造等行业实现工艺创新的企业占全部企业的比重较低，但企业与境内高等学校的合作还有待进一步加强。

（3）人力资源储备不足。制造业特别是高新技术制造业，对一个地区发展至关重要，从 2013 年到 2018 年的数据来看，合肥制造业 R&D 人员数投入逐年增加，但是部分行业研发人员投入比较低，高层次人才流失率也比较高，主要集中在发展前景、薪酬福利、发展平台等原因。从全市的层面看，人才工作九龙治水，效能不高。同时相比较南京、杭州、宁波、苏州这些城市，合肥的人才吸引力还相对不足，人才引进通道不够通畅，人才服务合力尚未完全形成，将进一步制约合肥制造业的高质量发展。

（4）城市能级提升的现实压力。制造业是城市追求更高质量 GDP、提高经济密度的基础支撑，也是增强创新策源能力的不竭动力。长期以来，合肥国际化眼光和程度不足，全球资源配置能力亟须提升。同时，传统的规模扩张增长道路，对城市的生产要素供给、资源和能源平衡、环境承载能力改善等提出了现实挑战，必须走高质量发展路径，通过制造业的发展壮大、固本强基，实现自身能级持续提升。

通过上述分析，可以构建出合肥市制造业智能升级的 SWOT 矩阵：

表4-2　合肥市制造业智能升级的 SWOT 分析表

内部优势（S）	内部劣势（W）
S1：产业结构合理	W1：服务网络不够健全
S2：企业规模逐步增加	W2：科技转化能力相对薄弱
S3：两化融合深度发展	W3：人才资源储备不充足
S4：双创活动得到释放	W4：城市能级提升的现实压力
外部机遇（O）	外部威胁（T）
O1：地方经济持续稳定发展	T1：宏观经济形势发生变化
O2：地方政策扶持力度较大	T2：金融业与制造业发展脱轨
O3：产业规模跨入新量级	T3：产业发展外部生态匹配不足
O4：长三角区域一体化战略	T4：区域竞争压力大

二、合肥市制造业智能升级的问题分析

(一) 制造业总体规模不大，产业结构不合理

从工业规模来看，合肥在长三角经济较发达的六个城市中，2018 年合肥规模以上工业企业数只有 2231 家，是六城市中最少的，只占 25% 不到，远远落后于上海、杭州、无锡等城市；与合肥作为长三角地区副中心城市的地位很不相称。从大中型企业数来看，合肥规模以上工业企业中大型企业数和大中型企业数都是最少的，大型企业数接近宁波、杭州和无锡，而由于中型企业数较少，导致大中型企业数被这几个城市抛在了身后，同时安徽省制造业占全省的比重在不断降低。从制造业投资的数据来看，合肥在安徽省的比重很高，但是从纵向来看，合肥的工业投资主要是制造业领域，相比较来看，2017 年工业投资占固定资产投资的比重为 37%。马鞍山市达到了 53%，芜湖市则达到了 56%。2018 年，合肥高技术制造业产值近 6300 亿元，在长三角六个城市中排名末尾，由此可见与长三角其他城市相比，合肥市高技术制造业的总体规模仍然较小。合肥这几年的发展主要集中在计算机、通信和其他设备电子制造业，而医药制造业、仪器仪表制造业等其他行业发展很不充分，产值总额较小，处于高技术制造业发展的薄弱环节，行业间发展不平衡的问题较为突出。

(二) 制造业创新能力不强，关键技术受制于人

科技创新是制约制造业走向智能化的关键因素，发达国家在科技创新方面的投入都非常大。如：美国制造业占 GDP 的比重为 12.5%，但制造业对于研发和创新的支撑和推动作用却超乎寻常。美国联邦政府对制造业研发的投入在 3 年内增长了 35%，从 2011 年的 14 亿美元增长到 2014 年的 19 亿美元。德国制造企业的研发支出极高。从联邦统计局的数据来看，2010 年德国制造业研发的支出达到 469 亿欧元，相当于私有经济研发支出的 86%。我国在技术创新上的投入相对不足，同样合肥市制造业企业 R&D 投入同样不足。2017 年数据显示，全市工业企业 R&D 经费外部支出 13.0 亿元，同比增长 31.5%，其中对境内研究机构支出、境内企业支出、境外支出分别为 2.1 亿元、8.2 亿元、1.6 亿元，分别增长 44.5%、36.6%、34.6%；对境内高等学校支出 1.2 亿元，下降 9.1%。总体上看，工业企业产学研出现紧密合作，此外，汽车制造、通用设备制造等行业实现工艺创新的企业占全部企业的比重较低，但企业与境内高等学校的合作还有待进一步加强。

(三) 人才竞争压力大，制造业高端人才不足

行业发展的核心是人才。我国制造业人才培养素质与社会经济发展对制造业人才需求之间的矛盾突出，制造业人才培养投入总体不足，培养培训机构能力建设滞后，人才发展的体制机制障碍依然存在，而且对制造业人才的认识仍有偏差，重学历文凭、轻职业技能的观念还未从根本上得到扭转。对于合肥市而言，在长三角区域经济发展落后于南京、上海、杭州等地，从而造成省内培养人才流失严重，吸引外来人才更是动力不足，从而使智

能装备制造行业高端人才及复合型人才缺口较大，难以满足企业走向智能化的需求。虽然省内龙头企业对员工也有一定的培训计划，如核心主管培训、未来之星、管理干部培训等，但是短期速成的人数多，系统培养的人数少，覆盖的面也不广。

（四）重点领域转型不足，带动能力不强

近年来合肥大力发展具有科技含量的制造企业，合肥制造业利润总额体现了制造业经济效益良好的特点，从 2013 年到 2016 年，从 472.76 亿元增加至 519.18 亿元，对地方经济的贡献率也在不断上升。规模以上工业统计的主要产品产量中，彩色电视机、家用电冰箱分别比上年增长 68.6% 和 6.4%，太阳能电池增长 17.9%，微型计算机设备增长 28.4%，液晶显示屏增长 2.4%，挖掘机增长 15.1%，新能源汽车增长 107.3%，但是具有国际竞争力的龙头企业不多，带动能力不强。

（五）要素保障不足和资源环境约束趋紧

在要素保障方面，金融业对企业帮助效果不够明显，企业融资难、融资贵的问题一直存在，导致许多制造业企业在转型过程中经济压力过大。同时，现有制造业对环境消耗仍然巨大，资源环境的约束限制了企业的发展。2018 年，全市工业能耗 920.97 万吨标准煤，同比增加 27.17 万吨标准煤，增长 3.04%。制造业综合能耗 460.14 万吨标准煤，增长 2.9%，增幅较上年扩大 2.6 个百分点。六大高耗能行业综合能耗 603.39 万吨标准煤，占规模以上工业能耗的 76.5%，比 2017 年下降 0.8 个百分点；同比减少能耗 0.92 万吨标准煤，下降 0.2%，比规模以上工业能耗增幅低 1.3 个百分点。规模以上工业企业能耗 788.37 万吨标准煤，同比增长 3.54%，增速比上年提高 2.66 个百分点。其中：京东方 10.5 代线、康宁玻璃、晶合集成电路 3 个新投产项目，能耗净增 32.06 万吨标准煤，拉动全市规模以上工业能耗增长 4.21 个百分点，拉动全社会能耗增长 1.45 个百分点。未来新型显示、集成电路都是高耗能行业，控制能耗问题形势严峻。

第五章　国内外制造业智能升级的典型做法

一、国外主要发达国家制造业智能升级典型做法

（一）美国

第一，健全智能制造顶层设计及相关的配套政策措施。金融危机后，美国相继出台了《先进制造业促进法案》《先进制造业国家战略计划》等政策文件，核心都是以发展智能制造为其战略意图，以实现制造业的智能化，保持其制造业在全球的领先地位。

第二，注重智能制造技术的开发与应用。美国为了加速制造业智能技术升级，于

2012 年出台了先进制造业战略计划，指出要加大对以智能制造技术为基础的智能制造的投资力度，以确保长期处于相对领先的地位。2013 年美国着手在国防、医疗、制造中广泛应用智能制造技术。

第三，构建完善的创新体系。创新是技术进步的动力源泉，是发展智能制造业的基础。美国以构建完善的创新网络体系来促进智能制造业的形成、发展，通过建立关键智能技术及重点制造行业智能化器件的研发创新中心，并引入政府资本，慢慢通过智能制造咨询服务或收费、技术提供、会员收费等转为自负盈亏。

（二）德国

第一，规划德国"工业 4.0"政策方案。2010 年德国在《高技术战略 2020》中将"工业 4.0"作为未来十大项目之一，成为未来技术创新研究领域的重大目标，并在 2013 年正式发布《保障德国制造业 4.0 战略的建议》。其核心内容是希望通过国家层面的战略布局带动智能技术与制造业的深度融合发展，推动德国智能制造业的全面发展。

第二，加强智能工厂和智能生产流程建设。德国"工业 4.0"战略通过打造智能工厂并将其发展为智能制造的载体，重点是将机器设备、制造软件系统和生产经营决策管理智能化。从而实现市场需求、企业研发设计、资源供给、生产制造、物流配送的无缝连接体系。

第三，注重构建智能制造物理信息系统。智能制造物理信息系统是实现智能制造必不可少的基础性系统，它是制造业智能化的网络运行平台。德国"工业 4.0"战略中主要凸显了建设信息物理融合系统的重要性，希望通过该系统实现物理与网络世界的融合发展。

（三）日本

第一，长期注重信息技术与智能系统的深化发展。日本长期重视信息技术在产业发展中的重要作用，通过对技术创新的长期性积累，渐进式地取得在全球生产制造业中的竞争优势。2006 年提出"创新 25 战略"规划，2008 年和 2011 年相继出台了《技术创新战略》《科技发展基本计划》等政策文件。

第二，实行智能制造核心技术保密策略。日本在生产制造过程中，特别注意对核心智能技术的保护，通常会设立智能制造研发中心和智能装备制造中心，分别在软件和硬件上对智能制造技术进行加密和保护。

第三，打造智能机器人竞争优势。智能机器人作为智能制造的重要载体和关键技术，有着巨大的市场潜力和发展动力，在医疗、制造、服务等方面有着非常广泛的应用。2014 年日本发布了《新经济增长战略》，把制造智能机器人作为国家经济发展的主要动能之一。

二、国内主要对标城市制造业智能升级典型做法

（一）成都：以功能区为载体加快构建产业生态圈

成都市以全市重点产业生态圈建设为牵引，明确先进制造业各产业功能区的主产业和

细分领域，错位协同发展，促进制造业发展能级提升和城市空间布局优化。完善工业空间布局规划，为加快打造产业生态圈，先后制定了《成都市产业生态圈建设五年行动计划》《成都市制造牵引产业生态圈建设工作方案》，明确核心发展区和协同配套区，确定各区域的功能分工和目标任务，制定园区产业发展目录和规划建设导则，推动工业园区从单一的生产型园区经济向生产、服务、消费等多功能的城市型经济转型。建立月度推进协调会制度，重点推进 13 个市级产业生态圈建设。加强功能区建设指南指引，在梳理重点企业、上下游关联产业、重要科研院所后，绘制产业链及全球重点企业全景图，为在全球范围内推动产业链垂直整合提供"指南"。提升园区承载能力，以市场化方式推进产业园区"二次开发"、园区品牌化建设和产业园区产城一体发展。优化全市"20 + 10"产业园区主导产业和空间规模，加大园区用地服务保障，积极解决工业园区的遗留问题，有力提升工业园区承载能力。

（二）宁波：以"亩均论英雄"推进精细化升级

宁波市以"亩均论英雄"改革和差别化资源要素价格机制为核心，推动经济结构调整和制造业高质量发展，有效解决了土地要素日益短缺和工业持续发展的矛盾，持续推进制造业产业结构和增长方式的根本性转变。构建科学评价体系，出台了《关于深化"亩均论英雄"改革的实施意见》，将创新完善指标体系作为推进"亩均论英雄"改革的"先手棋"，制定了取数规范文件，同时结合"最多跑一次"改革，推进"亩均论英雄"大数据系统建设，全面建立一站式企业综合评价绩效档案，确保评价结果更加科学有效。优化资源要素配置，将综合评价结果分为四档，按照"支持 A 档企业引领发展、鼓励 B 档企业提升发展、限制 C 档企业外延发展、倒逼 D 档企业提质转型或转移"的原则，实行企业分类管理，推进用地、用能、用水、排污、信贷等资源要素差别化配置和价格政策，优化存量资源配置。加强企业分类指导，开展企业精准服务，建立"一企一单"体检表制度，点对点告知企业评价指标的变化和行业排名，提出企业转型升级的建议，全面启动亩均税收 1 万元以下低效企业的整治提升行动，通过"亩均论英雄"激励企业通过"腾笼换鸟""机器换人""管理增效"等亩均效益提升方法寻找发展新路径。

（三）武汉：以创新能力建设引领制造业发展

武汉市以国家级创新中心为引领，全面带动省市创新中心建设，为城市发展聚集创新动力，助推制造业实现转型升级发展。打造创新中心矩阵。武汉市组建顶级产业研发机构，加快建设国家信息光电子创新中心、数字化设计与制造创新中心等国家级创新平台，破解前沿技术"卡脖子"问题；同时在北斗、智能网联汽车等领域布局创建省级创新中心，目标将在 20 个领域谋划建设制造业创新中心，提升行业创新的凝聚力和影响力。加快推动技术改造，将企业技术改造作为推进高效高新产业发展的重要抓手，出台了《关于促进工业企业零土地技术改造政策》，从优化审批程序、鼓励集约用地、加大财政补贴等方面，引导企业加大技术改造投资。着力推动重点领域技术改造与技术创新相结合，不断提升重点产业创新能力和整体竞争力。推动科技成果转化。大力实施企业创新引领工程，推动规模以上工业企业实现研发活动全覆盖。率先成立科技成果转化局，组建院士专家顾问团，实施高校科研成果转化对接工程，高校院所成果就地转化率超过40%。

（四）南京：智能制造发展新高地路径明晰

南京市围绕提升智能制造装备创新能力和制造能力，提出智能制造"创新孵化→产品→企业→园区"的发展路径。通过发展高端智能制造装备、培育高端智能产品、高标准建设智能制造企业、高起点推进智能制造园区建设，建设智能制造产业创新高地。营造最优政策环境，先后制定出台了《南京市智能制造名城建设实施方案》《南京市关于加快发展先进制造业振兴实体经济若干政策措施的意见》《关于加快推进全市主导产业优化升级的意见》等文件，着力实施智能制造新模式推广项目计划、企业互联网化提升计划、设立产业基金等一批"含金量高"的政策措施。推进智能制造载体建设，明确区域产业发展定位，在全市形成"一极三区多点"式的智能制造产业发展格局。按照"产业集聚、优势互补、错位发展"的原则，打造江北新区新增长极，积极建设国家智能制造新区；目标将江宁区、雨花台区和栖霞区建设成为国内一流水平的智能制造示范区；"多点"包括溧水区重点推动向智能家电（家居）改造提升，高淳区重点打造高端装备制造产业基地等，全面推进智能制造示范。打造高规格交流平台，连续举办三届世界智能制造大会，集聚世界智能制造领先企业、权威机构、卓越领袖与前沿专家，探讨智能制造新愿景，为南京全面推行智能制造发展注入世界智力。

第六章　合肥制造业智能升级的路径探究

一、建立智能转型的意识

目前，制造业竞争格局正在发生重大调整，发达地区以其固有的产品研发、制造能力，加之"再工业化"战略推动，始终保持着制造业的竞争优势，一些欠发达地区凭借低劳动成本优势与仿制能力，渗透到制造业再分工中，实现中低端制造转移。而随着合肥市"两化"融合的同步推进，数字化、网络化、智能化步伐加快，先进制造技术持续创新，激发了民众对高质量制造业产品的内需潜力，同时也为合肥市制造业智能转型提供了基础和条件。此外，制造业生产过程受多变量与时限性影响，呈流动性或分布式状态，传统自动化生产线缺乏人力与制造设备之间的相容性。因此，要实现产品全生命周期的柔性制造、质量监控与可追溯，确实需要借助大数据、云计算和物联网等新一代信息化技术。这都表明合肥市制造业行业集中度低，而企业呈多、小、散特点，产品同质化和重复建设突出的模式难以为继，智能制造就成为制造业企业调整结构、转型升级的必由之路。因此，制造业企业想要保持竞争优势就务必要建立起智能转型的意识。

二、智能制造的模型选择

智能制造是指将物联网、大数据、云计算等新一代信息技术与设计、生产、管理、服务等制造活动的各个环节融合，具有信息深度自感知、智慧优化自决策、精准控制自执行等功能的先进制造过程、系统与模式的总称。智能制造的信息来源涉及多企业、多地域。因此，首先需要构建智能制造标准体系整体框架，确立智能制造参考模型，并且统一其术语定义。智能制造参考模型是适用于制造业全价值链中所有企业的产品和服务的通用模型，它将提供智能制造相关技术系统的构建、开发、集成和运行的一个框架，通过建立智能制造参考模型，可以将现有标准和拟制定的新标准一起纳入一个新的全球制造参考体系。目前，美国、德国、中国及日本等国家的研究机构、学术团体、行业协会和企业联盟都对智能制造的相关模型和架构展开了研究，比较主要的模型有 11 种。德国"工业 4.0"参考架构模型（RAMI4.0）和美国智能制造生态系统（Smart Manufacturing Ecosystem，SME）是比较重要的两个模型，中国也制定了自己的智能制造系统架构（IMSA），并给出了智能制造标准体系框架。IMSA 由三个维度组成：生命周期、系统层级和智能特征；生命周期维度细化为设计、生产、物流、销售和服务，智能特征维度突出了各个层级的资源要素、互联互通、融合共享、系统集成、新兴业态等，并且给出了智能制造标准体系架构。

表 6 – 1 智能制造标准体系架构表

序号	模型名称	制度组织
1	工业 4.0 参考架构模型（RAMI 4.0）	德国"工业 4.0"平台
2	智能制造生态系统 SME	美国国家标准与技术研究院（NIST）
3	工业互联网参考架构（IIRA）	工业互联网联盟（IIC）
4	智能制造系统架构（IMSA）	中国国家智能制造标准化总体组
5	物联网概念模型	ISO/IEC JTC1/WG10 物联网工作组
6	IEEE 物联网参考模型	IEEE P234 物联网工作组
7	ITU 物联网参考模型	ITU – T SG20 物联网及其应用
8	物联网架构参考模型	OneR2M 物联网协议联盟
9	全局三维图	ISO TC184 自动化系统与集成
10	智能制造标准路线图框架	法国国家制造创新网络（AIF）
11	工业价值链参考架构（IVRA）	日本工业价值计划（IVT）

三、智能制造模式的识别

实施具体智能转型计划前，应先根据行业特点识别制造模式。智能制造有多种模式，根据《智能制造工程实施指南（2016～2020）》，我国目前推荐了 5 种智能制造模式，分别为离散型智能制造、流程型智能制造、网络协同制造、大规模个性化定制、远程运维服务五种智能制造新模式。建议各行业根据自身制造特点，可以优先选择这五种普遍模式中的一种模式。

根据目前制造业产品生产工艺与管理特点，其生产介于连续的流程制造与离散制造之间。生产过程的组织是以流水线为基础的生产小组，按照"批次"概念安排生产和管理，因此制造业企业可选择流程型智能制造模式；此外，离散型智能制造的柔性化批控制、批管理未来会得到充分的发挥。

但是制造业生产模式在制造和销售模式上存在一些不足，在生产之前原料通过物流运送到工厂，在工厂里通过流水线作业完成制造，将生产出来的产品通过销售渠道送到消费者手中。产品在生产与运输过程中要占用大量的人力、物力与资源。而随着大数据、3D打印、云计算、物联网等技术的不断成熟，更多的分布式制造点将应运而生，分布式制造与质量控制将在制造业生产领域中更加普遍。届时网络协同制造、大规模个性化定制、远程运维服务等模式也可能成为制造业的重要模式。

四、智能制造工厂的构建

智能工厂是通过物理层的各物理单元、设备和系统的互联互通，信息层各业务环节的信息集成，再通过大数据层和工业云层对数据的挖掘、分析、共享与应用，构建成一个智能制造工厂完整的价值网络体系，以实现最高决策层的智能化决策和基于产品全生命周期各方面的智能化管理、服务和创新。因此，打造智能制造企业同样需要从物理层、信息层、大数据层、工业云层、决策层等几个层面构建互联互通的网络体系，首先了解各层面需要的装备、技术与系统，然后评估企业缺失的内容，并为后续引进相应设备与技术做准备。

（一）物理层构建

物理层的构建包括各层级制造单元自动化控制水平的提升、制造装备的智能化改造与集成、智能化装置的应用和制造执行系统（MES）的应用。目前，合肥市大部分制造业企业的生产过程能实现局部自动化控制。但生产过程中的物料投放与物流转运还存在使用人工的痕迹，尚未形成全过程的自动化集成。因此，企业首先需要评估生产全流程中未采用自动化生产的部分，并引进替代设备。其中既涉及通用的制造装备，又涉及与产业相关的专业性特殊技术与装置。

（二）信息层构建

信息层涵盖企业经营业务的各个环节，包括产品市场需求分析、产品的研发设计、产品的生产与管理、产品的质量、供应链、营销管理、客户管理、售后服务等各类活动，以及由此产生的相关业务和信息管理系统，如企业资源管理（ERP）系统、财务及成本管理（FCM）、供应链管理（SCM）系统、客户关系管理（CRM）和办公室自动化（OA）系统等。现阶段我国大多数制造业企业都已建立并应用了上述信息管理系统，但大部分应用还局限于传统管理，并没有与提高药品生产效率、质量保障与控制、降低资源能源消耗、改善生产环境等深度融合。目前生产过程中使用的大部分自动化设备不具备数据传输功能，不能显示质量和工艺条件参数，也无法与外部系统进行对接，不具备完整的网络和数据通信功能。企业内部的信息流无法流畅地传导与交互，使整个生产过程形成许多信息孤岛与断层。因此信息层构建的核心内容是要弥补各信息孤岛间的连接环节，并深入推进信息化与工业化的"两化"融合。

（三）大数据层构建

制造行业内企业个体的工业化与信息化是智能制造实现的基础，各企业信息的集成所生成的巨量数据组成制造业的大数据，与传统数据相比具有大量、高速、多样、价值密度低、真实性高的特点。大数据是智能制造的关键技术之一，通过 MES、仓储管理系统（WMS）、SCM 等模块及智能装备对工业大数据进行采集和处理，从而促进制造企业的产品创新、提升经营水平和生产运作效率以及拓展新型商业模式。比如，在供应链管理环节，通过 RFID、物联网及移动互联网等技术获取完整的产品供应链大数据，对运输车的储藏情况、温度、运输距离、当前环境等实时状态进行跟踪监控，并据此随时制定及时准确的运输策略，最大限度地减少企业人员、资源浪费。结合销售数据、供应商数据库的数据，企业可以准确分析预测不同区域的需求差异，调整生产、供应计划，做到真正的按需供应。依据产品的贮存环境实时进行维护、更新，从而提高供应链的整体效能，监管部分也可利用这些数据改变宏观调控政策，有利于规避低水平重复建设与产品短缺的风险。

大数据层的构建需要从下提升生产底层制造装备和生产过程的自动化、数字化与网络化的水平，建立所谓的信息物理系统（CPS）的智能化物理基础。完成嵌入式数据库系统与实时数据智能处理系统、数据挖掘分析平台、基于大数据的智能管理服务平台等核心支撑软件的开发。

（四）工业云层

工业云是在"制造即服务"理念的基础上，借鉴了云计算和物联网技术发展起来的新概念，是未来先进制造业发展中实现工业互联和智能制造的信息中枢。工业云的功能特征基本继承了云计算的通用功能，大体可分为两种应用模式。一是以公共超算中心或企业私有计算中心为依托的计算型工业云，其上通常可提供计算机辅助设计（CAD）、计算机辅助工程（CAE）等对数学建模、求解分析、三维图像处理等对处理能力有较高要求的软件服务。一般应用在研发设计环节，可根据不同的数据类型和实验提供个性化的解决方案。二是以公有或私有数据中心为依托的存储型工业云，通常可提供 ERP、SCM、CRM、财务管理等对大规模结构化数据的访问和处理性能有较高要求的软件服务。存储型工业云的用户非常广泛，特别是可提供软件租用服务的工业云，能够允许企业以低廉的成本使用 ERP、SCM、CRM 等原本实施成本高昂的软件服务，在云平台的支持下，企业管理人员可以通过手机实现企业的人员管理、订单管理、财务管理、物流管理等工作，并可以与交易合作伙伴在线结算。

（五）决策层

智能工厂的上述各层内部以及各层之间的信息资源与协调都是建立在整个信息物理系统与工业互联网或物联网的基础上，而企业决策层的所有决策及其执行也全部是建立在该基础之上。

五、智能升级方式的选择

实现智能制造是一项系统、庞大、复杂的改革，并非所有企业都有实力一蹴而就。因此，企业在完成模型选择、模式识别之后，可通过以下三种方式探索与实现最终的智能转型：

一是转型升级，对已有的制造装备、自动化控制系统和信息化管理系统进行改进、扩展和完善；

二是兼并重组，通过兼并、整合与业务扩展，提升现有制药装备产品的自动化、网络化和智能化的水平和从下到上的纵向综合集成能力；

三是新建，借助国家有关智能制造的试点示范项目，新建行业智能制造的示范样板和模式。或根据企业需要自行建造智能制造工厂。

六、小结

无论选择哪一种方式，最终智能工厂的结构体系和路径都具有相似性。首先明确智能制造的内涵、界定制造业智能制造的涉及范畴，然后基于制造业的行业特性，从建立意识、模型选择、模式识别、体系构建、方式选择的路径实现智能升级。

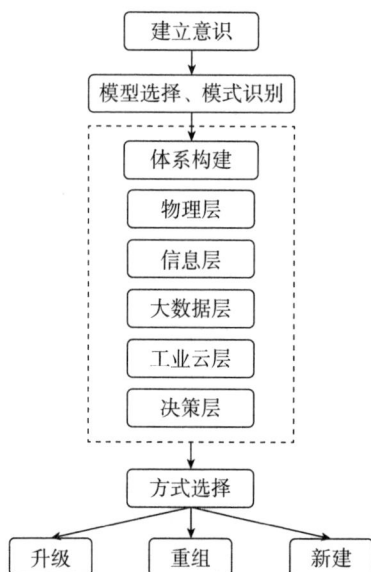

图 6-1　智能升级方式的选择路径

第七章 合肥市制造业智能升级的保障措施

一、加快智能制造装备发展

政府应当大力支持企业以制造装备智能化升级为重点实施技术改造，推进中小企业数字化装备普及推广计划，鼓励机械、锻铸造、纺织、印刷、食品、包装等行业企业加速更新淘汰性能差、能耗高的生产装备，积极应用高性能数控机床、多轴联动加工中心、自动化专用设备等先进装备，优化改进工艺流程和组织方式，实现关键工序核心装备升级换代。推动中小企业基础制造装备数字化改造，鼓励应用先进传感技术、数字化控制系统、数字化仪器仪表等先进数控技术对现有装备进行改造提升，大幅提升中小企业现有装备的加工效率、生产精度和控制水平。大力发展高端智能制造装备，加快高端装备创新赶超，加快智能制造装备核心技术和核心部件研发攻关，突破设计、工艺试验、检测等一批关键共性环节，自主研制高精度复合型数控机床、工业机器人等高端智能装备。

二、加强关键共性技术创新

政府在基础研究与技术创新工作中应承担多重角色和责任。作为规划者，要根据智能制造发展趋势和需求，规划重点技术领域，有计划、有选择地资助大学、科研机构和优势企业等承担此类基础性研究，可以采用直接经费资助或采用税收激励等优惠政策间接刺激企业和其他渠道投资研发。作为承担者，政府以及所有的研发机构或实验室体系，应当与大学、科研院所、企业界研发机构形成分工、合作与竞争的关系，承担战略性、前瞻性的研究任务。作为管理者，通过制定法规、税收和人才奖励等政策管理其他研发主体的活动。例如，通过法规和标准，管理和监督科研经费的合理使用，明确知识产权，提高研发主体的积极性。

三、加大两化融合发展力度

推动信息化与工业化两化深度融合、促进制造业迈向中高端水平，是经济发展新常态下稳增长、调结构、促转型、提质效的重大举措，对构筑新优势、实现新发展、引领新常态具有重大意义。要坚持把智能制造作为制造业发展的主攻方向，制定和实施智能制造行动方案，狠抓智能制造的关键环节和节点；要增强"双擎"动力加快制造业转型升级。以智能制造促进战略性新兴产业的发展，运用先进适用技术和信息技术改造提升传统制造业，要加快制造业和服务业的融合发展；要增强载体平台对"两化"融合发展的支撑力度。加强三网融合、5G网络、云服务、大数据等信息网络建设，加强产学研合作提高科技创新动能；要强化行政力度完善体制机制。发挥行业协会优势，充分发挥中介作用，完善评价体系，强化目标考核。

四、推动重点领域智能转型

围绕高端制造业领域突破和传统产业转型升级，聚焦核心基础零部件、关键基础材料、先进基础工艺和产业技术基础等环节，引导材料、零部件研发生产企业和工艺、技术研发机构等加强合作，开展核心技术攻关和产业化应用，率先解决家电、新型显示、新能源汽车、机器人、轨道交通装备等产业基础性瓶颈，实现优势产业基础零部件和先进制造工艺自主保障。推动重点产品和工艺应用。推动20种标志性核心基础零部件（元器件）和关键基础材料、若干项标志性先进基础工艺实现工程化、产业化突破，促进整机（系统）和基础技术互动发展，推进产业链协作。培育强优企业和产业载体。培育20家左右专注于"四基"细分领域、年销售收入超过5亿元、具有国际竞争力的强优企业。实施国家新型工业化产业示范基地"卓越提升计划"，支持16个省级以上新型工业化示范基地建设，争创一批规模效益突出的优势产业示范基地和专业化细分领域竞争力强的特色产业示范基地。

五、培育智能制造生态体系

在推进制造业智能升级中，既要重视智能制造、高端装备、关键技术等核心环节的突破，又要重视基于自主核心技术和关键产品的智能制造产业生态体系建设。智能制造产业生态体系是由产业内生循环系统与产业外生支持系统通过信息技术形成的制造业网络化、虚拟化、集成化生产系统。内生系统主要由涉及制造业产品的客户、核心制造商、配套供应商、生产服务商等种群组成；外生系统主要由维系和推进产业生态联盟稳健发展的市场、技术、社会文化教育、政府等外界环境因素构成。在信息技术的支持下，通过企业之间、产业之间、产业和环境之间"共生互惠、协同竞争、领域共占、结网群居"，形成各具特色的产业生态链与价值链，使资源在产业系统内有效循环利用，实现工业生态体系与环境生态体系的有机融合与协调发展。

六、推进区域智能制造协同发展

实施产学研创新资源集聚计划，围绕构建研发、转化、孵化、产业化体系，建设国际一流的新型产业创新平台。加快中科大先进技术研究院、合工大智能制造研究院、中科院合肥技术创新工程院、清华大学合肥公共安全研究院、北大未名生物经济研究院、安大绿色发展研究院、中科大国际金融研究院、北航合肥创新研究院等新型协同创新平台建设，打造高水平、高层次新型协同创新平台。构建产业技术创新联盟，培育和发展一批具有突出资源组织能力、完善运行管理模式、较强行业影响力的产业创新战略联盟。支持产业链上下游企业、高校院所之间组建产业创新战略联盟，开展技术联合攻关。引导和鼓励

"产学研金政用"共同推进合作模式创新，完善成果与利益共享机制，提高创新联盟的可持续发展能力。

七、打造智能制造人才队伍

积极探索高效灵活的人才引进、培养、使用、评价、激励和保障政策，优化人才引进和培养环境。支持鼓励省内高校加强制造业智能化转型的相关学科建设，加强高层次应用型专门人才培养。结合实施相关人才项目，加强融合发展职业人才、高端人才的引进和培养。在相关院校、大型企业和产业园区建设一批产学研用相结合的专业人才培训基地，积极开展学徒制试点，加强与制造业智能升级有相关性的技能人才培养。在企业中推广首席信息官制度，壮大智能制造应用人才队伍。提高科研人员成果转化收益比例，完善科技成果知识产权归属、激励创新的股权、期权等风险共担和收益分享机制，鼓励企业建立技术骨干和团队股权激励机制，吸引具备创新能力的跨界人才，营造有利于融合发展优秀人才脱颖而出的良好环境。

八、强化智能制造要素保障

一方面，加大财税支持。统筹支持智能制造关键共性技术的研发，完善和落实支持创新的政府采购政策。推进首台（套）重大技术装备保险补偿试点工作。企业购置并实际使用重大技术装备符合规定条件的，可按规定享受企业所得税优惠政策。另一方面，创新金融扶持。鼓励建立按市场化方式运作的各类智能制造发展基金，鼓励社会风险投资、股权投资投向智能制造领域。健全多层次资本市场，支持符合条件的智能制造企业上市融资，发行各类债务融资工具。支持装备制造企业扩大直接融资，发展应收账款融资，降低企业财务成本。积极引导风险投资、私募股权投资等支持智能制造企业创新发展。融合产业与金融联动发展，为产业发展提供资金，为金融运营提供载体。

本课题组参与人员名单：
课题组成员：熊立勇、鲁小凡、马平、高亮、胡倩凝
指导专家：黄传霞、熊彬

第三篇

储备性课题

▶ 长三角交通一体化合肥市对策研究
▶ 促进合肥夜间经济发展研究

长三角交通一体化合肥市对策研究

安徽山海交通工程咨询有限公司课题组

第一章　概述

一、研究背景

2018 年 11 月 5 日，习近平总书记在首届中国国际进口博览会上宣布，支持长江三角洲区域一体化发展并上升为国家战略，着力落实新发展理念，构建现代化经济体系，推进更高起点的深化改革和更高层次的对外开放，同"一带一路"建设、京津冀协同发展、长江经济带发展、粤港澳大湾区建设相互配合，完善中国改革开放空间布局。

长江三角洲（以下简称长三角）地区是我国经济发展最活跃、开放程度最高、创新能力最强的区域之一，在国家现代化建设大局和全方位开放格局中具有举足轻重的战略地位。推动长三角一体化发展，增强长三角地区的创新能力和竞争能力，提高经济集聚度、区域连接性和政策协同性，对引领全国高质量发展、建设现代化经济体系意义重大。

为深入贯彻党的十九大精神，全面落实党中央、国务院战略部署，由国家发改委牵头，会同国家有关部委和上海市、江苏省、浙江省、安徽省共同拟定了《长江三角洲区域一体化发展规划纲要》，于 2019 年 5 月，经中共中央政治局会议审定发布。随后，安徽省于 2019 年 7 月发布了"安徽省实施长三角一体化规划纲要行动计划"。

2019 年 8 月，合肥市制定了"合肥市推动长三角更高质量一体化发展重点工作推进方案"，重点围绕国家战略、安徽行动计划提出了 12 个方面的一体化重点任务，其中交通一体化工作是先导性、基础性的工作。国家层面的规划、安徽省行动计划更多的是对交通一体化工作发展方向、发展目标的描述，合肥市的推进方案主要是重点建设项目的安排。现有的规划、计划、方案中尚缺乏对长三角交通一体化背景下，较为全面、完整的城市交通发展对策研究。为此，本课题旨在通过全面解读国家、省有关发展战略，明确合肥市交通一体化方面存在的差距，提出发展策略和对策建议，并为后续有关决策提供依据。

二、主要研究内容

合肥市综合交通发展现状及存在的问题；长三角一体化国家战略及安徽行动计划的实施带来的发展机遇和挑战；合肥市融入长三角一体化交通发展思路和策略；对策建议。

第二章 合肥市综合交通现状及存在问题

一、交通现状

经过近年来的努力，合肥交通基础设施建设取得了显著成就，对外通道明显改善，形成了"米"字形快速通道。交通运输初步适应了社会经济发展需要，对都市圈内国民经济的发展起到了积极的支持作用。

合肥作为"一路一带""长江经济带"的双节点城市，具有"承东启西"和"联南接北"的区位优势，作为长三角副中心城市和全国性交通枢纽，大力推进公路、水运、铁路、民航和管道等多种运输方式构成的综合交通运输网络体系建设。公路、铁路、水运（港口）、航空、城市交通等运输网络初步形成，在全国综合运输网络地位显著提升。

（一）铁路

合肥都市圈内地级以上城市已基本形成以合肥为中心，与周边地区紧密衔接的铁路运输网络。都市圈范围内既有高速铁路包括京福高铁合福段、合淮蚌高铁、合宁铁路、合安高铁、合武铁路等，又有普通铁路包括宁西铁路、淮南铁路、合九铁路、阜六铁路、庐铜铁路等。合肥至淮南、合肥至六安可通过合淮蚌高铁和已建成通车的合武铁路，初步实现城际客运功能。商合杭高铁、合安高铁全线开工建设。

（二）航空

新桥机场为国内4E级枢纽干线机场，与省政府直线距离约44千米、与市政府直线距离约31千米。航站楼11万平方米、站坪面积36万平方米，日均起降约244架次，起降高峰时段为16：00~18：00。近几年来，新桥机场吞吐量迅猛增长，截止到2018年机场旅客吞吐量已达到1111万人次，同比增长21.4%；年货邮吞吐量6.9万吨，同比增长7.8%；年起降架次达8.9万架次，同比增长17.1%；分别居中国第37位、第33位、第39位。与其他都市圈机场比较，新桥机场年起降架次和客货吞吐量均处于快速增长期。

机场现状对外集散道路主要包括2条高速公路和1条主干路。

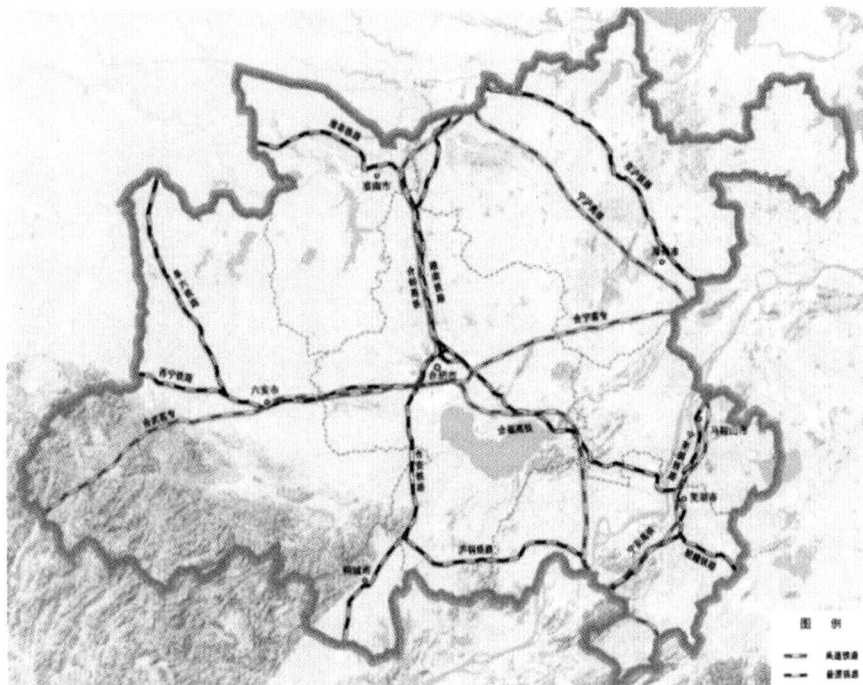

图 2 - 1　合肥都市圈已建成轨道线网

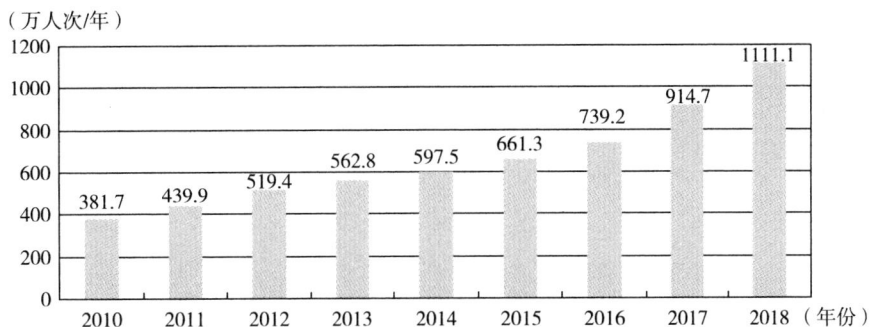

图 2 - 2　合肥市新桥机场历年旅客吞吐量

机场高速：长江西路或方兴大道等衔接机场高速。

沪陕高速：绕城高速、合淮高速、德上高速等，转沪陕高速—机场高速进入新桥机场。

新桥大道：长江西路—新桥大道—空港南路—机场。

（三）公路

合肥都市圈内城市交通衔接已经实现较大突破，干支结合的公路骨架网络基本形成，高速公路已覆盖都市圈内所有市、县。目前，合肥都市圈等级公路总里程为 81768 公里，包括高速公路 2120 公里、一级公路 1919 公里、二级公路 4596 公里。其中，合肥—安庆、合肥—淮南—阜阳、合肥—六安—叶集、合肥—南京、六安—武汉、合肥—巢湖—芜湖、六安—潜山、芜湖—马鞍山—南京等高速公路都已建成。

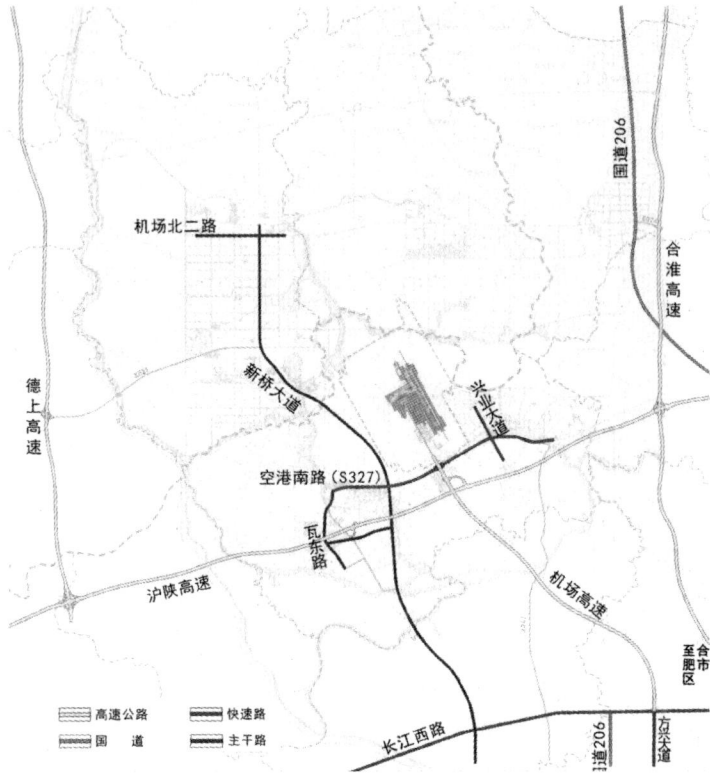

图 2 - 3　新桥机场现状集散情况

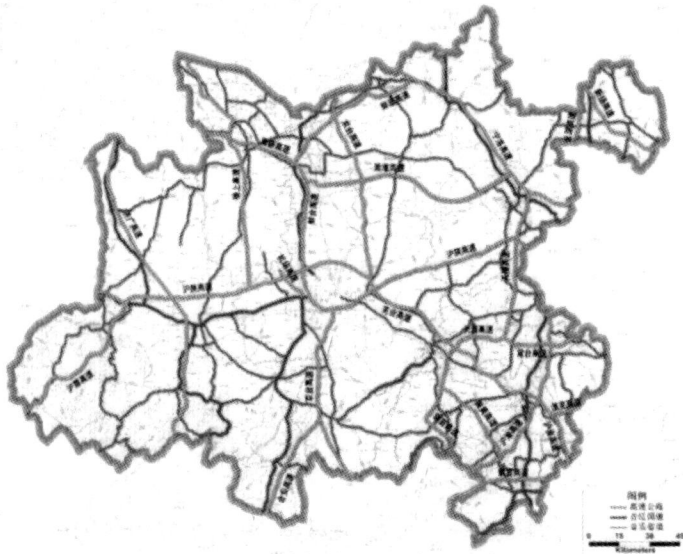

图 2 - 4　合肥都市圈已建成公路网

合肥市公路虽然规模较大，但道路总体质量不高，合肥市高等级路网所占比重较低，一级以上公路仅占总里程的5%，四级及等外公路所占比例达80%，其中高速公路规模总里程约453千米，所占比例仅为2.3%。公路设施等级的普遍偏低不利于合肥与周边重要城市之间的快速联系、合肥市与长三角其他城市之间的联系，限制了合肥区域的辐射影响力。由现状高速公路情况分析可知，南京、杭州50公里半径范围内高速公路网密度达到11.1公里/百平方公里和6.2公里/百平方公里。合肥高速公路网密度为4.33公里/百平方公里，路网密度仍存在差距。

表2-1　合宁杭高速公路密度比较

城市	50公里范围内高速公路里程（公里）	50公里范围内高速公路网密度（公里/百平方公里）
南京	610	11.1
杭州	560	6.2
合肥	340	4.33

合肥周边交通网络发展迅速，但与南京、杭州相比仍存在差距。合肥未来需加大高等级公路建设，提高公路的可达性与辐射范围。

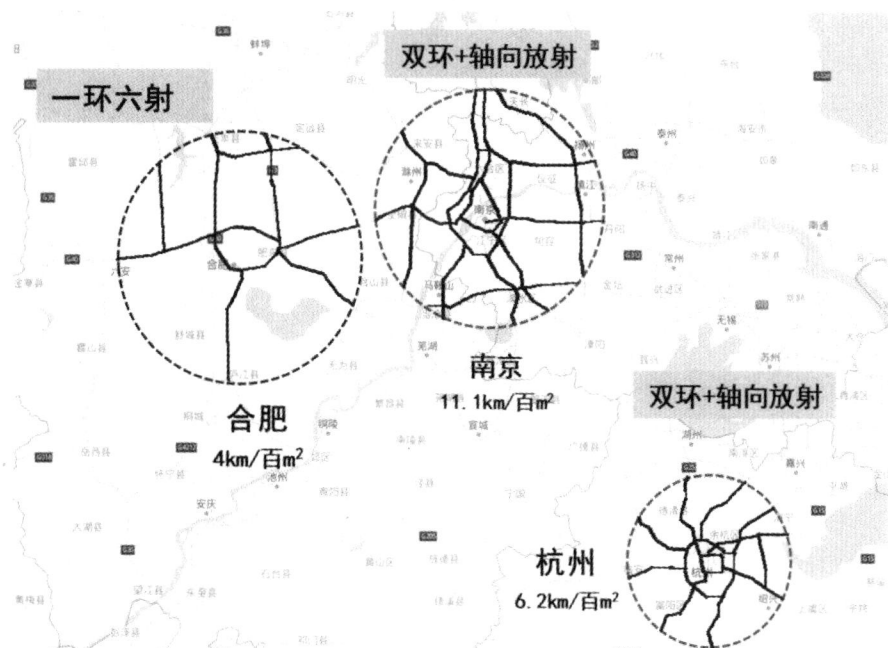

图2-5　现状高速路网对比

（四）道路

合肥市主城区道路网呈现"环形+放射+方格网"的总体结构特征，环形路网有一环路、二环路和中环线；老城对外联系的放射性道路主要有九条。目前二环内道路各项基础设施相对完善，道路网络已初步形成；经开区、滨湖新区、高新区等外围组团道路网络正处于快速建设阶段。

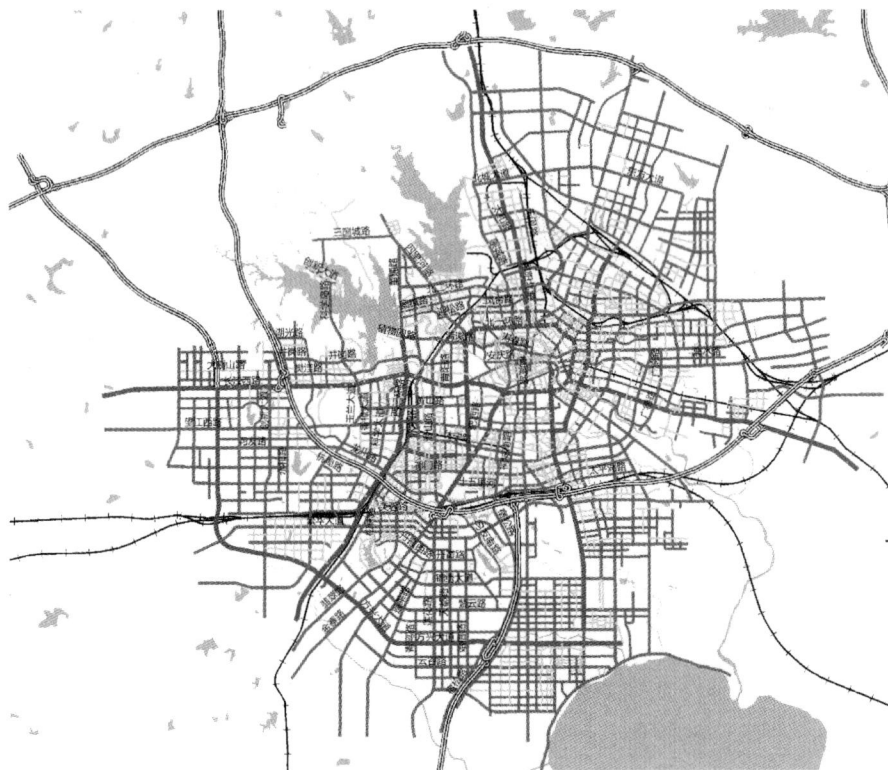

图 2-6　合肥主城区现状道路网

（五）水运

合肥位于安徽之中，而水运条件优越，长江、淮河两大干流横贯省境，天然地将全省划分为淮北、江淮之间和江南三个自然区。全省水域面积广阔，大小河流有 300 多条，总长度 1.5 万多千米，通联全省 81% 的市、县，能与 9 个省市相通。

正在实施的引江济淮工程利用现有河道、湖泊，结合通航要求进行建设。设计方案为，航行船舶从引江济巢三条线路经巢湖湖区，溯派河而上，在肥西县大柏店越江淮分水岭，经瓦埠湖、东淝河入淮河，全长 290 千米。该工程将打破安徽省现有的航道网格局，使沙颍河、淮河、江淮运河、长江、芜申运河纵向沟通，成为继京杭大运河之后的我国第二条南北向水运大通道。江淮运河建成后，将成为连接西北华北与华东地区的物流主通道，而合肥也将因此成为通江达海的内河港口城市和重要的物流集散基地，对推动合肥经济圈建设，加快融入长三角交通一体化都具有不可替代的重要意义。

二、存在问题

(一) 东向融入长三角的交通等级有待提升

合肥现状对外运输体系对合宁、合淮、合安、合六和合巢芜五大城镇发展轴实现了有效覆盖，但是东向联系南京、苏南地区和上海等的联系通道规模明显不足，等级也有待提升。在高速公路方面，只有合宁—沪宁高速、合芜—马巢高速、合芜—沪渝高速三条通道，合宁、合芜高速交通量增加明显，部分路段高峰拥堵现象时有发生；在铁路方面，合宁间仅有一条铁路客运通道（即合宁高铁），且为客专标准，速度仅为250km/h，而南京至上海就有3条铁路线路（即京沪高铁、沪宁城际、沪宁铁路），速度为350km/h，合沪之间联系目前均需经由南京，缺乏距离更短的合沪直连通道（经宣城、湖州直达上海）。

(二) 高速公路容量不足

合肥市公路虽然规模较大，但道路总体质量不高，合肥市高等级路网所占比重较低，一级以上公路仅占总里程的5%，四级及等外公路所占比例达80%，其中高速公路规模总里程约453千米，所占比例仅为2.3%。公路设施等级的普遍偏低不利于合肥与周边重要城市之间的快速联系、合肥市与长三角其他城市之间的联系，限制了合肥区域的辐射影响力。

东西方向通道国省干道流量大，高峰区域饱和，联系合肥与芜湖、马鞍山、滁州、六安等城市合芜高速、芜马高速、合宁高速节假日拥堵严重，有待扩容，新的通道有待谋划，新选通道和原路扩建应统筹考虑，过江通道仍为制约城市联系的瓶颈。农村公路覆盖广度、通道深度依然不足，部分较大自然村尚未通硬化路。

(三) 缺乏城际铁路联系，城际衔接不畅

作为国家中长期铁路网规划中重要的交通枢纽，合肥市大力发展高铁线路，"米字形"高铁线路即将成型，已经成为国内举足轻重的交通节点。但是区域城际铁路尚未发展，合肥与周边城市缺乏深层次产业联系，经济中心城市的带动作用尚未体现，轨道基础设施规模对比沪宁杭差距仍然较大，城市公共交通网络能力不强。在轨道交通方面，由现状轨道运营情况分析可知，合肥市轨道线长52.38千米，建设进度远落后于其他城市，尤其与南京存在较大差距。

(四) 主城区枢纽布局不合理，机场缺乏公交设施支撑

目前合肥市域各县市均有铁路、公路车站，能够满足各县市的客运需求，但铁路、公路车站缺乏整合，换乘不便；主城站前路附近集中了合肥火车站和多处汽车站（客运总站、旅游汽车站和新亚汽车站），车站布局过于集中，且汽车站功能有所重合，人口与交通的大量集聚造成了枢纽地区的交通严重拥堵，未能充分发挥枢纽在引导城市合理扩展和用地集约开发的积极作用。

表 2 - 2 长三角部分城市轨道交通建设比较

都市圈	城市	轨道线长（千米）	合计（千米）
南京都市圈	南京	347	347
	镇江	0	
	扬州	0	
杭州都市圈	杭州	117.6	117.6
	嘉兴	0	
	湖州	0	
	绍兴	0	
合肥都市圈	合肥	52.38	52.38
	芜湖	0	
	马鞍山	0	
苏锡常都市圈	苏州	121	177.22
	无锡	56.22	
	常州	0	
宁波都市圈	宁波	74.5	74.5
	舟山	0	
	台州	0	

新桥机场现状尚无轨道线进驻，全部机场旅客交通量都由地面交通承担，抗风险能力较弱。由天气、交通事故等原因导致机场高速封闭或者拥堵的时候，外部交通将处于瘫痪状态，导致旅客无法及时往返机场。现状新桥机场乘客基本通过出租车和小汽车进行出行衔接与换乘，远远落后于国内外其他机场。

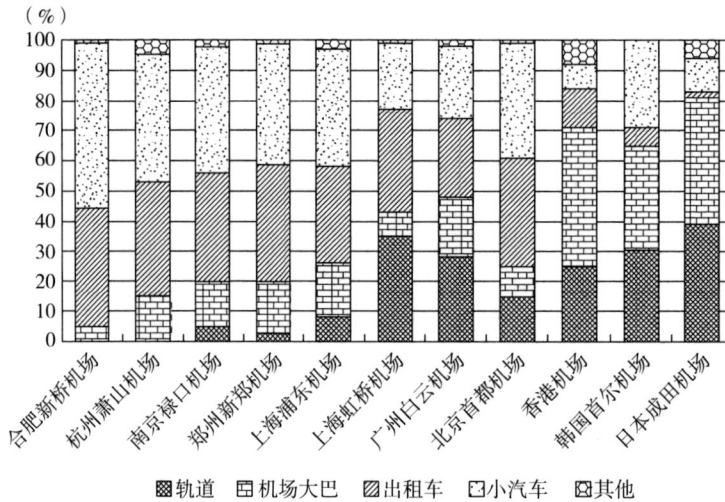

图 2 - 7 机场出行方式比例对比

（五）区域带动能力有限，城市竞争能级不足

从地理经济学角度看，中心城市地位的体现和竞争力在很大程度上取决于中心城市辐射范围内城市间的产业分工与合作，从目前来看，合肥与周边城市缺乏深层次产业联系，经济中心城市的带动作用尚未体现，合肥都市圈核心腹地范围主要是合肥 1 + 5 城市圈空间范围。与中部地区、长三角地区城市群比较来看，由于城市群大小不等的原因，合肥都市圈的土地面积、人口规模、经济规模暂无领先优势。从空间上看，合肥市中心城市的影响辐射范围十分有限，介于市域—合肥都市圈之间。首先，合肥都市圈范围内尚未形成经济高度联系、交通往来密切的集聚圈层，合肥市中心 30 ~ 100 公里半径范围内，缺乏一定发展规模的城镇，各城镇发展规模及经济实力十分薄弱。都市圈内城市产业结构高度同构化，主导产业门类缺乏关联，高度分工协作的现代化产业分工体系尚未形成，缺少经济腹地空间。

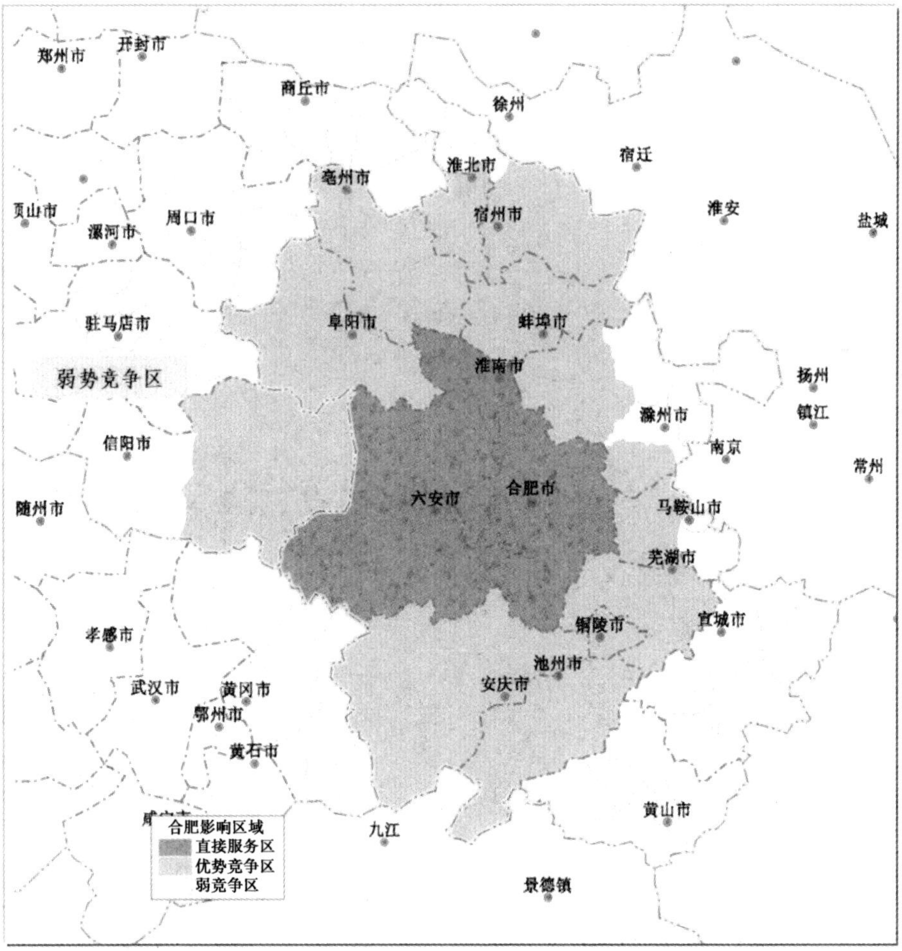

图 2 - 8　合肥市与周边城市圈竞争优势分析图

（六）交通拥堵现象日益严重，影响合肥主要交通枢纽的可达性

良好的道路交通运行状况不仅是一个城市赖以正常运行的先决条件，也是提高合肥城市竞争力、融入长三角城市群的前提之一。

近年来，合肥城市建设用地迅猛扩张，城市化速度位居全国前列，机动车保有量从1990年的4万辆增长到现在的231万辆，人口规模达到808.7万人，人口规模的集聚和城市建设用地的快速扩张使得合肥市道路交通压力越来越大。特别是伴随着轨道等重大项目的开工建设，使得合肥市区道路拥堵现象日益严重。

图2-9　合肥主城区交通拥堵区域

资料来源：高德地图。

道路拥堵极大地影响了合肥市道路快速系统，机场、火车站、汽车站等市区对外的重要交通枢纽的交通可达性大幅降低，甚至通过公路方式对外出行时而被堵在市区内部。

第三章　国家战略精神及省市的有关工作部署

一、国家层面战略精神

国家层面的《长江三角洲区域一体化发展规划纲要》（以下简称《纲要》）中对长三角的战略定位、发展目标做了明确的规定，对交通一体化的重点工作做了相应的部署和安排。

战略定位：《纲要》将长三角区域定位为全国发展强劲活跃增长极；全国高质量发展样板区；率先基本实现现代化引领区；区域一体化发展示范区；新时代改革开放新高地，并在区域一体化发展示范区中，明确提出要率先实现基础设施的互联互通和公务服务的普惠共享，推动区域一体化发展从项目协同走向区域一体化制度创新。

发展目标：《纲要》分 2025 年和 2035 年两个时间节点，对长三角区域的发展目标做了定性和定量的描述，其中在交通一体化方面提出，到 2025 年，基础设施互联互通要基本实现，包括轨道上的长三角基本建成，省际公路通达能力进一步提升，世界级机场群体系基本形成，港口群联动协作成效显著，并对铁路网和高速公路网密度做了规定，其中铁路网密度达到 507 公里/万平方公里，高速公路密度达到 5 公里/百平方公里。2035 年的发展目标更偏重于定性描述，提出基础设施互联互通要全面实现，一体化发展体制机制更加完善。

交通一体化工作重点：在工作部署上，专篇研究了提升基础设施互联互通水平的问题，明确了各种运输方式（铁路、公路、水运、航空）的发展重点，提出要共建轨道上的长三角、提升省际公路通达能力、合力打造世界级机场群以及协同推进港口航道建设。除此之外，对都市圈的同城化以及都市圈协调联动发展做了有关要求，尤其是针对两个距离较近的都市圈（合肥都市圈、南京都市圈），《纲要》指出要加强都市圈间重大基础设施统筹规划，加快大通道、大枢纽建设，提高城际铁路、高速公路的路网密度，打造东中部区域协调发展的典范。

二、对《纲要》中交通一体化精神的几点认识

基于国家层面规划纲要，对交通一体化的几点认识和判断：

（1）交通一体化是区域一体化发展的基础和载体，在长三角一体化上升为国家战略的背景下，长三角地区要率先实现交通一体化，2025 年要基本实现，2035 年要全面建成。

（2）国家层面的规划，重点对交通的发展方向做了规定，比如长三角轨道交通网的建设、世界级机场群、港口群的打造、省际公路通行能力的提升等。

（3）从实施层面来看，对近期（2025 年）的发展方向和重点做了明确的要求，如铁

路网密度、高速公路网密度等，实际上对基础设施网络覆盖的广度和通达的深度做了量化指标的要求。

（4）分方式来看，轨道交通作为最可靠的客运方式，其建设是区域交通一体化的重中之重，其中高速铁路、城际铁路的建设（市域铁路向中小城市的延伸）是主攻方向；公路建设的重点是提升服务能力，包括建成较早、技术标准较低、现状较为拥堵通道的改扩建，主要城市之间通道新改建、断头路的贯通、高速公路省界收费站的取消等；在航空方面，主要是提升合肥区域航空枢纽功能，加快合肥国际航空货运集散中心建设以及促进通用航空的融合发展等；水运方面，重点是内河高等级航道网建设以及港口集疏运体系的完善。

（5）分层次来看，合肥交通的发展除了要对标宁、杭，按照长三角副中心城市的定位，满足合肥市自身的发展需求外，还要更加关注合肥都市圈的同城化，以交通一体化促进都市圈的同城化，构建快速便捷的都市通勤圈。此外，还要做好合肥都市圈与南京都市圈的联动发展，谋划一批支撑东向发展的通道、枢纽项目。

（6）合肥市综合交通发展明显滞后，补短板的需求强烈，城际铁路建设处于起步阶段，辐射周边的高速公路通道拥堵问题十分明显，此外，机场枢纽功能还未充分发挥，港口集疏运体系尚不完善。

三、安徽省贯彻实施《纲要》的行动计划

2019年5月，国家层面的规划纲要发布后，安徽省于2019年7月发布了贯彻纲要实施意见的行动计划，其中就交通一体化工作明确了安徽交通的发展定位和发展重点。

（一）安徽交通的发展定位

（1）行动计划中提出要建设长三角联通中西部的重要开放枢纽，当好长三角一体化发展的重要方面军。安徽既是作为长三角地区的重要组成部分，同时也是长三角辐射中西部的门户所在，这一区位特点决定了安徽交通的发展除了要坚持东向融入外，还要注重于中西部地区间的互联互通。

（2）近期的发展还是以缩小与沪苏浙的差距为主。远期，到2035年，主要指标基本达到长三角平均水平，基础设施互联互通全面实现。

（3）对交通基础设施的发展方向和建设规模做了较为清晰的安排。现代轨道交通运输体系基本形成，省际公路通达能力明显提升，机场布局和功能定位不断优化，港口航道一体化协同性进一步增强。铁路网密度507公里/万平方公里，高速公路密度达到4.85公里/百平方公里（低于平均水平）。

（二）对交通一体化重点工作的有关部署

1. 积极共建轨道上的长三角

对轨道交通的重点工作和发展方向做了明确安排。在通道建设上，提出要重点畅通沿江和省际高铁通道；在区域城际铁路网的建设上，重点是推进皖江、皖北2个片区；对都

市圈市域（郊）铁路网的建设做了专门安排，在合肥都市圈和南京、徐州等都市圈毗邻区域规划建设同城化通勤市域（郊）铁路，研究利用既有线路开行城际、市域（郊）列车，实现中心城区至周边主要城镇的快速联通。到2025年，实现快速轨道交通网覆盖20万以上人口城市，相邻省辖市之间、省会与其他省辖市之间1.5小时通达，所有省辖市至沪苏浙主要城市3小时通达。行动计划中还分干线铁路、城际铁路、市域（郊）铁路3个层面，提出了重点轨道交通建设项目，其中和合肥有关的轨道交通项目包括以下：

干线铁路：加快建设商丘—合肥—杭州、合肥—安庆—九江，开工建设合肥—新沂铁路、沿江高铁武汉—合肥—南京段、巢湖—马鞍山—句容等高速铁路，开展合肥—襄阳—安康前期工作。

城际铁路：开工建设合肥—新桥机场—六安城际铁路，开展合肥—芜湖—宣城—宁国、合肥—池州—温州等城际铁路规划研究和前期工作。

市域（郊）铁路。推动合肥滨湖新区—机场等市域铁路规划建设。

2. 提升省际公路通达能力

其中，高速公路建设重点是强化通道建设，提高通行效率。一是谋划一批东联沪苏浙、西联中西部的省际高速公路通道，对此，安徽省高速公路网规划已经启动了修编工作。二是加快推进建成期早、技术标准较低的高速公路主通道改扩建，如合宁高速等。三是取消高速公路省界收费站。普通国省干线公路重点是等高对接，加快与苏浙地区相连的普通国省干线公路建设，提升瓶颈路段、拥堵路段通行能力。项目层面只涉及高速公路，对普通国省干线公路没有过多描述。

3. 合理打造世界级机场群

针对安徽省航空运输发展滞后，枢纽带动作用不强的实际情况，行动计划中提出一系列举措助推合肥提升区域航空枢纽功能，如加快机场总规修编、推进新桥机场二期建设，增加到机场通道；增加国际航线，加密国际航班等，在货运方面提出打造合肥国际航空货运集散中心。

4. 提升水运通江达海水平

水运方面的发展方向主要是围绕完善长三角高等级航道网和打造世界级港口群展开，安徽水运发展重点在皖江区域。合肥水运发展重点是依托引江济淮工程打通江淮运河，并推进合肥江淮联运中心建设。

（三）对更高质量建设合肥都市圈的有关部署

从区域协调发展的角度提出要更高质量建设合肥都市圈，重点包括以下三个层面的工作：

（1）合肥市层面，加快打造合肥长三角世界级城市群副中心，强化综合交通枢纽建设，发挥好长三角西向门户节点城市作用。支持合肥参与长江中游城市群建设，拓展省会城市合作的深度和广度。

（2）都市圈内部，推进都市圈同城化步伐，有序推进都市圈扩容，以基础设施一体化，构建便捷的都市通勤圈、优质生活圈、功能疏解承载地。

（3）都市圈对外，深化与长三角都市圈协调联动。重点加强与南京都市圈协同发展，打造东中部区域协调发展典范。

（四）对安徽省行动计划中关于交通一体化的几点认识

（1）在国家规划纲要的框架下，安徽省的行动计划对交通一体化发展的各项目标做了细化和落实，基本上做到了目标任务化、任务项目化。

（2）行动计划中明确了安徽省是长三角联通中西部的重要开放枢纽，并提出合肥要强化综合交通枢纽建设，发挥好长三角西向门户节点城市作用，加快打造长三角世界级城市群副中心，因此承东启西的通道建设就非常重要，包括既有通道的扩容和新通道的谋划，还要加强区域性综合交通枢纽（机场、高铁站等）建设。

（3）分方式来看，轨道交通方面重点做好干线铁路、城际铁路和市域铁路的建设，其中城际铁路和市域铁路是支撑都市圈同城化的重要交通方式；高速公路主要是主通道改扩建和新通道的谋划，比如合宁改扩建和合肥—周口高速、合肥—杭州方向的二通道建设。合肥市普通国省干线公路改扩建工程启动得较早，路网技术水平普遍较高，省行动计划中没有列入重点项目，但可以考虑从都市圈一体化发展的角度安排一些支撑项目，强化中心城市和都市圈其他城市间（合六、合淮、合滁、合芜、合桐）的联系。农村公路主要是四好农村路建设以及城乡客运一体化的有关工作。在水运方面，安徽主要的水运是长江水运，港区的建设重点是沿江的芜湖港和马鞍山港，但引江济淮工程的实施将实现江淮沟通，此外，合肥江淮联运中心的建设也是水运发展的一个重点。在航空方面，行动计划中明确了合肥新桥国际机场的发展方向和重点，推进新桥机场二期工程建设，并打造合肥国际航空货运集散中心，此外，还提出要加快通用航空发展。

（4）从项目层面看，行动计划从全省角度明确了一批重点项目，涉及综合交通运输体系的方方面面，尤其是区域层面确定的一些重大项目如铁路、航空、高速、水运等方面已经较为完善，在普通国省干线公路、农村公路等方面还有进一步细化和完善的空间。

第四章　合肥融入长三角一体化交通发展策略

一、发展目标

合肥市以长三角城市群的创新型都市、长江经济带创新驱动的重要集聚区、全国重要的现代产业基地、内陆地区对外开放新高地为发展目标，作为"一带一路"、长江经济带等重大国家发展战略中的重要节点，向东全面融入长三角一体化发展，向西承接长江经济带中下游城市群和都市圈。

按国家战略发展高度对标谋划交通体系，以"快速连通、高效辐射、一流服务、绿色智能"为目标，构建以对外通道（公、铁干线及长江水道和民航航线）为主干、城际通道（城际公、铁线路和内河水运）为骨架、城市道路为基础、客货运枢纽（公铁场站、港口、民航机场）为支撑，内联外通、相互衔接、层次分明、一体发展的综合交通体系。打造 2 小时对外交通圈，1 小时内部交通圈以及半小时城市通勤圈，高铁 2 小时可达周边各城市群，各市辖区至中心城区 1 小时可达，50 千米内的通勤出行半小时可达。打造广覆盖、快速辐射的"高速铁路、高快速公路、高等级航道"骨干网和"综合型"枢纽群。

（一）客运枢纽

建成以合肥新桥国际机场、合肥火车站、合肥南站、合肥西站为主体的综合性、立体化客运枢纽。建成完善的枢纽衔接网络，形成以机场和高铁客站为龙头的客运枢纽站体系。

枢纽站之间建成以公共交通为主体的衔接网络；建立新桥国际机场、合肥站、合肥南站、合肥西站等大型枢纽站之间的高效连接网络，且大型枢纽站至少与其他两个枢纽站建立直接的轨道交通通道。

（二）公共交通

公交分担率达到 60% 以上，其中大型枢纽轨道交通客流分担率达到公交集散份额的 60% 以上。

（三）城际交通

大型枢纽间半小时，大型枢纽至副中心城区 1 小时，与长三角城市群其他城市间 2 小时。

二、发展思路

近 10 年来，合肥市经济社会发展十分迅速，在区域和国家发展大局中的位置愈加重要，与南京、杭州相比，合肥市经济增速与城市发展增速优势凸显，2006～2017 年，合肥市 GDP 连跨 6 个千亿元台阶，2017 年底超过 7000 亿元，12 年间，杭州与合肥 GDP 比值从 3.2 降低到 1.8，南京与合肥 GDP 比值从 2.5 降低到 1.6，后发优势十分明显，副中心城市地位逐渐稳固。但当前合肥还没有真正担负起长三角世界级城市群副中心的职责，深度融入长三角城市群产业分工与合作体系中去，合肥市需要交通体系首先融入长三角城市群。

坚持枢纽建设先行，加强与长三角城市群、周边都市圈配套衔接，促进航空枢纽、铁路枢纽、公路枢纽一体化发展。有序推进各种运输方式节点体系建设，促进区域间、干支路间、城乡间运输网络的无缝衔接。推进综合运输通道内重点枢纽场站建设，完善集疏运体系，强化综合运输枢纽对各种运输线网的集约组织和优化配置功能，着力完善综合交通"最后一公里"，形成多模式、多层次、一体化，服务和设施双优胜的公共交通体系。

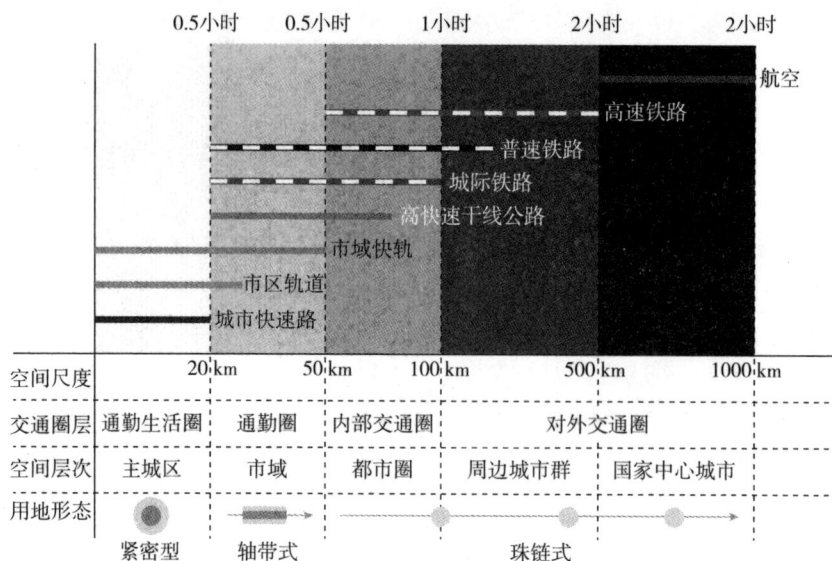

图4-1 公共交通体系完善技术路线

加强区域合作联动。融入长三角中心区一体化发展，加强与长三角中心区城市间的合作联动，带动周边地区加快发展。依托交通大通道及完善的综合交通体系，以市场化、法治化方式加强合作，持续有序推进G60科创走廊建设，打造科技和制度创新双轮驱动、产业和城市一体化发展的先行先试走廊的桥头堡。同时深化与长三角城市及中上游城市的合作交流，加强水运港口、高铁和高速公路联动建设，推动长江上下游区域一体化发展。

三、对策措施

（一）构建"快速辐射"一体化铁路体系

合肥建成与城市空间结构相协调，与区域一体化发展相适应，与城市轨道相衔接的一体化铁路网。合肥都市圈远期将建成"以国家铁路干线为骨架，城际铁路为补充，与城市轨道功能相协调，层次清晰、布局合理、衔接顺畅、资源共享"的一体化区域铁路体系，实现城际铁路出行服务全覆盖。强化与滁州、马鞍山、芜湖的城际铁路联系，通过供给侧结构性调整，提高重点通道中铁路运输方式的占比。同时要处理好城际铁路与高铁、普铁，与城市市域线的协调关系，也要处理好城际铁路与市区轨道、重点对外交通枢纽的衔接关系。

大力发展轨道交通，应注重不同功能层次轨道系统与区域空间布局的协调关系。国家干线铁路主要承担对外服务功能，与其他城市群及重要城市快速联系，服务空间为全国范围；城际铁路应主要承担城际服务功能，覆盖都市圈内的主要城市，服务空间以省域及都市圈范围为宜；市域快轨主要服务城市主城区与市郊功能区的联系，服务空间以市域内部，线路长度以小于50千米为宜；城市轨道重点服务城市主城区内部，线路长度以小于

30 千米为宜。

专栏 1　重点铁路项目

合宁高铁：北沿江高铁的一部分，合肥至南京段，速度目标值 350 千米/小时。

合沂高铁：从合肥出发，经过安徽的八斗岭、定远、明光、五河、泗县共计 6 站，及江苏的泗洪、宿迁、新沂 3 站，总线路距离约 330 千米。

合马城际：从合肥出发，途径巢湖，最终到达马鞍山，其中合肥到巢湖之间沿用商合杭高铁，新建巢湖到马鞍山之间的高铁，将巢湖和马鞍山深度融入合肥城市圈。

合六城际：东起合肥市，向西经新桥国际机场、空港新城后途经肥西县、寿县到达六安市，线路长约 90 千米。

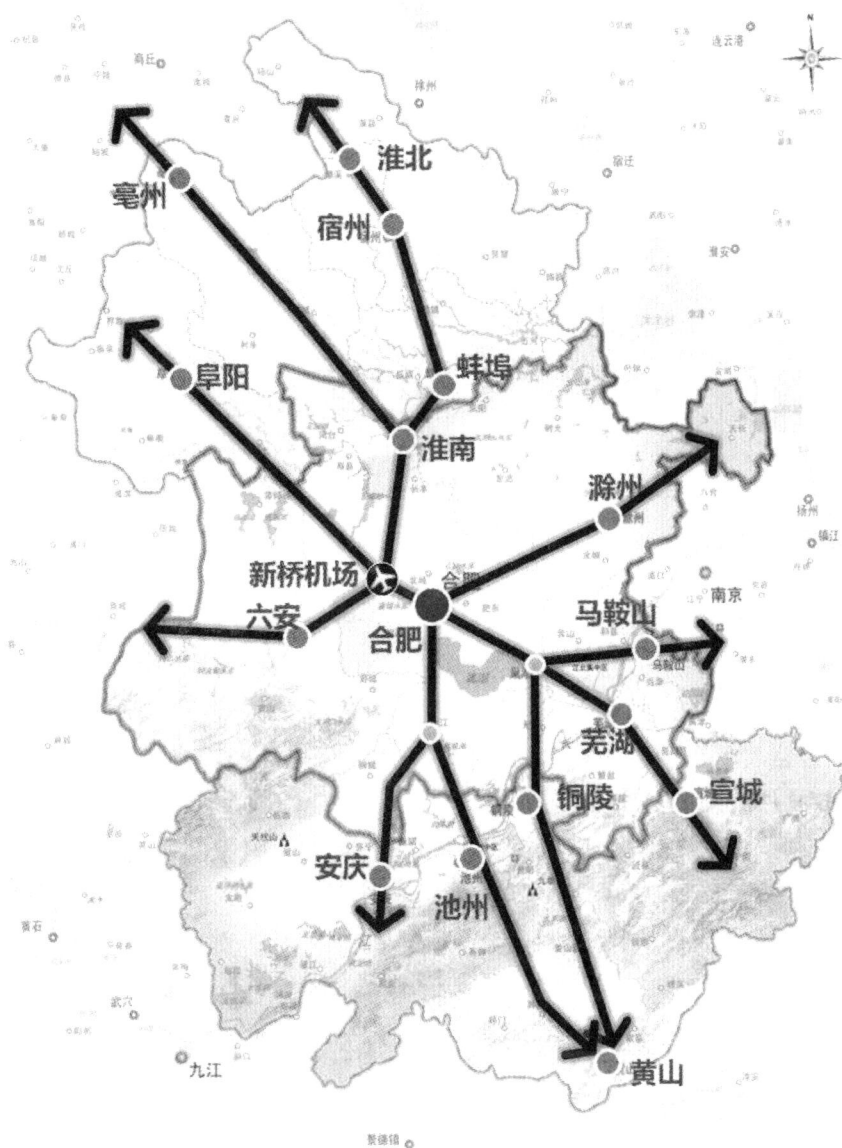

图 4 - 2　城际铁路线网完善示意图

（二）加快打造国际航空门户

为实现合肥市水陆空立体衔接联动发展，打造全国交通枢纽。合肥市着力提升航空枢纽能力及完善配套设施。

为加快建立合肥市航空枢纽，建议全面提升合肥新桥机场功能，合力打造长三角世界级机场群。加快推进新桥机场二期建设，开拓国际航班航线，不断提升合肥至国内主要城市的航线覆盖和航班频次，持续提升民航客运吞吐量，尽量缩小与南京、杭州等地的差距。充分利用空间资源优势，拓展加密货运航线。并尽早结合机场推进轨道 S1 线、城际铁路线建设。

专栏 2　合肥新桥国际机场二期工程

新建 T2 航站楼、西 1 跑道、飞行区和航站区等一系列配套设施，推进合肥新桥国际机场与城市轨道、城际铁路等交通方式的无缝换乘、有序衔接，打造合肥新桥机场综合交通枢纽，提升新桥国际机场的保障能力。

（三）建设区域性航运中心

实施引江济淮工程之前，合肥都市圈拥有长江、淮河两大优质水运通道，坐拥五大淡水湖之一巢湖，但水运资源缺乏优化和整合。

建议加快推进引江济淮工程，完善港口集装箱码头建设，提升合肥港运营的能力和效率，打造合肥国际始发港，强化合肥港在长三角内河港口的地位，推动港口一体化发展，深化与芜湖、马鞍山、宁波、上海等地国家级航道和港口衔接，依托上海国际航运中心，打造多条出海通道。借力长三角区域航运优势，实现江海直达。着力构建高等级航道，打造通江达海联系江淮、设施先进功能完善的区域航运中心。

建议加快推动合肥兆西河通江一级航道建设，兆西河航道，从全省航道网布局、功能、作用上来讲是合肥市第二入江通道，为合肥市货运融入长三角一体化提供重要的水运支撑，是江淮运河的重要组成部分，在全省航道网中将发挥骨架作用。目前合肥经济圈与皖江城市带、长江中上游交流主要依靠合九铁路、公路。合九铁路运能不足，公路运输成本较高，而水路需绕道合裕线，综合运输体系不完善。合裕线航道是合肥经济圈通江达海的唯一入江通道，在该航道上建有巢湖、裕溪口两座复线船闸，随着水运量的迅猛增长，两闸运量已趋于饱和，且只能解决合肥经济圈流向长三角地区的货物运输问题，腹地仍缺少一条通往长江中上游地区的快捷水运通道。从综合运输来看，兆西河航道不仅可以分流部分合裕线的运量，优化水运网络，同时可以分流部分陆路运量，减轻合裕线、合九铁路、公路的运输压力，极大地完善了合肥都市圈综合运输体系。整治兆西河航道，可为合肥经济圈与皖江经济带上游交流提供一条运距短、成本低的水运通道。

建议构建完整的"水铁公"联运体系，充分发挥综合交通运输体系优势，以水运港口为核心、以铁路站为依托、以城市干道为纽带，实现水运、铁运、陆运三运联动，实现多式联运一体化发展。

图4-3 合肥市航运中心区位

专栏3 重点航运项目

引江济淮工程：被称为安徽"南水北调"工程，是一项润泽安徽、惠及河南、造福淮河的大型跨流域调水工程，被誉为"十三五"中国水利一号工程。根据规划，主要建设内容包括输水（通航）河道工程、枢纽建筑物、跨河建筑物和桥梁、影响处理工程等。该工程将打破安徽省现有的航道网格局，使沙颍河、淮河、江淮运河、长江、芜申运河纵向疏通，成为继京杭大运河之后的我国第二条南北向水运大通道。该设计方案为，航行船舶从引江济巢三条线路经巢湖区溯流而上，在肥西县大柏店越江淮分水岭，经瓦埠湖、东淝河入淮河，全长290千米，主航道全长280千米。

兆西河一级航道：起点为下派深水港，至凤凰颈枢纽整治航道约118千米，退建堤防55千米；改建桥梁8座；新建船闸1座，结合引江济淮工程改建船闸2座；新建深水码头1座。工程新占地约14300亩。航道打通之后，将开辟合肥港—上海洋山港集装箱直达班轮，使合肥成为上海港的直接喂给港。减少中转环节，降低运输成本，提高区域发展竞争力，对促进合肥都市圈外向型经济、汽车产业和旅游产业快速发展及合肥交通运输结构调整都具有特别重大的意义。

（四）与国家高速网络大通道互联互通

等高对接长三角城市群的公路联系，尤其是与南京都市圈路网的高效衔接，积极落实国家、省高速公路规划方案，着力提高区域路网密度。同时，推进高速公路的扩容改造，进一步提升通行能力。建议加强推新建进德上（济祁）高速、沪汉高速、合滁高速，扩建合芜高速、合安高速的建设工作。

规划形成三环多向的高速公路网络结构，紧密衔接城市快速路网络和市域快速通道形成高快一体系统，打造"疏、至"协调的合肥市外部高速公路通道。

疏：规划新增京台西绕线，与沪陕二通道、明巢高速、沪蓉复线形成新绕城高速环，疏解合肥市高速区域过境交通；

至：在新绕城高速形成的基础上，京台（合安）高速和北侧南绕城高速远期进行城市化改造，提高新桥机场的高快速路可达性。

专栏4　重点高速项目

明巢高速：起点位于明光市徐明高速与宁洛高速交汇处明光枢纽，向南经凤阳县、定远县、肥东县，终点位于巢湖市柘皋镇、夏阁镇附近接芜合高速公路。

沪陕复线：东接江苏，分别经由全椒、肥东、长丰、寿县、霍邱等地，西接河南及陕西，可作为合肥市外绕城高速北线。

京台西绕线：北起蚌淮高速，南至合安高速，可作为合肥市外绕城高速西线。

沪蓉复线：东接江苏，分别经由和县、含山、巢湖、庐江、舒城、六安、金寨等地，西接湖北、四川，作为合肥市外绕城高速南线。

（五）构建城市绿色交通体系，畅通城市道路交通

虽然合肥基础设施不断完善，城市交通体系基本形成，但目前还处于粗放型建设模式向精细化发展阶段，与长三角其他城市存在较大差距，不利于提高城市的吸引力，难以提升辐射带动功能。

建议优先发展公共交通，构建以轨道交通、快速公交（BRT）与常规公交相结合的综合公共交通体系。目前合肥轨道交通已建成轨道1号线、2号线，在建3号线、4号线、5号线。建议结合轨道线路开展公交专用道的建设研究工作，完成与建成轨道线的衔接优化调整，完善公交线网及公交智能化的建设。

推进完善"环形、放射加方格网"的城市路网格局。目前合肥市区范围内已建快速路11条、主干路60条、次干路84条、支路623条，市区内道路总里程共2417千米。其中，快速路里程113千米，路网密度为0.23平方千米。已建成8条高架快速路，长约55千米，实现中心城区对外及主要交通枢纽的快速联系通道。应进一步推进主干路建设，增加组团联系通道，并提高次干路交通效率，完善城市支路网络。提升城市道路的畅达性，缓解交通拥堵。

专栏5　重点市区交通项目

S1机场快线：从新桥机场起步，经清溪路附近的新西站交通枢纽，一路南下向东南方向前进，在和1号线在合肥南站附近交汇之后，进入滨湖新区，最终抵达巢湖岸边。

第四篇

政策解读专题报告

▶ 关于江苏建设沪宁合创新轴倡议的思考
▶ 苏州市不动产登记工作考察报告
▶ 深入推进合肥市工业设计与制造业对接融合的调研思考
▶ 关于合肥市专业孵化器发展的调研思考
▶ 上海、苏州房地产市场调控考察报告
▶ 合肥市培育经济高质量发展新动能路径与对策研究
▶ 合肥市检验检测高技术服务业发展调研报告

关于江苏建设沪宁合创新轴倡议的思考

安徽大学创新发展研究院

创新一体化是长三角地区更高质量一体化发展的核心动力。2018 年长三角三省一市主要领导人座谈会前后，安徽省提出了建设"长三角创新圈"的倡议。2019 年 1 月 14 日，江苏省"两会"期间，南京市政府邀请上海、安徽和中科院南京分院部分专家，就江苏省科技发展战略研究院起草的《推进沪宁合创新轴建设的倡议》和《沪宁合创新轴总体发展规划方案（讨论稿）》进行咨询座谈，笔者应邀参加了咨询座谈。据悉，江苏省及南京市有关沪宁合创新轴建设的倡议，拟在今年全国"两会"作为提案上报中央。此举对国家正在调研编制长三角地区更高质量一体化发展规划必然极具影响，也给出了安徽省特别是合肥市联合兄弟省市合力推进长三角创新圈建设并上升国家战略的有利契机。

一、"沪宁合创新轴"建设的基本内容

（一）空间范围

江苏提出的"沪宁合创新轴"，以 G42 高速、沪宁合高铁、南北沿江高铁等交通干线为主轴，以上海、南京、合肥为支柱，包括苏州、南通、无锡、常州、镇江、泰州、扬州、马鞍山、芜湖等共 12 个城市。核心内容是在现长三角 G60 科创走廊的基础上，再建设以长三角中心城市为支柱的创新主轴，使长三角创新一体化布局全面覆盖三省一市，进而提升长三角创新能级。

（二）建设目标

经过若干年的建设，沪宁合创新轴要形成完善的跨区域创新体系，在重要领域科技创新接近或达到世界先进水平，形成一批在国际上有核心竞争力的自主知识产权和自主品牌，在全球价值链和产业分工体系中的位置大幅跃升，国际影响力显著增强，基本建成为创新要素集聚、创新功能完善、创新企业汇聚、创新人才云集、创新文化活跃、创新服务便捷、创新氛围浓厚的世界级创新带。

（三）重大项目

设立"沪宁合创新轴"联合基金，面向国际科学技术前沿和国家重大需求，围绕量

子通信、新能源、生物医药、新材料、集成电路等共同领域，联合组织大科学计划和大科学工程，提升代表国家参与国际科技前沿竞合的能力。大力培育科技产业集群，瞄准技术前沿，把握产业变革方向，联合攻克一批颠覆性、引领性的硬科技产业技术。发挥沿线城市梯度转移和分工协作的条件优势，协同推进创新成果落地转化，建设一批聚焦产业链布局的孵化基地和产业基地，着力打造一批科技产业新地标。加快发展先进制造业，以提高制造业基础能力和创新能力为重点，在坚持"四化"同步中挖掘放大沿线城市区位、土地、政策等优势，推动互联网、大数据、人工智能和实体经济深度融合，促进城市群产业上下游深度合作、错位分工、紧密协同，加快推动长三角制造业迈向全球价值链中高端，努力打造世界级先进制造业集群。

（四）合作机制

一是健全政府工作机制，在长三角区域合作办公室领导下，建立沪宁合创新轴联席会议制度和专题会商制度，设立实体运作的沪宁合创新轴办公室；协同建立知识产权联动服务和联合执法等。二是强化专题合作，深化区域科技产业深度联动。三是建立区域统一市场，加速创新要素自由流动。四是布局共建载体设施，创新合作模式。

二、江苏建设沪宁合创新轴倡议的影响

（一）有利于合力建设长三角创新一体化共同体

安徽提出的"长三角创新圈"包括沪宁杭合四大中心城市为主体的创新轴，江苏提出的沪宁合创新轴倡议与安徽提出的创新圈谋划不谋而合，表明共建长三角地区创新一体化体系中打造创新主轴的共识更为契合；表明江苏及南京希望加强与安徽及合肥开展创新一体化合作的强烈意愿，将有利于合肥发挥优长和特色，更好地彰显合肥主体推进创新一体化的作用。

（二）有利于长三角创新一体化布局完善和升级

目前长三角创新一体化已布局了一条 G60 科创走廊，率先实施了跨行政区创新一体化行动，因此其被列入长三角一体化发展三年行动计划。但 G60 走廊在空间上不涵盖江苏南京和苏锡常等大中城市，也不包括上海科技创新核心区张江和杨浦，同时，G60 走廊沿线除杭州和合肥外的大部分中小城市科技产业创新资源丰度不高，制造业特别是战略性新兴产业还不够发达，因而也被认为创新能级不够高。"沪宁合创新轴"倡议是对 G60 走廊布局的进一步扩展和完善，有利于更全面充分激发长三角创新资源富集区进行科技产业创新合作，联结更多更优的合作伙伴，拓展科技产业创新合作与联动。

（三）建设长三角创新轴有利于突出长三角创新一体化的优势、特色和效应

长三角沪宁合等中心城市不仅科技教育资源厚积，而且分布着密集的优势制造业，在京津冀、粤港澳大湾区和长三角三大国家战略板块中具有显著优势、特色。沪宁合创新带

围绕国际科技发展前沿、聚焦现代制造业和现代服务业进行创新，突出科技创新策源、新兴产业发展、突破行政壁垒的建设指向和功能，其中尤其重视和着力培育科技型企业，发展世界级科技型新兴制造业集群。安徽是制造业大省，合肥是富有特色优势的战略性先进制造业集聚地，有利于借助创新带的集成资源和优势空间，深化与江苏及南京先进制造业联动协作，获得构建现代科技产业体系的强大新动能。

三、几点建议

（一）积极回应江苏省的倡议，增进相关共识和推动合力

在全国"两会"前后，在省委省政府领导下，合肥应抓紧时机，加强与江苏省和南京市决策层及有关部门（发改、科技等）的沟通交流，就"创新圈"和"创新轴"建设的有关内容深入磋商达成共识，形成合力共推、深化互动合作，争取长三角四大中心城市为主体的创新共同体布局进入国家战略规划，获得国家层面更有力的支持。

（二）提升合肥与沪宁杭的城际创新一体化合作

合肥是全省科技产业创新的龙头，也是长三角地区创新一体化格局中的一极，应着力加强与沪宁杭的创新城际合作。目前，合肥与上海双城战略合作包括创新合作，且已经形成公认概念和推进态势，但与南京的城际合作尚未有战略性更大进展。应在省委省政府支持下更好地发挥主动性，深入细化合肥与上海、南京以及杭州的创新合作，深化战略对接、项目牵引和机制共建。

（三）借力创新轴建设，做强合肥创新体系

合肥作为长三角现有的 G60 科创走廊和江苏倡议的沪宁合创新轴中创新中心城市的一极，关键要做强自身。现阶段科技产业创新体系在空间上以城市群为单元已成为大趋势，合肥要构建和做强一流科技产业创新体系，需要把握机会扩充和"强身"。江苏倡议初稿中的创新带范围不包括蚌埠和滁州，其考虑不够周全。建议合肥在回应江苏倡议和合力推动中，要重视蚌埠和滁州的融入。滁州本在长三角城市群规划的沪宁合发展轴之中，且是合肥都市圈成员；蚌埠是国家合芜蚌自主创新示范区重要一极，科技产业创新也具有一定的特色和优势。将这两市融入合肥科技产业创新体系，有利于优化合肥科技产业创新体系的结构、布局和实力，建议借力创新轴建设机会，争取在长三角更高质量一体化发展国家规划中将蚌埠、滁州纳入合肥都市圈创新体系。

（执笔人：宋宏）

苏州市不动产登记工作考察报告

合肥市不动产登记中心、市政府政研室联合调研组

为学习先发地区不动产登记先进经验，2019年7月4~5日，市政府政研室会同市自然资源和规划局赴苏州市学习考察。近年来，苏州市紧紧围绕国家"放管服"改革部署要求，着力提升不动产登记服务水平，工作流程不断优化，办理时限大幅度缩短，办件数量和质量位居江苏省前列，群众满意度持续提升，给我们提供了很多有益的启示和借鉴。

一、苏州市主要做法

2016年1月，苏州市颁发第一本不动产权证书。截至目前，累计颁发不动产权证书和证明超过420万份，占江苏省的22%，位列全省第一。2018年9月，推行"一窗受理、集成服务"模式，通过流程再造实现5个工作日办结。

（一）建立信息共享机制

苏州市不动产登记目前已实现与公安、住建、税务、民政、司法、财政、人社、金融、水电气等部门的数据共享，提高了工作效率，方便了广大群众。通过与税务部门金三系统全面对接，解决了各类不动产登记业务线上核税以及手机缴税等问题。通过与公安部门的数据共享通道，实现了全国户籍人口信息获取和全国人口人脸核验功能。通过与省民政厅的数据共享，可随时调用全省婚姻登记信息。

（二）推动"互联网+抵押"登记业务

依托大数据技术，推出"互联网+不动产抵押登记"系统，建立统一数据接口，与银行等金融机构建立了业务互联平台。通过简化申请材料，优化审批流程，推行电子证照等举措，既方便了企业群众，也防范了金融风险。目前苏州市已与15家金融机构签订合作协议，开设抵押登记延伸服务网点240余个，办理抵押登记3.2万件，实现了抵押业务"全城通办"。

（三）实现业务在线联办

司法、财政、水电气等部门共同参与，实现了不动产登记相关事项的在线联动办理，以及不动产查控在线进行。通过数据共享、业务对接，全市11家法院可线上进行不动产

登记信息查询及不动产查解封业务办理。不动产公证在线办理。公证部门可在线查询核实不动产相关信息，并将不动产登记信息与公证信息互联共享。不动产登记费在线收缴。通过与财政、银行部门的系统对接，不动产登记系统中可直接生成收费信息，通过 POS 机刷卡、扫码等方式收缴相关费用，缴费信息实时上传至财政部门和银行，符合无现金模式要求。水电气在线过户。通过与水电气部门的信息共享，实现在申请转移登记时，一并进行水电气过户的申请，不动产登簿后将信息推送至水电气部门进行后续过户操作，并将办理结果短信通知申请人。

（四）其他可借鉴做法

一是聚焦登记主业。维修基金收取及存量房资金托管不是不动产登记的必要条件，故不动产登记部门不承担维修基金收取与存量房资金托管职能，相关事务由住建部门负责。二是政府购买服务。苏州市每年办理非公证继承业务约 800 件，共需公证费用 400 万元，所需经费全部由市财政通过政府购买服务方式承担。购买非公证继承业务的公证服务，既降低了登记风险，也提高了登记效率。三是注重硬件建设。苏州市财政安排 3.5 亿元专项经费用于不动产登记档案馆建设，目前项目已开工，建成后将统一集中管理不动产登记档案。

二、合肥市存在的差距和问题

（一）数据共享程度亟待增强

合肥市不动产登记数据已提供给公安、民政、房产、税务等部门使用，但办理不动产登记业务必须调用公安部门的户籍信息及人脸验证服务，民政部门的婚姻登记及地名地址信息，税务部门的金税三期接口服务，市场监管部门的工商注册登记信息，住建部门的竣工验收备案信息等。以上信息是目前合肥市不动产登记部门均无法及时有效获取，需要服务对象自行提供，不利于减证便民。国家、省、市统一的电子证照平台尚在对接之中，暂不具备电子证照使用条件。

（二）抵押登记延伸服务范围亟须扩大

合肥市虽与中国建设银行、中国工商银行、徽商银行等签订了不动产抵押登记合作协议，但因现有登记系统操作流程及技术条件限制，目前只有光大银行的 1 个网点真正实现了不动产抵押登记延伸服务，业务范围及网点数量与群众需求相比差距较大。

（三）档案管理工作尚不完善

目前合肥市不动产档案管理是分散存放管理，不动产登记档案、原国土业务档案、原规划业务档案没有统一归口管理。其中不动产登记档案 470 万卷分散存放在 10 余处，且多数为临时库房，存在较大安全隐患。

（四）登记中心职能有待理顺

合肥市不动产登记中心（国土资源信息中心）是一个机构两块牌子，目前除不动产登记业务外，还承担了征地拆迁补偿、土地规划评价、土地供应备案、基础测绘数据更新、物业专项维修基金代收、存量房交易资金托管等非登记职能。由于人员力量有限，难以集中精力抓好主业。

三、几点建议

根据合肥市不动产登记工作现状，借鉴苏州市的先进经验，现提出以下几点建议：

（一）统筹推进数据资源共享

一是加大市外数据资源获取力度。目前，税务部门金税三期接口、公安部门户籍人口信息和人脸核验服务，民政部门婚姻登记等信息，都需使用省级和全国的数据，建议以市政府名义积极协调上级有关部门，获取市外有关信息资源供合肥市使用。二是推进市内数据资源共享利用。建议由市数据资源局牵头，公安、房产、民政、市场监管等多部门协同配合，进一步完善信息共享交换平台功能，推动不动产登记相关数据直接通过平台提取，实现"信息多跑路、群众少跑腿"。三是加强存量数据资源挖掘整合。加大政策支持力度，保障必要工作经费，加快完成存量土地、房产等不动产登记信息整合工作。同步开展权籍数据补充调查，进一步提高数据质量。

（二）全力推动抵押登记延伸服务

根据《自然资源部中国银保监会关于加强便民利企服务合作的通知》（自然资发〔2019〕42号）和省自然资源厅与相关金融机构签订的协议内容，借鉴苏州模式，研究确定合肥市不动产登记抵押延伸服务实施方案。加强与各有关银行交流合作，共同制定业务流程优化具体办法，绘制形成各类业务网上办理流程图，及时签订合作协议，尽快开展不动产抵押登记延伸服务。

（三）尽快改善档案管理硬件环境

一是立足近期需要，租赁合适的工业厂房或仓储用房，加以改造达到档案存放技术条件，解决过渡期档案存放问题，租赁费列入财政预算。二是着眼长远发展，借鉴上海、苏州、杭州等地经验，规划建设独立的合肥市不动产登记档案馆。

（四）及时理顺市不动产登记中心职能架构

一是增设分支机构，设立滨湖要素大市场直属分中心，作为市不动产登记中心下属机构。二是剥离非主业职能，将市不动产登记中心目前承担的物业专项维修基金代收、存量房交易资金托管两项职能剥离，划转到市住房保障和房产管理局。将征地拆迁补偿、土地规划评价、土地供应备案、基础测绘数据更新等职能划转到市自然资源和规划局下属其他事业单位。

（五）着力加强不动产登记制度建设

根据"互联网＋不动产登记"系统建设及运行需要，及时出台不动产登记工作相关网上申请、网上查询的指导性文件。针对部门间数据资源共享，在市级层面建立统一的技术标准，确保数据的一致性、可靠性与安全性。参考苏州经验，制定针对非公证继承业务的政府购买服务制度，防范登记风险，提高登记质量。

（执笔人：骆昌鑫　张小松　李冰）

深入推进合肥市工业设计与制造业
对接融合的调研思考

市政府政研室、市经信局调研组

工业设计作为构成现代制造业核心竞争力的重要组成部分，是带动产业转型升级的先导性产业，也是推动各项创新的重要推手。合肥制造业基础雄厚，与工业设计融合发展大有可为。在经济高质量发展的时代背景下，大力发展工业设计，有利于丰富产品品种、增强产品附加值、增加有效供给，对提升工业特别是制造业水平，引导推进工业设计与制造业对接融合，创建自主品牌、提升工业竞争力，实现建设有国际影响力的创新之都的战略目标，具有十分重要的现实意义。

一、国内外工业设计产业发展情况

（一）国外提升工业设计作为国家战略

工业设计发达经济体几乎都制定有设计战略或设计振兴政策。自20世纪70年代至今，全球已有20余个国家把工业设计作为国家软实力的重要组成部分，并纳入国家战略，目前全球顶尖的工业设计企业主要集中在美国、欧洲、日本、韩国。美国以行业组织推动工业设计进步，通过工业设计师协会（IDSA）组织国际杰出设计奖竞赛、举办5年一次的国际会议等项目，评选年度优秀设计案例，出版季刊，向企业和社会宣传设计的重要价值。意大利通过每年举办世界家具与家居设计的顶尖展会——米兰国际家具博览会与"米兰设计周"，引领了设计的趋势和潮流。日本制定了一系列奖励制度和发展政策，积极引导设计产业转型。韩国提出"以文化设计为竞争力，以科技经济发展为核心"，颁布设计振兴法案，成立韩国工业设计振兴委员会，促进"韩国设计"不断迈向世界。

（二）国内逐渐将工业设计作为国家制造业竞争的核心动力之一

伴随经济全球化背景下商品竞争的日趋激烈与居民消费结构的不断升级，以技术和功能为核心的传统产品体系逐步被品牌化的服务与体验模式所取代，制造业对工业设计的需求呈现持续增长。近期国家工信部就《制造业设计能力提升专项行动计划（2019～2022)》在广泛征集意见，我国工业设计提升到一个新高度。深圳通过设立工业设计发展专项资金，制定管理办法和操作规程，形成了比较完善的工业设计产业政策体系，进一步拓展了全市与工业设计相结合的制造业类型，设有独立工业设计部门的制造业企业超2000家，专业工业设计公司超500家，工业设计从业人员近10万人，连续6年获德国IF和红点设计奖数量居全国之首。秦皇岛把工业设计作为新引擎，致力打造带动全省、辐射京津冀及周边地区、面向全国工业设计产业的集聚城市。秦皇岛市政府联合河北工业设计创新中心、深圳市工业设计行业协会、深圳中芬设计园共建了河北省首个工业设计国际化园区——中瑞设计港，引进国际型、领军型、实操型高端设计人才和团队，建设全球优秀设计师和机构的集聚地，推动国内外设计力量与秦皇岛制造业相融合。

二、合肥市工业设计产业发展概况

（一）合肥市工业设计发展的现状特点

1. 产业集聚效应日益显现

形成了以工业设计为主要特色的集聚区（基地），以蜀山区中国（合肥）工业设计城、经开区车库咖啡、高新区5F创意空间等为代表，聚集了众多工业设计企业。中国（合肥）工业设计城自2016年12月开城以来，引入了140多家国内外知名设计及上下游企业入驻，共计荣获红星奖、德国红点及IF奖、美国IDEA等国内外大奖100项，在较短时间内进入全国同类型园区第一方阵，先后被认定为省级现代服务业集聚示范园区、省级战略性新兴产业基地，成为合肥市规模最大的设计企业和设计人才集聚区。

2. 各类设计机构快速成长

层次得到提升。至2018年底，全市工业企业中拥有市级以上工业设计中心399家，其中，国家级5家、省级46家、市级348家，国家级总数居全国省会城市第二；企业投入不断加大。以江汽、38所、美菱股份、合力、惠而浦、美的、富光等为代表的制造企业设立了独立工业设计中心，设计投入占研发经费比例在30%以上；服务领域拓宽。以合肥鼎典、木马、启道、羽创易高、佳简几何、为先、方块、龙创、创品设计等为代表，60多家工业设计专业机构迅速成长，已具备了较强的设计创新能力，设计服务逐渐从外观设计向产品全生命周期设计服务转变，设计地域也逐渐扩大到省内外。

3. 发展环境逐步优化

形成了较为完整的政策体系。2015年以来，合肥市先后制定和实施了一系列支持工业设计产业的发展政策，出台了发展规划，2016～2017年市财政每年拿出1000万元以上的资金，实际每年兑现1200万元，有力地支持了合肥市工业设计产业发展进入快车道；行业影响不断扩大。依托工业设计协会，通过政府购买服务，先后举办了十四期工业设计大讲堂、四届创意设计涂鸦大赛暨国际设计专家研讨会、中韩创新设计论坛、中国（合肥）五星设计奖高峰论坛、国际工业设计创新发展座谈会、中国（合肥）工业设计师职业发展论坛等全国性、国际化活动，形成了一批活动品牌；设计人才培养得到重视。合肥工大、安大、安徽建大、合肥学院等在合肥高校均开设有工业设计专业，为本市产业发展培育了大量设计人才，也增强了研发创新的基础资源，全市工业设计从业人员目前有1500多人，平均年龄在30岁左右，成为推动合肥市工业设计产业发展的骨干力量。

4. 设计制造融合对接初见成效

从 2018 年 6 月起，围绕产品升级、新产品开发等内容，结合工业企业实际需求，市经信局组织开展"工业设计进园区、进企业"系列活动，采取"需求对接 + 服务对接 + 方案对接"等形式，对接需求，开拓市场，进一步加强供给侧结构性改革，切实解决工业设计企业反映的设计产品成果转化难问题，目前已有近 30 个项目达成合作意向，其中 9 个项目已签订初步合作协议，实现了设计企业和制造企业的"双赢"。

（二）合肥市工业设计发展存在困难与不足

1. 工业设计驱动力不够强

工业设计发展氛围不够浓厚。大多数企业负责人，特别是一些最初由代工成长起来的中小企业和外贸企业，轻视产品原创设计与品牌建设，往往把工业设计当作是一种附属品；对工业设计工作重视不够，排不上议程，观念转变滞后，与专业设计服务合作存在一定的难度；知识产权保护措施单一，专利申请效率低，对违法者惩治处罚力度小。

2. 专业设计层次还不高

工业设计必须和现代各种技术结合才能更好地发挥价值，并起到杠杆撬动作用。但大多数设计价值链目前以中低端为主，还停留在外观设计、包装设计、界面视觉设计等层面上，不能深入挖掘产品规划、设计管理咨询等高端增值设计服务环节，无法实现工业设计在企业形象设计、用户体验、交互设计等更广领域的应用与创新，更无法利用现代大数据、智能技术实现人机系统匹配以迅速融入高端制造业领域。

3. 设计服务体系仍有短板

特别是与广州、深圳相比，合肥市工业设计产业链不完善，前端创意表达、后端手板制作、CMF（Color‑Material‑Finishing 颜色、材料和表面处理）等环节严重缺项，设计创意在合肥市还无法实现"快速转化"。中小型工业设计机构对工业设计共性技术、关键技术、人才培训、信息咨询、成果推广及投融资等方面的服务需求还难以满足，工业设计公共服务平台投入和建设不足。

4. 领军型设计机构不多

现有的设计机构多以民营中小企业、微型企业为主，缺乏具有国内外竞争力的龙头企业。标志性成果不多，设计成果产业化率不高。以低端外观、结构设计为主的中小微设计公司行业内竞争激烈，部分设计公司生存困难。工业设计方面人才支持政策不明确，引进的设计人才难以留住，工业设计创新型人才不足。

5. 政策的延续性仍需加强

自 2018 年以来，合肥市调整了工业设计产业支持政策，取消了对引进工业设计领军企业等的支持，抬高了获奖奖励的门槛，仅对获国内外大奖金奖企业和服务 30 家以上工业企业的专业设计公司进行奖补，结果全年仅兑现奖补资金 50 万元。相比之下，深圳对引进工业设计领军企业一次性给予 200 万元直接奖励，对各类获奖奖励计划覆盖面也比较全；2019 年合肥市工业设计产业政策在 2018 年的基础上，增加了工业设计成果产业化奖励，但全年工业设计奖补资金预算安排只有 400 万元，从目前摸底情况看，资金缺口较大，覆盖面可能比较窄。

三、下一步发展合肥市工业设计的对策建议

（一）扩大工业设计服务供给

引导工业设计中心高质量建设。加强国家级、省级、市级工业设计中心交流合作，推进建立协作机制，提供开放式服务，解决企业尤其是中小企业遇到的共性技术和关键技术，推动形成设计、研发、实验、检测等全流程产品设计创新产业链；扶持专业化工业设计公司。关注重点行业领域的可持续设计问题，打造一批具有较强竞争力的优势骨干企业，含企业工业设计中心和工业设计企业，加强设计和服务能力建设；建设"工业设计智慧云网"服务平台。支持工业设计资源数据库、成果展示库和快速模具手板打印中心、工程实验室等服务平台建设，打造集人才、赛事、培训、手板等一体的大数据综合平台——"工业设计智慧云网"信息平台；按照国家工业设计研究院创建工作指南，支持企业、高校院所等各类主体加强设计基础研究和设计工具开发，鼓励设计公司与生产企业、贸易商开展项目入股、产品分成、品牌共创等多种合作，支持设计公司建立自有产品品牌，适应工业设计对"市场的快速响应"。

（二）激发工业设计市场需求

鼓励企业购买工业设计服务。鼓励制造企业将可外包的设计业务发包给工业设计机构，提升产品视觉形象，加快产品升级换代和品牌建设。强化政策效果导向，加大对购买工业设计服务、工业设计成果转化的支持力度；打造工业设计品牌活动。秉承"国际化、专业化、高端化"理念，开展工业设计周、工业设计赛事、产业对接等活动。支持行业组织选择优秀设计产品组团参加国际工业设计专业展，在细分领域打造全国性设计品牌活动，推动展览展示、高峰论坛、新品发布的品牌化，扩大合肥设计影响，推动合肥设计"走出去"。

（三）加强产业产品设计创新

聚焦重点行业和重点产品突破。组织工业设计专家行，支持设计机构发挥专业优势，深入我市制造企业，选择工业装备、智能终端、可穿戴设备、智能家居、音视频产品、运动休闲产品、医疗健康产品等重点领域和产品，问诊把脉，提供精准高端设计服务，推进产品升级换代，打造名品、名牌、名城；聚焦区域特色产业提升。鼓励各县区依托特色产业集群强力推进工业设计，在产业链各环节植入工业设计，推动"设计＋品牌""设计＋科技""设计＋文化""设计＋资本"等商业模式和新业态发展，打造"设计＋产业链"，提升区域特色产业水平，加强设计标准、规范、方法的研究推广，尽快形成一批有影响力的区域品牌。

（四）推动工业设计专业园区建设

推动中国（合肥）工业设计城提档升级。参照广东和杭州设计城经验，将中国（合

肥）工业设计城打造成省级工业设计中心，同时提高运营能力和专业化服务水平，增强园区吸引力，促进工业设计企业聚集发展，努力打造国家级工业设计产业示范基地。试点建设创意设计小镇，推动工业设计与文化创意园区融合共建；推动中德教育合作示范基地设计园区建设的落地工作。谋划以 CMF 研究应用为出发点、搭建 CMF 空间展示区、建设新材料馆，提供整套色板、材质模板，使合肥市的工业设计也能像广州、深圳那样拥有完整的产业链条。发挥合肥在国家综合性科学中心和工业设计园区的作用，加强产业规划布局，鼓励和支持有条件的县区引进国内外工业设计机构。

（五）强化工业设计发展支撑

加强工业设计人才培养。将工业设计人才纳入高层次人才培养和选拔范围，探索建立工业设计人才评价、培养、激励、流动机制，并给予相关政策支持。加快院校工业设计课程创新，支持院校与企业联合建设工业设计产业实训基地和"订单式"人才培训基地；鼓励设计机构、制造企业联合建立实训基地，培养更多国际化、高素质设计人才；开展工业设计统计评价。建立统计评价指标体系，完善工业设计统计调查方法和制度，客观反映我市工业设计发展规模、水平和竞争力，以及工业设计活动对制造业发展的贡献。做好工业设计统计培训和统计评价工作，发布我市工业设计发展报告。

（六）加大组织推动力度

加强组织领导。成立合肥市工业设计发展领导小组，由分管市长任组长、市经信局牵头、市直有关部门负责同志为成员，统筹协调推进工业设计发展，各县（市、区）政府相应成立工作领导小组，形成推动工业设计发展的合力；完善市县工业设计发展支持政策。借鉴深圳、秦皇岛等地做法，出台了《合肥市工业设计产业发展实施意见》，在合肥市现有支持政策的基础上，加大资金支持力度，增加培育工业设计龙头企业发展、推动工业设计创新成果转化应用、资助产业化过程中制作工程样机、采购设计软硬件和实验设备材料等条款，实施知名工业设计奖奖励计划，确保年度工业设计发展资金预算安排。有条件的县（市、区）要设立相应的工业设计发展专项资金，形成多级联动支持机制。

（执笔人：黄传霞　项婷婷　昂扬）

关于合肥市专业孵化器发展的调研思考

市政府政研室调研组

专业孵化器是专业型科技企业孵化器的简称，主要围绕某一特定技术领域，组建专业化管理团队，为该领域中小企业或科技项目提供专业服务内容，使特定对象快速健康成长，是推进科技成果转化、促进应用创新的有效载体。相比综合型孵化器，专业孵化器孵化功能更全、孵化效率更高、孵化效益更好，是现阶段科技孵化器的重要发展方向。近期，市政府政研室实地走访调研了合肥工业大学智能制造技术研究院、合肥车库咖啡智能家电孵化器和桃花智谷创业园等专业孵化器，与中国声谷创业园、新鼎明创新创业基地等10余家专业孵化器负责人进行了座谈交流，在此基础上形成了对合肥市专业孵化器发展状况的一些认识体会。

一、合肥市科技企业孵化器发展现状与成效

截至目前，全市共有市级以上科技企业孵化器59家（国家级12家、省级23家、市级24家），总孵化面积达75.25万平方米，管理机构从业人员541人。经过多年发展，我市科技企业孵化器发展取得一定成效，具体表现在以下几个方面：

（一）培育了众多科技创新企业

截至2018年底，全市科技企业孵化器在孵企业1832家，累计已毕业企业1427家，其中国家高新技术企业137家；在孵企业实现销售收入3.53亿元，利税2872万元。涌现出科大讯飞、阳光电源、美亚光电、华米科技、欧普康视等一大批优质创新型企业，全市高新技术产业占比显著提升。

（二）聚集了大量创业创新人才

截至2018年底，全市科技企业孵化器内从业人员达到30228人，其中大专学历以上人员26733人，占全部从业人员比重的88.4%，留学归国人员174人，千人计划人员9人，吸纳应届大学毕业生2574人，为合肥市经济社会发展和创新型城市建设做出了重要贡献。

（三）转化了一批国内领先成果

以合工大智能院为例，自成立以来，先后组建高科技研发团队70余个，完成科技成

果转化、技术咨询、技术服务项目 220 余项；获得科技经费和人才培养经费 1. 25 亿余元；重点支持了 36 项重点科技成果转化及产业化项目，共申报专利 210 余件，已育成高新技术企业 55 家，新增注册资金 4 亿余元，引进投资基金 1 亿元，水文监测无人船、移动服务机器人电机驱动控制器等一批国内领先科技成果实现产业化。

（四）形成了不同孵化发展模式

近年来，合肥市来自高校、科研院所、龙头企业、风险投资机构的不同主体，纷纷结合各自的资源优势，建立起各具特色的孵化载体。合工大智能院（高校主导推动孵化裂变模式）、中科院合肥技术创新院（背靠大院大所促进科技成果快速转化模式）、荣事达智能家居众创空间（围绕龙头企业产业链上下游全链条孵化模式）、华米科技硬客公园（依托专业优势专业化运营模式）、中国声谷创业园（政府主导下牵引集聚发展模式）等迅速成长为知名孵化器品牌，其中，荣事达智能家居众创空间入选科技部国家专业化众创空间示范机构（安徽省唯一）。

（五）涌现了一批优秀民营主体

一批民营企业家积极投身专业孵化器建设，如车库咖啡智能家电孵化器，以合肥家电产业集群为依托，组建国内首个从事垂直细分的家电产业科技创新孵化器，创业团队围绕在孵项目以自有资本为牵引吸引社会投资，先后投入自有资金超过 500 万元。合肥新鼎明创新创业基地聚焦影视行业，发起组建 10 亿元规模的影视产业基金，着力打造影视文化精品，助推合肥影视文化产业发展。臭皮匠大健康孵化器落户肥西县桃花镇，定向瞄准大健康行业，吸引了 10 余个博士创业团队落户，自 2017 年成立以来先后完成市级和省级专业孵化器认定，年均纳税 500 余万元，有力地促进了县域经济发展。

二、合肥市专业孵化器存在的主要问题

（一）总体数量规模不大

截止到 2018 年，合肥市科技企业孵化器总数仅为上海（180 家）的 1/3，不到北京（152 家）、南京（152 家）、杭州（131 家）的 1/2，与武汉（82 家）也存在一定的差距。在 59 家市级以上科技孵化器中，专业孵化器仅 12 家，专业孵化器数量仅为上海（48 家）的 1/4，不到杭州（30 家）、武汉（28 家）的 1/2，规模明显偏小。

（二）专业化程度不高

部分科技企业孵化器创办时缺乏清晰定位，甚至在入孵企业选择上，为满足政府奖补政策要求，简单推行"装进篮子都是菜"，对入孵项目的行业属性、技术先进性、团队合理性等缺乏研判，导致与主导产业相关性不够的项目入驻到孵化器中。只有少数如智能制造（合工大智能院）、智能家电（车库咖啡）、人工智能（中国声谷）和影视技术（新鼎明创新创业基地）等孵化器围绕特色领域专注孵化，大多数孵化器是广泛涉及各个行业，

集聚度不高。

（三）孵化空间和配套设施供应不足

目前各类专业孵化器都面临创新资源快速集聚，孵化空间和配套设施供给不足的情况。合工大智能院主攻应用技术转化，目前是包河区政府提供的一处临时场地，已经全部排满，新项目需要排队入驻。桃花智谷创业园成立仅1年时间，现已正式签约企业46家，但只有20家企业入驻，其他企业正在等待桃花镇政府协调新的孵化场地。中科院技术创新院Ⅰ期工程还在建，就已全部预订完，尚有一些孵化项目无法入驻。

（四）专业服务能力不强

大多数专业孵化器仍然是以"物业＋基础服务"为主要经营手段，不少孵化器也存在过于依赖房租收入和政府补贴问题，"自我造血"功能不足，所谓的服务主要体现在场地设施、物业管理、日常行政服务方面，而专业孵化器所必需的政策法律支持、财务与融资服务、技术及人才服务、经营管理支持等方面非常欠缺，投融资激励机制不健全，孵化器运营类人才缺失，专业服务能力严重不足。

（五）产业公共技术服务平台建设成效不明显

公共技术服务平台建设仍然是合肥市产业孵化器的短板。一是缺乏统筹管理和战略规划。合肥市对产业公共技术服务平台发展一直没有全面系统的顶层设计，缺少相应的政策法规，难以实现不同产权平台间的有效协作与资源信息共享。二是投入主体单一、社会力量参与不够。在建平台仍以财政直接投资为主，尚未充分发挥市场在资源配置中的决定性作用。三是平台难以自我造血、良性发展。据高新区科技局反馈，区内原创动漫技术研发平台长期依靠财政资金支持，近年来软硬件更新和设备维保费用持续增加，运营状况堪忧。

三、加快发展专业孵化器的相关建议

（一）制定发展规划

当前产业转型升级逐步深入，孵化器同质化竞争日渐加剧，综合孵化器难以满足产业发展的需要，专业孵化器建设是大势所趋。建议市科技、发改、经信等部门瞄准一批高精尖领域细分产业，形成专业孵化器产业链，发挥集群优势助力产业集群发展。结合数据资料和实际情况看，有三大产业方向亟须及早布局。一是高端制造业。聚焦新型显示、集成电路、新能源汽车等高端制造产业，支持京东方、合肥长鑫、阳光电源等产业龙头企业培育专业孵化器，推动高端制造业集聚发展。二是高技术服务业。围绕人工智能、公共安全高技术产业，支持类脑智能技术及应用国家工程实验室、清华大学（合肥）公共安全研究院等高技术应用技术研发平台培育专业孵化器，重点开展相关业务信息化系统咨询服务、方案设计、集成性规划、检验检测等专业服务。三是特色优势产业。以量子信息科学国家实验室建设为契机，依托中国科大量子通信、量子计算和量子测量全产业链研发和应用布局，培育量子产业专业孵化器，重点招引国内外优质量子技术应用型企业落户合肥。

（二）强化政策支持

产业政策方面，现行政策体系中缺少有关专业孵化器认定的专项奖补措施，只有考核"优秀"才能获得一定资金奖励，建议在逐年动态更新的《合肥市培育新动能促进产业转型升级推动经济高质量发展若干政策实施细则》"支持自主创新政策"中增加支持高校、科研院所、龙头企业和社会资本成立专业孵化器有关内容，特别是加大对聚焦重点产业和未来优势产业布局等领域设立建设的支持力度。人才政策方面，建议市人社局牵头，建立健全科技服务类人才职称评定和发展支持政策，畅通从事孵化行业的科技服务人员职称评定通道，对认定的高层次人才给予个人税收、社会保障、安居置业等方面的优惠与支持。投融资政策方面，鼓励市级产业投资基金对国家级和省级科技成果转化引导基金拟投项目进行跟投，市产投公司根据项目发展需求做好后续融资服务工作。探索建立专业孵化器自主投资风险补偿机制，对省级以上专业孵化器运营主体利用自有资金对在孵企业进行股权投资并取得成功的，按照孵化器实际投资额的一定比例给予风险补偿奖励。

（三）优化公共服务

一是加快产业公共技术服务平台建设。国内外科技创新实践表明，产业公共技术服务平台在提高创新效率、降低开发成本、缩短研发周期、改善创新环境等方面具有重要作用。建议市科技局牵头规划布局全市重点产业公共技术服务平台，提供配套政策支持。重点推动高校、科研院所和龙头企业开放内部检验检测等技术平台，与专业孵化器自建技术平台互为补充，提升专业孵化器研发、中试、测试、信息服务等孵化服务能力。二是做好牵线搭桥，引导服务对接。建议市科技局牵头，为专业孵化器与科研机构、高校、律所、行业协会、领军企业、社会团体等机构的对接牵线搭桥，引导社会资源向专业孵化器流动。三是建立双向联络员制度。建议将工商、税务、财政、科技、人社、国土、质监、银监、商务等政府职能部门的服务延伸到专业孵化器，建立各部门与专业孵化器的双向联络员制度，及时为新进驻的初创企业提供全方位优质服务。

（四）完善评价体系

建议市科技局牵头，编制完善《合肥市科技企业孵化器认定和管理办法》，加大科技企业孵化器建设培育力度，对一些新设立的重点产业领域专业孵化器持续跟踪辅导，同时协助开展省级和国家级专业孵化器申报。参照国家和省级科技企业孵化器考核评价指标体系，制定完善《合肥市科技企业孵化器年度绩效考核办法（试行）》，以孵化环境和能力建设为导向，对全市范围内的国家级、省级和市级专业孵化器开展考核评优工作。强化考核结果运用，对连续考核不合格的市级专业孵化器进行摘牌。

（执笔人：黄传霞　熊立勇）

上海、苏州房地产市场调控考察报告

市政府政研室、市自规局联合调研组

根据市政府主要领导要求，2020年7月初，市政府政研室会同市自然资源和规划局、市房产局赴上海、苏州两地考察学习。围绕"稳地价、稳房价、稳预期"和建立房地产调控长效机制，集中座谈交流房地产市场调控机制和管控措施，实地考察园区租赁住房改造项目。在考察交流中，大家深刻感到，上海、苏州两市落实城市主体责任力度大、措施实、对策精，通过清晰的规划引领、精准的管控措施、紧密的协同配合，建立了高效的房地产调控长效机制。2020年1~5月，上海市新建商品住房价格指数增幅仅为0.5%。

一、两地房地产市场调控的主要做法

（一）扩大有效供给

一是稳定扩大住宅用地供应。上海市住房发展规划明确，"十三五"住房供应较"十二五"增加约60%，近3年均保持700~750公顷的年供地规模。根据上海市总体规划，2035年上海市常住人口控制在2500万人左右，仅比2018年的2424万常住人口略有增长，城镇居住用地规划由现在的660平方千米增加到830平方千米。苏州市早在10年前就建立了年度供地计划公布制度，通过年初公布供地总量和结构稳定社会和市场预期。2016年以来又适度加大了城区居住用地供应计划，每年保持400公顷居住用地供应规模。

二是稳定增加商品房供应。上海市在强化前期"四位一体"住房保障体系的基础上，商品住宅供地向中小套型倾斜，新建商品房中中小套型占70%。同时，坚持单纯居住用地和适度规模供应，居住用地不搭配其他用途用地供应，供应规模控制在12公顷以下，并通过合同对开竣工期限、配建设施等的硬约束确保居住用地供应转化为可售房源。2016~2018年，上海市商品住宅上市面积总计4496万平方米，按平均容积率2计算约合2250公顷。苏州市自2003年起施行住宅用地分类保障，供地计划中保障性住房比例不小于30%，商品住房比例不大于70%，确保廉租房、共有产权房、公共租赁房等保障性住房土地供应。

三是稳定增加租赁房供应。上海市加大租赁住房用地供应，2017年推出首个纯租赁住房地块，在轨道交通站点周边等交通便利地区和产业园区、大学周边等租房需求较大区域，增加租赁住房配建和自持的比例，对租赁住房套型、人均面积、套均人口等建立指标要求用以指导完善公共配套设施。在苏州，我们实地考察了苏州工业园欢愉公寓项目，通过对园区原配建的职工集体宿舍进行公寓化改造，形成了居住功能完整、公共活动场所齐全、安保设施完备、物业服务规范、环境整洁优美的品牌公寓（4 幢 2.2 万平方米，套均30 平方米、人均 15 平方米左右、人均月租 1000 元左右），深受在园区创新创业的大学生和年轻人欢迎，出租率一直保持在 98% 左右。

（二）加强市场监管

一是实行土地全周期管理。2016 年起，上海市对经营性用地实施全要素、全过程管理。土地出让前，将所有的出让条件和预约合同全部网上公示；土地成交后即当场签订合同，将规划要求、开竣工时间、出让价款缴付进度、建设品质、后续运营管理等要素全部纳入合同；后期由政府相关部门分别负责监管落实，有效避免延期开竣工和延期缴纳土地出让金现象，确保土地出让后尽快形成可售物业用于市场供应。

二是实行竞买资金穿透监管。上海市对土地竞买资金采取审查制。土地竞买报名前，竞买人需将所有资金归集到一个专门账户，由银行出具证明，保证账户资金全部用于支付土地出让金。土地竞买报名时，竞买单位需填写资金来源表，详细注明每一笔资金的来源，规划和自然资源管理部门委托第三方进行核查，确保资金来源符合有关规定。开发企业取得土地后，适时由金融管理部门会同银监部门和会计师事务所进行抽查。

三是完善商品房预售管理。苏州市规定，市区 3 万平方米以上商品住宅项目分期开发的，每期申请预售面积不低于 3 万平方米；3 万平方米以下商品住宅项目一次性办理商品住宅预售许可。项目取得预售许可证后，预售房源在 10 日内一次性全部对外公开市场销售。

（三）创新调控方式

一是改革商品住宅用地出让方式。上海市商品住宅用地供应采用招标加挂牌复合式出让，具体分两步：第一步是招标，根据竞买人既往开发经历及资金充裕程度等要素进行打分，先期确定 2~3 家竞买人；第二步是挂牌，招标后再挂牌，如为 2 家则竞买。招标加挂牌复合式出让方式既保证了公开竞争，又体现了理性竞争。

二是坚持地价与房价联动。上海市规定，土地出让前，由房产部门提供宗地附近区域新建商品房和二手房价格，扣除建安成本、财务成本和适当利润，得出拍卖的起始价，避免价格过低或过高。苏州市规定，拟出让地块确定后，由市资源规划部门会商评估起拍价和最高限价。

三是实行土地竞价和预售条件挂钩。苏州市设定土地出让市场指导价，土地出让成交价超过市场指导价的所有项目，土地竞得人全额缴纳出让金期限缩短为 2 个月。2016 年10 月起，土地报价超过市场指导价的，工程结构封顶后方可申请预售许可；超过市场指导价 10% 的，工程竣工验收后方可申请预售许可；土地报价超过土地出让市场指导价25% 的，中止网上竞价，转为"一次报价"出让方式。由各竞买人重新竞价，按最接近所有报价平均价原则确定竞得人。2019 年 5 月，苏州市再次收紧土地竞价规则，土地竞价超过市场指导价 5%~10% 的，需工程竣工验收后方可申请预售许可；土地竞价超过市场指导价 10% ~ 25% 的，转为"一次报价"出让方式。

（四）实施政策组合

限购方面，上海市规定，非上海户籍在沪购房须提供连续 5 年以上的纳税证明或社保证明；苏州市规定，非苏州户籍居民申请购买第 2 套住房时，应提供自购房之日起前 2 年内在苏州市区累计 1 年及以上纳税证明或社保证明。两市均实行差别化信贷政策。限价方面，上海市实行商品住宅价格备案"3 + 2 + 1"机制，即：区级层面实行现场查看、周边房屋价格信息采集、项目价格核定 3 级核备；市房管部门实行受理、审核由 2 个内设机构分别办理，互相监督和制约；建立 1 个会审机制，由市房管部门组织相关部门和专家会审，确定最终价格。对开发商因竞得过高地价造成项目亏损的，严格按合同约定执行，并明确精装房装修计价最高不得超过 2000 元/平方米。苏州市商品住宅首次开盘的，备案价格利润率不超过 10%；多次开盘的，下一批次备案预售价格不高于上一批次同类型房屋成交均价的 6%。限售方面，2019 年 3 月起，苏州市针对涨幅较大的苏州工业园部分二手学区房实施限制转让措施，规定取得不动产权证满 5 年后方可转让。

二、主要启示

（一）把诚信体系建设作为精准调控的主线

两市均出台房地产市场信用体系建设相关政策，并通过加强监管规范市场行为，净化和维护良好的市场环境。上海市要求竞地企业出具书面承诺，承诺资金来源符合央行和银监、证监、保监部门规定，如发现问题则纳入信用体系"黑名单"，限制直至禁止其进入房地产市场。2018 年以来，又进一步实施资金穿透式监管。苏州市于 2015 年出台了住建系统社会信用体系建设的政策意见，制定了《苏州市住建领域诚信库数据标准》，构建住建系统"一网四库一平台"（即诚信住建网；企业、人员、项目和信用四大基础数据库；住建领域诚信监管平台），与"诚信苏州"实时对接。目前，苏州市建成房地产经纪与信用管理平台，全市经纪机构、经纪服务人员纳入备案管理，购房者可查看经纪机构信用等级与经纪人信息。

（二）把紧密协同配合作为精准调控的保障

在土地收储、报批、上市、市场指导价确定等各个环节，两市各部门均主动作为、密切配合，协同做好相关工作。上海市在确实项目供地时，明确由相关部门提出配建项目和具体标准，并将其全部列入供地合同，商品房出售前，相关部门负责验收并接受配建设施，如因部门未提出配建要求和验收不严格而造成公共服务不配套，则对相关部门进行问责。

（三）把夯实基础工作作为精准调控的基石

两市均高度重视新建商品房、二手房价、拟入市地块周边区域地价、配套公共服务设施等房地产基础数据汇集和分析工作。苏州市建立了城区商品房和可售存量房信息查询系统，商品房可售楼盘、可售房源、即时成交房屋信息，可售存量房位置、户型、面积、土地使用权取得方式和使用日期、参考总价等信息均可实时查询。完备的基础工作为实施精准调控奠定了扎实基础。

三、对当前问题的基本研判

此次住建部和自然资源部指出合肥市存在的主要问题有三项：一是供求关系较为紧张，商品住宅可售面积的去化周期仅为6个月。同时，截止到2018年底，已供未竣工住宅用地面积共2255.6公顷，可提供住宅用地建筑规模4531万平方米。二是房地产领域资金流入仍然较快，4月末房地产贷款余额占金融机构贷款余额的42.7%，较全国平均水平高出13.4个百分点，在22个试点城市名列第一。三是高地价引发负面舆情，助推看涨预期。媒体报道有6宗地块的楼面地价接近或超过周边房价；热点地块地价房价比超过50%的有12宗，最高达114%。前5个月，合肥以79%的平均土地溢价率名列20个典型城市榜首。

1. 房地产供求关系在未来较长时期仍将保持需求旺盛的状态

从需求看，"十二五"以来，合肥是人口持续净流入的城市，且以年轻人为流入主体。随着长三角一体化发展上升为国家战略，合肥综合性国家科学中心和长三角世界级副中心的建设、全国性综合交通枢纽能级的提升，将促进城市经济进一步提速、人口流动性进一步提高，合肥人口净流入仍将持续。可以预见，新市民对居住的刚性需求十分强劲。从供给看，近年来，合肥市城区居住用地年供应量一般保持在4000亩左右（约合267公顷），与苏州相比，城区居住用地供应仅相当于苏州的60%，从常住人口总量和增量的分析得出，合肥市居住用地供应总量偏少（据统计公报显示，苏州2018年常住人口1072万人，近三年新增常住人口9.6万人；合肥2018年常住人口808.7万人，近3年新增常住人口22万人）。

2. 房地产贷款占比较高的状况仍将维持较长时间

从趋势看，截止到5月末，合肥市房地产贷款占贷款余额比例同比下降0.5个百分点、新增房地产贷款占增量贷款比例低于总量占比（新增占比为39.9%），"一降一低"体现总体趋势呈下降态势。从基数看，由于房地产贷款特别是个人住房贷款大都是中长期贷款，贷款总量基数较大的现状短期仍将维持。与此同时，合肥存贷余额总量偏小，无论是存款余额还是贷款余额，均只相当于苏州的51%，且合肥存贷比已达90%以上，全市贷款余额短期内难以有效放大。

3. 较高地价的动因短期内仍将存在

从市场看，人口持续流入的刚性需求与住房用地供应相对偏少形成的剪刀差，叠加住房租赁市场培育起步时间较晚等因素，房价上涨的内在动力仍较充足，一定程度上刺激着开发商高价拿地。从政府看，合肥仍处于快速城镇化、快速工业化的发展阶段，一方面财力基础较弱，与苏州相比，合肥地方财政收入仅相当于苏州的1/3；另一方面城市基础设施和公共服务配套等欠账较多，迫切需要继续保持高强度的投入。土地出让金作为政府财力的重要组成部分，在确保不出现新地王的前提下，也希望能有更多的土地出让收益。

四、措施建议

借鉴上海、苏州两地经验，针对突出问题，严格落实城市主体责任，近期加大调控力度，确保整改取得实效；未来注重系统推进，加快构建长效机制。

（一）"供""建""价""舆"四环联动，迅速落实近期整改要求

1. 供地：提速度、加增量、调结构，以增量供地和结构优化稳定竞地预期

一是加快居住用地上市速度，8月底前完成全市8000亩居住用地供应计划。二是增加市区居住用地供应，已批准未上市的市区2000余亩居住用地加快净地交付进度，力争年底前上市。三是提高租赁住房供地占比，在开发园区等租赁需求旺盛和轨道站点周边等交通便利的区域，推出一批纯租赁住房地块上市。

2. 建房：推进度、督品质、促自持

以商品房的稳定供应和租赁住房的持续扩大稳定住房预期。一是对已供地未竣工的2255公顷居住用地项目，逐项梳理，促进按期竣工形成可售房源。二是对配建的公共设施加强进度调度和质量监管，确保同步竣工、安全使用。三是鼓励开发商独立自持或联合持有商品房用于房屋租赁，支持"商改租""工改租"改造，对达到一定规模的给予奖补。

3. 竞价：管资金、控溢价、优规则，以价格联动管控和规则完善稳定房价预期

一是全面实行资金承诺制，竞买申请人在报名时，承诺其居住用地竞买资金全部为自有资金，对违规使用其他资金的取消竞得资格，纳入信用"黑名单"。二是调整楼面地价形成机制，以同地区同品质新建商品房成交价格和一定范围内二手房交易均价为主要参考，综合考虑配建设施、建安成本和合理利润率，确定楼面地价最高限价，有效降低溢价率。三是完善土地出让报价规则，将土地出让均价与销售条件挂钩，在最高限价以下设立土地出让市场指导价，土地出让成交价超过市场指导价的，按比例分别设定结构封顶后销售、竣工验收后销售等销售条件，引导开发商理性竞价。四是探索启动新建商品住宅定价方式改革，选择合适地块作为试点，在土地出让合同中明确定价方式，即按照楼面地价＋综合造价（含合理利润）方式确定新建商品住宅指导价。

4. 舆情：主动发声、常态监管、强化引导，以正向报道和常态管控稳定社会预期

一是加大政策宣传力度和实施成效的报道力度，用事实报道客观体现政策引导效应。二是加强日常监控，建立房地产自媒体管理机制。三是严肃处理虚假舆论，对恶意发布虚假信息引发负面舆情的自媒体实施联合惩戒，纳入失信名单。

（二）"理念提升、系统叠加、信用监管"层层落实，加快形成长效调控机制

1. 以理念提升引领长效机制构建

合肥常住人口已突破800万人，正在向千万级人口的特大城市迈进。借鉴上海等先发

城市的实践经验，将房地产市场调控作为现代化大城市管理的重要组成，系统考量、全局谋划、整体推进，既要注重规划纲要的引领导向，也要注重实施环节的精细精准；既要注重体制机制的创新完善，也要注重基础工作的完整长效。以规划编制为源头，打好"提前量"、厘清"准确度"、提升"实用性"，真正发挥导向效应。以系统配套为核心，增强基本保障、扩大优质供给、适度个性服务，持续提升居住功能。以量价协同为重点，算好建设成本账、社会责任账，让城市有品质、市民有房住、企业有盈利，市场稳定可持续。

2. 以系统叠加促进长效机制构建

上海等城市实现地价房价的精准调控，背后是诸多管理系统的高效协同。合肥在前期已经建立行之有效的房地产调控机制的基础上，在若干系统上仍需补齐补强。一是加快建立地价指数和房价指数联动监测和预警系统，深入研究指数构成，实施常态化研究和数据推演，尽快实现由事后分析研究向提前研判预警的转变，努力提高调控的精准度。二是加快完善土地收储与供应系统，现行土地收储和供应模式具有联动时效性高、项目精准度高、资金效率高、运转周期短等优点，但从长远看还存在整体性不足、配置空间小、存量地难处置、增量指标难获得等问题。破解以上难题，必须拓展理念，探索建立以城市总规划为基准、以整体利用为导向，有序扩大土地收储范围，统筹收储—整理—供应时序的工作机制，努力提高土地利用的集约度。三是加快建立租售一体的网签备案系统，探索建立先租后购的新市民购房机制，强化财税政策对租售的引导作用，尽快实现由刚性调控向柔性梳导转变，努力提高居住满意度。

3. 以信用监管压实长效机制构建

实践证明，城市品质源于管理。严格而精准的管理可营造良好的市场环境，培育更多守信的市场主体，从而实现稳定的市场预期。在资金来源上强化信用监管，探索建立穿透式资金管理方式，在有效评估"承诺制"的基础上，适时实行"承诺＋核查制"，确保资金来源合规、资金使用合规。在履约尽责上强化信用监管，探索建立房地产用地和租赁住房全周期管理方式，提高合同规范化和严谨性，实施合同全过程管理，努力提高市场主体的契约精神。在服务品质上强化信用监管，在询价机制、交易规则、规划和建设许可等各个环节上进一步增强透明度，进一步减少行政审批事项，进一步提高服务效能，以政府的阳光服务、诚信服务推动信用社会建设。在信息发布上强化信用监管，发挥主流媒体正面引导作用，引导自媒体客观公正发声，常态化实施诚信激励和失信联合惩戒。

（执笔人：张小松　张国栋　吴东华）

合肥市培育经济高质量发展新动能路径与对策研究

市政府政研室课题组

一、经济高质量发展背景内涵

推动经济高质量发展是遵循经济发展规律、保持经济持续健康发展的必然要求，是适应我国社会主要矛盾变化和满足人民日益增长的美好生活需求的必然要求。党的十八大以来，在历次中央经济工作会议中，均对高质量发展提出了明确要求，强调"创新、协调、绿色、开放、共享"的新发展理念，把经济发展的"质量效益"摆在突出位置（见表1），坚持质量第一、效益优先，积极推动质量变革、效率变革、动力变革，不断向高质量、有效率、可持续方向迈进。

表1　党的十八大以来历次中央经济工作会议有关质量效益提法梳理

2012 年	以提高经济增长质量和效益为中心
2013 年	切实提高经济发展质量和效益
2014 年	坚持以提高经济发展质量和效益为中心
2015 年	更加注重提高发展质量和效益
2016 年	坚持以提高发展质量和效益为中心
2017 年	推动经济高质量发展是当前和今后一个时期确定发展思路、制定经济政策、实施宏观调控的根本要求
2018 年	坚持稳中求进工作总基调，坚持新发展理念，坚持推动高质量发展，强调推动制造业高质量发展
2019 年	着力推动高质量发展。坚持巩固、增强、提升、畅通的方针，以创新驱动和改革开放为两个轮了，全面提高经济整体竞争力，加快现代化经济体系建设。确保经济实现量的合理增长和质的稳步提升

经济发展由高速度向高质量转变，本质区别在于发展方式的转变，从强调总量速度转向强调质量效益，而且这个转变是全领域、多角度的，可以从以下四个方面理解和把握高质量发展的内涵。

（一）发展是全方位的

经济发展与民主、文明、和谐、美丽基本协调，经济、社会、政治和文化多领域协同发展。能够抓住新一轮科技革命和产业变革的机遇，积极适应发展阶段转换，通过新的资源要素组合方式，整合资本、土地、劳动力、技术和管理等要素，对整个经济系统进行根本性改造结构变革，推动技术创新和产业升级，由此催生以新产业、新业态、新模式为特征的新动力、新动能层出不穷，实现城市发展优势再造，引领经济社会发展。

（二）发展是高水平的

以增进民生福祉为目标，以供给侧结构转型为着眼点，构筑标准规范的基础设施、宜居环境和公共服务体系实现"从无到有""由少到多"向"从多到好""好上加好"等的根本转变，建成高质量的小康社会。

（三）发展是可持续的

以建设现代化经济体系为战略目标，关注质量、效益发展水平，淡化经济增长的数量要求，将增长速度控制在合理区间，保持就业、价格等各项宏观经济运行指标均衡增长。经济运行风险整体可控，不存在重大结构性失衡风险；经济增长持续保持健康稳定，不会明显偏离潜在增长率[1]。

（四）发展是高效率的

驱动力由依靠生产要素大规模高强度投入转向创新驱动作用，达成以较小的投入实现较高的产出，激发各种生产要素特别是劳动者的积极性，促进经济效率提升。立足综合反映质量效益（全要素生产率[2]、制造业增加值占 GDP 比重等）、创新驱动（R&D 经费支出占 GDP 比重、战略性新兴产业增加值占 GDP 比重等）等新发展指标，更充分发挥市场的决定性作用和政府的调控性作用。

二、国内多地培育高质量发展新动能路径借鉴

推动经济发展质量变革、效率变革和动力变革，实现高质量转型发展，既要育新机、开新局，还要需要加快补短板，完善配套政策。近年来，国内不少地方大力推动"六稳""六保"落地见效，在此基础上，纷纷敲定高质量转型发展路径图，一方面将加快新基建、科创中心和新兴产业园等项目落地作为关键发力点，聚焦主业，引导传统行业运用现

---

① 潜在增长率：主要是指经济增长率。一种情况是正常潜在增长率，即在各种资源正常充分利用时所能实现的增长；另一种情况是最大潜在增长率，即在资源最大化利用时所能实现的增长率。对潜在增长率的确定需要充分考虑资源的约束条件及利用效率。从我国增长模式看，劳动力与资本对潜在增长率的约束相对偏小，而技术进步与能源因素对潜在增长率的约束相对大些。

② 全要素生产率：是指宏观经济学的一个重要概念，一般来源于效率的改善、技术进步和规模效应三个方面，是分析经济增长源泉的重要工具，尤其是政府制定长期可持续增长政策的重要依据。

代技术和基础设施提质增效，推动产业、项目、园区等上台阶上水平，发挥示范带动效应，通过技术改造迈向产业链中高端，提升产业竞争力；另一方面针对城市的不同特点，加快补短板步伐，加强制度建设、完善配套政策，做好要素保障，促进产城融合、产教融合、科技融合和产学研用一体化。主要做法具体表现为：密集谋划一批新基建项目库、打造具有全国影响力的科创中心、建设拓展新兴产业园区。以科技创新为引领，以转型项目为抓手，在充分释放经济发展潜力的同时，为高质量发展注入不竭动能。提供相配套的规划措施，在土地、人力、科技支撑等方面做好要素保障，促进产城融合、产教融合、科技融合和产学研用一体化。

（一）密集上线千亿级新基建项目

5G、工业互联网、数据中心等新基建一方面有利于培育经济新动能和新增长点，显著拉动经济增长、扩大有效投资和激发信息消费；另一方面有利于支撑传统产业数字化转型，为制造业、农业、金融、能源、物流等传统产业赋智赋能，促进模式创新和生产效率提升。北京、成都、西安等多地酝酿和出台新基建发展行动计划和投资建设方案，围绕5G、人工智能、工业互联网等重点领域梳理投资项目库，密集上线大批千亿级项目，以此为重要发力点，充分发挥新基建在稳投资、扩内需、拉动经济增长和促进产业升级、带动创业就业、培育壮大新动能的重要作用，对冲疫情对经济社会发展的影响，推动当地产业结构调整优化，推动经济社会高质量转型发展。重庆市完成新型基础设施项目储备，形成七大板块、21个专项、375个项目，总投资3983亿元。目前已开工152个项目、总投资2101亿元。广州市出台了《广州市加快推进数字新基建发展三年行动计划（2020～2022年）》，建立数字新基建项目库，首批征集入库项目254个，其中5G领域（含大数据中心）项目89个，人工智能领域项目66个，工业互联网领域项目50个。常州则提出超1000亿元的新基建产业投资项目计划，并排出63个新基建重点产业项目。北京在新基建行动方案中明确提出，到2022年基本建成具备网络基础稳固、数据智能融合、产业生态完善、平台创新活跃、应用智慧丰富、安全可信可控等特征以及具有国际领先水平的新型基础设施。

（二）提速布局科创中心和新兴产业园

创新是推动高质量发展的第一动力。以科技创新为引领，各地纷纷投资建设科创中心。四川省将以建设具有全国影响力的科技创新中心为牵引，聚焦新一代信息技术、生物医药、航空航天等重点领域，布局建设100个以上科技创新重大项目，力争2025年把四川科创中心初步建成具有全国影响力的科技创新中心，2035年建成具有全国影响力和一定国际影响力的科技创新中心，到2050年建设成为具有国际影响力的科技创新中心。此外，浙江拟打造未来交通科创中心，江西将赣江两岸打造成全国重要区域科技创新中心，上海科创中心建设新条例也已正式施行。天津市科技创新发展中心揭牌，昆明生物医药大健康科创中心和高原特色农业科创中心成立。《山西省创新驱动高质量发展条例》将于9月1日施行，提出以重点突破带动全面转型：一是聚焦"两新一重"和民生短板领域，谋划一批优质转型项目；二是跑出新兴产业培育"加速度"，全力打造14个战略性新兴产业集群；三是迈上创新创业发展"新台阶"，加强制造业创新中心等创新平台建设。此外，多地加快部署打造新兴产业优势园区，把发展新产业、培育新动能，作为高质量转型的主要出路，为转型项目落地提供广阔平台。广东力争到 2022 年打造超 20 个产值过千亿工业园，河北提出推动实施 2～3 家智慧化工园区建设，湖北支持开发区建设跨境电子商务产业园等。

（三）加快补短板和完善配套政策

如深圳市由于建设起步较晚，由国家布局的大型科研基础设施少，高等教育资源稀缺，基础学科和源头创新一度被视为深圳科技创新的"短板"之一。深圳密集出台措施鼓励基础研究，努力增加基础研究供给，加大核心关键技术攻关力度，加快在基础研究领域的源头创新，推动科技创新补短板提质量。以围绕 5G 科研攻关为例，深圳市政府与江苏省政府、教育部、中科院等向国家发改委共同申报《关于报请批准未来网络试验设施项目建议书的函》获得同意，采用多地共建的模式，其中深圳信息通信研究院与清华大学、中国科学技术大学等作为共建单位，共同建设我国未来网络试验设施这一国家级重大科技基础设施。此外，鼓励深企在主导 4G 标准建设的基础上，加大 5G 关键技术预研及布局，如深圳信息通信研究院早在 2017 年获深圳市科创委 200 万元资金资助"5G 移动通信网络虚拟路测技术研究"项目，深圳大学"5G 关键技术及其在无线数据中心网络的研究"项目，摩比天线技术（深圳）有限公司、深圳国人通信股份有限公司、深圳华力兴新材料股份有限公司等在 5G 领域的技术攻关类项目均得到深圳市科技研发资金资助。2020 年 8 月 17 日在"点亮深圳 5G 智慧之城"发布会上宣布：深圳实现 5G 独立组网全覆盖，率先进入 5G 时代。

三、合肥市培育经济高质量发展新动能面临的形势

（一）做法与成效

"十三五"以来，合肥市扎实落实创新驱动战略，强力推进传统产业转型升级，大力发展战略性新兴产业，加快布局"新基建"，集成资源，全力推进，积极培育和打造"产业地标"。2019 年全市实现地区生产总值 9409.4 亿元，增长 7.6%，总量居全国第 21 位、省会城市第 9 位；规模以上工业增加值增长 8.6%，居省会城市第 3 位；战略性新兴产业增加值增长 15.2%，占规模以上工业比重 52.6%，对工业增长贡献率达 88%。2020 年上半年全市规模以上工业实现增加值同比增长 1.2%，较第一季度提升 11.4 个百分点，高于全国 2.5 个百分点，居中部省会城市第 2 位。

1. 改造升级传统产业，新旧动能加快转换

以"智能制造"加快传统产业升级，持续推进智能制造"万千百""百企贯标、千企对标""万家企业上云"等专项行动，成功入选国家"促进工业稳增长和转型升级成效明显市"。在全国率先建立"两化"深度融合政策体系，连续 3 年为 600 余家企业免费提供智能化改造顶层设计和诊断服务，通过国家"两化融合"贯标验收企业户数突破 130 户；

2019 年"两化融合"推进制造业升级，累计建设 82 家智能工厂、723 个数字化车间、1 万家企业云化改造。智能家电集群持续领跑，家电"四大件"总产量占全国的 11.9%，其中智能家电产品占比超 40%。智能网联汽车加快进入全国第一方阵，未来中国总部落户合肥，江淮累计交付 3.9 万辆高端电动汽车，平均销售价格超 40 万元。智能终端出货量全球第一，联宝科技笔记本电脑、华米科技智能可穿戴设备累计出货量分别突破 1.3 亿台、1 亿台。联宝电子 2020 年 3 月实现产值 111.8 亿元，同比增长 64.5%，成为全市首个月产值破百亿元工业企业。

2. 全力塑造"芯屏器合"，新兴产业领跑全国

2019 年 10 月 10 日，新型显示、集成电路、人工智能成功入选首批国家级战略性新兴产业集群名单，全市目前已形成"3+6+6"的国家、省、市战略性新兴产业集群梯次培育体系，集聚了"龙头+配套"重点企业超 1000 家，实现产值超 2000 亿元。新型显示器件集群集聚了大尺寸面板出货量全球第一企业京东方，柔性显示技术全国领先企业维信诺等一批龙头企业，是国内面板产能最大、产业链最完善、技术水平最先进的产业集群。集成电路集群集聚了国内第一家 DRAM 供应商长鑫存储，国内驱动芯片最大代工企业晶合晶圆等行业龙头，设计领域复合增长率国内第一。人工智能集群集聚了语音技术全球领军企业科大讯飞，智能穿戴全球最大出货量企业华米科技等一批领军企业，全产业生态体系初步构建。生物医药、装备和新材料、创意文化等正加速崛起。第一季度，新一代信息技术产业同比增长 10.7%。

3. 强化前沿尖端攻坚，未来产业生机勃发

扎实推进合肥综合性国家科学中心建设，加快构建国家实验室等高能级平台体系，加快量子创新院、聚变堆主机关键系统、类脑实验室、离子医学中心等一批装置平台创新基础设施建设，强化尖端突破和前沿攻坚，大力推动科技成果转化，催生培育一批未来产业。在量子信息领域，量子通信独角兽企业科大国盾登录科创板，量子计算本源量子搭建完成全国第一代量子计算机原型机，力争打造全国量子信息产业新高地。围绕中子技术应用，在核软件系统、核能系统、精密探测及精准医疗系统 4 个方向实现研发产业化突破，有望撬动万亿级规模中子产业。在类脑智能领域，已完成近深度学习计算集群等建设，类脑智能芯片产业化、类脑智能产业规模迈上亿元台阶。

4. 加速布局"新基建"，打造线上经济新增长极

在全国率先建立新基建项目库，谋划新基建项目 191 个，总投资达 1333 亿元，2020 年第一季度完成"新基建"投资近 50 亿元。在信息基础设施方面，累计完成 5345 个 5G 基站建设，初步实现重点地区、热点地区网络覆盖，超 2 万个 5G 基站、合肥先进计算中心、国家健康医疗大数据中心等一大批重点项目加快推进。融合基础设施方面，智慧合肥"城市大脑"加快建设，在全国率先实现对"城市生命线"监测预警。建设交通超脑试点，试点区域通行延误时间减少 20%。此外，出台数字经济五年规划、三年行动计划和年度实施方案，推动数字产业加速发展，目前拥有国家和省电子商务示范企业 25 家，"中国声谷"集聚企业 805 家；阿里巴巴、腾讯、京东等互联网领军企业在合肥集聚；科大讯飞、安徽华米、科大国创等本地龙头企业迅速崛起。获批省线上经济示范区，创建申报国家数字经济创新发展试验区。同时，全面拓展示范应用，科大讯飞智医助理覆盖 1.2

万家医疗机构,智慧空中课堂累计服务师生超过 1500 万人次;云之迹智能电梯机器人部署武汉火神山医院;博微太赫兹无接触人体测温安检一体机广泛应用;"线上淮河路"等数字化街区、智慧社区建设正加快推进。

5. 稳步提高经济质量,经济运行效益提升

全市财政收入增长由非税主导转向税收主导,2019 年税收占地方财政收入比重达76.5%;贫困村全部出列,农村居民人均可支配收入达 22462 元,在全国省会城市中排名第 8 位;城市居民人均可支配收入提高到 45404 元,增速快于经济增长。国家级绿色供应链示范实现"零突破",12 家企业 95 种产品入选国家级绿色设计产品名单,占全国13%,9 户企业跻身国家级"绿色工厂"。单位 GDP 能耗超额完成"十三五"进度目标;PM10、PM2.5 连续 5 年平均浓度"双下降",巢湖湖区整体水质由 V 类好转为 IV 类,环巢湖十大湿地保护与修复工程取得初步成效,截至 2019 年底,完成环巢湖十大湿地保护与修复方案编制以及巢湖湖滨、派河口 2 个湿地保护修复任务;巢湖湿地资源记录的植物数量由 2013 年的 211 种升至 275 种。城市绿色空间得到提升,合肥是全国首批园林城市,先后六次荣膺"中国人居环境范例奖",公园数量达 187 个、人均公园绿地面积 13 平方米。

6. 全面深化改革开放,体制机制活力增强

深化"放管服"改革,加快推进"一网一门一次"改革,累计推出 57 项改革任务,全面建立"3 + 2"清单制度,权力清单、责任清单、公共服务清单实现市县乡三级全覆盖;"全程网办""一件事"办理上线运行,政务服务事项"最多跑一次"占比超 99%,获评全国十大"办事不跑腿"城市、营商环境省会十佳城市。加快融入全球开放体系,与 180 多个国家、地区实现经贸合作,列 2018 年中国外贸百强城市第 25 位;持续推进"四港三区一中心"对外开放平台功能提升,综合保税区数占全省 50%,中欧班列开行六年来突破千列,2019 年居全国 62 个城市中欧班列第 8 位。2019 年进出口总额 322.1 亿美元,占全省 46.9%,40 余家境外世界 500 强在合肥投资。

(二) 重要性与迫切性

1. 重要性

服务国家战略布局要求。我国经济由高速增长阶段转向高质量发展阶段,对区域协调发展、产业安全、创新驱动等提出了新的要求。合肥作为长三角副中心城市,长江经济带、"一带一路"成员城市,综合性国家科学中心、三大战略性新兴产业集群集聚地,必须认清三大使命。一是创新使命,作为四大国家综合性科学中心之一,深耕基础研究与创新应用、带动产学研城协同发展,是国家赋予合肥的。习总书记指出,安徽在创新方面布局早、发力早,但与长三角城市仍有差距。我们还要始终不渝牢记创新使命、勇挑重担。二是长三角一体化发展使命,聚焦一体化和高质量两个关键词,找准位置,扬长补短,处理好竞合关系,共同书写一体化高质量发展新篇章。三是省会城市使命,进一步提升省内首位度,增强合肥中心城市辐射带动作用,引领带动合肥都市圈发展。

提升本市发展能级与竞争力。合肥 2019 年 GDP 已达到 9000 亿元台阶,2020 年朝万亿台阶迈进。GDP 的提档升级离不开产业的转型升级。一是要坚定不移实施制造业强市

战略，习近平向 2019 世界制造业大会致贺信中讲到，全球制造业正经历深刻变革，要把握好新一轮科技和产业革命机遇，增强制造业技术创新能力，推动制造业质量变革、效率变革、动力变革。制造业是城市立足之基，经济发展之本，只有本源坚固才能持续稳固健康发展。二是要坚定不移实施创新驱动战略，习近平在 2016 年全国科技创新大会、两院院士大会、中国科协第九次全国代表大会时强调，在我国发展新的历史起点上，把科技创新摆在更加重要位置，吹响建设世界科技强国的号角。在新时期、新形势、新任务下，科技创新方面要有新理念、新设计、新战略，要加快各领域科技创新，掌握全球科技竞争先机。要推动数字经济、人工智能发展，实现产业数字化、智能化，提高产业效率。三是要坚定不移实施人才强市战略，要始终把人才工作作为一项基础性战略性工程来抓，不断壮大人才队伍、优化人才结构、改善人才环境，让人才集聚推动产业升级、技术创新提速。

优化经济发展空间布局。经济发展已从粗狂型的土地经济转变为高质量的产业经济，要着眼遵循规律科学作为，提出要切实解决认识局限和思维惯性，秉持一个产业功能区就是若干新型城市社区的理念，塑造未来城市新形态。一是要以规划建设产业功能区为抓手，以"核心在产业、关键在功能、支撑在园区、机制是保障"的总体思路，对产业功能区主导产业的选择、功能形态定位、要素空间集聚、体制机制创新作出系统部署。二是以"人城产"逻辑推动城市发展方式转型和经济发展方式转变，大力营造产业生态、创新生态、生活生态和政策生态。三是加快质量变革、效率变革、动力变革的转型，明确产业功能区建设的战略方向和实现路径。在产业发展布局、国土空间规划时，逐渐实现以亩均论英雄，提高土地利用效率，优化产业布局。

2. 紧迫性

特殊时间窗口。当前面临国际局势紧张、国内产业升级、消费升级的新形势，要科学分析面临的机遇与挑战，把握好以下五个点：一是特殊历史节点，世界正处于百年未有之大变局，新冠肺炎疫情使这个大变局加速变化，要做好应对一系列新的风险挑战的准备，善于在危机中育新机、于变局中开新局。二是百年目标起点，我国处于第二个百年奋斗目标的第一个五年，新起点意味着承前启后，我们要充分发挥积累的多方面优势和条件，在新阶段实现新发展。三是双循环落脚点，加快构建形成以国内大循环为主体、国内国际双循环相互促进的新发展格局，我们要牢牢把握扩大内需这个战略基点，加快构建完整的内需体系，培育新形势下参与国际合作和竞争新优势。四是一体化发展关键点，习近平总书记在 8 月 20 日召开的扎实推进长三角一体化发展座谈会上，对长三角一体化高质量发展提出了新目标、新任务，我们要深刻领会，抓好贯彻落实。五是融合发展难点，作为合肥都市圈的核心和龙头，如何发挥合肥优势、助推都市圈建设，真正消除都市圈融合发展的痛点堵点，实现共同发展，体现着合肥智慧。

竞争态势加剧。区域竞争加剧，给合肥带来了全新挑战。发达城市、与合肥经济体量相近的城市往往都处在调整产业结构、重构竞争优势的关键节点，纷纷在发展战略性新兴产业、汇聚人口人才、提升政府服务上采取有吸引力的竞争举措，再加上疫情导致全球产业资源流动受阻，进一步加剧了国内产业竞争。如包括新型显示、集成电路等战略性新兴产业，由于各地争相上项目扩产能，产能过剩缩短了高端产业的盈利周期。2019 年国内签约的面板和集成电路产业百亿项目有 12 个，开工的有 6 个。叠加关键设备、核心技术、基础材料等"卡脖子"技术国产替代滞后，增加了战略性新兴产业的风险隐患。人才竞争加剧，随着城市的发展，城市功能与服务质量，尤其是教育与医疗资源的丰富程度，逐渐成为年轻人定居的首选要素。如何有效利用土地资源、优化城市空间布局、完善交通体系与医疗体系、改善教育水平，成为政府打赢人才战的关键有效武器。合肥要在各方面等高对接长三角，减少一体化带来的虹吸效应的影响，赢得主动权。土地利用率竞争加剧，随着城市扩容和人口增多，大城市共同面临资源要素约束和环境容量趋紧的双重压力，要实现城市的可持续发展就必须加快转变营城模式，推动形成主体功能约束有效、国土开发有序的空间发展格局，不断增强城市经济和人口的承载能力。

内陆开放机遇。近年来，国家始终坚持发展开放型经济，设立内陆开放型经济试验区、自由贸易区、综合保税区、开放口岸等，开通加密中欧班列、国际航班数量，不断打通国内外贸易渠道，鼓励国内企业"走出去"、欢迎国外企业"走进来"，不断提升中国在国际上的贸易水平。"打造内陆开放新高地"不仅是合肥市实现高质量发展的内生需求，也是推动全省开发开放的重要引擎。近年来，合肥市抢抓全球化和区域经济一体化机遇，努力构建对外开放新格局，持续强化领跑全省对外开放的担当，内陆开放高地建设初有成效。目前已实现水、陆、空全面发展的良好态势，呈现出基础增强、总量攀升、结构趋优、位次前移等重要特征。但与周边城市相比，还存在一些亟待解决突破的制约瓶颈。在国家各种政策红利的加持下，合肥要抓住机遇，加快补足短板、强化弱项、突破瓶颈，进一步提升对外开放能级，为合肥市乃至安徽省融入长三角一体化开放开发夯实基础支撑。

（三）存在的问题与原因

1. 转型升级力度不够，新动能引领能力还需提升

新动能尚未形成规模。制造业生产环节中低端特点鲜明，外地家电巨头在合肥设立的家电制造生产基地大部分处于价值链低端，产业链关键环节受制于人；部分传统优势行业生产增长回落明显，中小企业面临成本高、融资不畅、设备落后、抗风险能力弱等问题。潜在"瞪羚""独角兽"数量较少，新技术、新产业、新业态、新产品、新服务成长较快但体量较小；新型创新平台高效配置发展要素的能力不足，在孵企业存在"科研与营销一肩挑"、技术转化为产品能力强、产品转化为商品能力弱问题，初创型企业"长不大"，创新生态还未形成规模性的增量贡献。产业结构不够优化。传统产业发展遇到瓶颈，高端产业基础还不够强，产业配套关联不够紧密，部分高端原材料和半成品、关键零部件仍无法实现本地供给。部分战略性新兴产业布局不够集中，部分存在重复布局倾向，产业要素分散。制造业和服务业协同程度仍不够高，优质生产性服务业，尤其是金融服务与科技服务缺口大、效率低，如知识产权融资仍需实物抵押和提供担保，众创空间等孵化器对初创企业的发展定位、技术路径、融资风投、团队架构等缺乏专业化精准服务等。文化旅游、健康养老等生活性服务业难以满足人民群众对消费品质的新要求。

2. 投入产出效率不高，经济增长质量亟待提升

经济效益存在不足。与南京、杭州相比，服务业增长拉动作用还不够强，数字经济、平台经济、共享经济发展相对滞后。从企业盈利看，近几年虽然由于增值税率下降，企业

生产成本同比持续下降，毛利空间有所扩大，但由于上游供能企业价格变动微小，人力成本加大，减税红利未完全同步传导至下游企业，如 2019 年前 5 个月规模以上工业企业利润下降 3.9%。受疫情影响，2020 前五个月全市 2000 多户规模以上工业企业实现利润同比下降 21.8%，降幅分别大于全国、全省 2.5 个百分点和 8 个百分点；亏损企业亏损额同比增长 24.4%；应收账款同比增长 16.5%，应收账款平均回收期 71.5 天，较上年同期增加 11.9 天；上半年因产能发挥受限，固定成本得不到有效分摊，企业成本进一步增加，每百元营业收入中的成本为 86.1 元，较上年同期增加 1 元。供需两侧承压较大。从需求侧看，47.3% 的企业反映市场需求不足，2020 年 6 月全市 PPI 同比下降 2.1%，降幅环比扩大 0.9 个百分点。新出口订单指数为 47.9%，仍位于临界点以下，联宝、华凌等重点出口企业反映四季度订单尚无法确定，国外进口商多持观望态度。从供给侧看，企业再投资意愿不足。工业投资、技改投资降幅仍然较大，分别下降 17%、19.5%。列入年度技改投资导向计划的项目 154 项，其中新建项目 21 项，较上年分别下降 15.8%、64.4%。社会民生存在短板。城乡民生基础设施建设等仍较滞后，优质公共资源供给不足，以医疗资源为例，截止到 2019 年底，全市 16 家三甲医院中除 1 家在巢湖市外、其余 15 家集中在四城区。城市治理还不够精细，交通拥堵、停车难、老旧小区物业服务差、看病难等现象依然存在，"城市病"问题比较突出，生态环境仍需改善。

3. 创新驱动能力不强，科技创新仍存短板

创新投入和知识产权维护投入不足。2017 年全市自主创新专项资金支出 11.98 亿元、2018 年资金 13.47 亿元，与深圳、南京、杭州等相比仍有较大差距；2019 年问卷调查显示，88% 的企业创新资金依靠自筹、47% 的企业认为科技成果转化风险较大，创新动力不足，创新人才政策不完善。虽然现有政策针对领军型人才的扶持力度比较大，但条款限制较多，领军型人才背后的人才团队遭遇人才"夹心层"尴尬，在引进时往往享受不到实质性的政策待遇，另外企业专项人才持续培养能力不足，且面临国内不同区域人才竞争压力。创新要素和动力不够活跃。企业作为创新主体的体制机制仍需完善，科技成果难以质押贷款，社会资本热衷投资待上市企业、对产业链前端的应用研究节点投资意愿不足，推动科技创新的主力还是大学大院大所。科技创新和产业创新衔接还不够紧密。科技成果转化的体制机制障碍有待进一步突破，基础创新投入不够、科研管理制度不够灵活和科技金融产品不多等问题依然存在，大院大所的创新优势还不能有效转化为产业发展优势。

4. 改革开放深度不够，新的增长动力尚需激活

政策叠加应用不足。中央给了合肥不少政策，但叠加效应优势尚未充分发挥，一些政策落实还不够精准。营商环境优化不够。与国际标准仍有较大差距，创新创业生态不够优化，制度性交易成本仍然偏高，开放合作短板较多。对外贸易与利用外资的总量、结构与长三角发达城市有较大差距，进出口总额仅相当于南京的 47%、杭州的 39%，对外开放仍然停留在鼓励企业增加出口，依靠土地、税费政策吸引外资的初级阶段。区域发展差距较大。城市辐射影响力在长三角中相对较弱，城市能级相比南京、杭州等先进城市还有差距；作为省会城市的示范带动效应还有待加强，合肥都市圈总体实力、凝聚力有待提升，产业及交通关联度亟须提高。县域经济发展不平衡。从总体看，县域生产总值占全市比重

由 2016 年的 32.6%降至 2019 年的 31.4%，经济贡献度连续 4 年下降；从内部看，2019 年经济总量居后两位的庐江、巢湖相当于肥西的 55%左右，发展差距逐渐拉大，县域特色经济、市县区联动发展仍需加强。

四、推动合肥市经济高质量发展的思路与路径

（一）基本思路

培育经济高质量发展新动能是一个系统工程。在"十四五"及未来一个时期，合肥市要牢牢把握高质量发展的要求，坚持五大发展理念，切实贯彻质量第一、效益优先原则，坚定推进供给侧结构性改革，加快转变经济发展方式，把重点放在推动产业结构转型升级上，把实体经济特别是制造业做实做强做优，着力提高全要素生产率，打好产业基础高端化和产业链现代化攻坚战；以推动城市治理体系和治理能力现代化为长效机制，加快现代化国际化都市区建设，推进 5G、物联网、人工智能、工业互联网等新型基建投资，加大交通、水利、能源等领域投资力度，补齐农村基础设施和公共服务短板，推动质量变革、效率变革、动力变革，着力解决发展不平衡不充分问题；以创新为引领发展的第一动力，大力推进科技创新，调整优化科技投入和产出结构，优化科技资源布局，提升科技创新能力，抓紧布局数字经济、生命健康、新材料等战略性新兴产业、未来产业，做到围绕产业链部署创新链、围绕创新链布局产业链，不断发展新模式、新业态、新技术、新产品，培育壮大新的增长点增长极。

（二）主要路径

1. 聚焦战略性新兴产业延链强链补链

聚焦提升国际竞争力，加快"延链""补链""强链"，全力抓好新型显示器件、集成电路、人工智能三个国家首批战略性新兴产业集群建设。加快突破超高清、柔性显示等新型显示量产技术，加快布局量子点、Micro LED 等新技术，提高关键材料、装备供给能力，进一步巩固显示产业领先优势；积极争创国家集成电路产业创新中心，加快壮大"中国声谷"规模，提升国家新一代人工智能开放创新平台能级，加快建设国家新一代人工智能创新发展试验区、智能语音国家先进制造业集群；构建产业生态，加快打造一批全国重要的战略性新兴产业集群。

2. 聚焦传统优势产业转型升级

聚焦"智能化、绿色化、精品化、服务化"，加快提升产业链能级，夯实传统制造业基础能力。通过上中下游协同、大中小企业分工协作，明显增强优势产业链韧性。以整厂智能化改造为主攻方向，加快"绿色产品—绿色工厂—绿色供应链—绿色园区"等绿色制造体系建设，壮大新型制造规模。以"产品＋内容＋生态"为升级方向，依托优势产业基础，推动家电产业向"智能家电—智能家居—智慧家庭"、汽车产业向"新能源和智能网联汽车—智能移动空间"、装备制造业向"高端装备制造—系统集成和整体解决方案提供商"转型，提升产业整体价值链。以自主可控、安全高效为目标，

找准产业链关键"断点"、产业"四基"短板，加快产业基础能力再造，增强产业链稳定性和抗风险能力。

3. 聚焦未来产业突破发展

依托合肥综合性国家科学中心建设，布局量子信息、类脑芯片、中子技术、第三代半导体、精准医疗、超导材料等前沿领域，抢占未来产业发展制高点。聚焦量子通信、量子计算、量子测量等方向，培育具有国际先进水平的量子信息上市企业，加快打造有国际影响力的量子信息产业基地。

4. 聚焦数字经济发展

把握新一轮信息技术变革和数字化发展趋势，加快布局"新基建"，大力推动产业数字化和数字产业化，加快建设数字经济、数字社会、数字政府，努力建成数字化转型典范城市、"城市大脑"全国样板，实现数字经济发展水平全国领先。

5. 构筑优良产业发展生态

全面贯彻落实国家营商环境条例，对标最高最好最优，加快建设国际一流营商环境，推动更多政府服务实现"秒批"，加强社会信用体系建设，构建以信用为基础的新型监管机制。打造高效能成果转化体系，加强对重大前沿原创技术跟踪，加快构建"基础研究—应用创新—产业创新"有效衔接、协同攻坚、联动发展的成果转化体系。优化创新创业环境，用最好的政策招引人才，用最大的支持培育人才，用最优的环境留住人才，吸引更多深度融合的研发团队、顶尖科学家和专业机构汇聚合肥；吸引更多与合肥战略性新兴产业发展、关键核心技术攻关、新经济新业态培育等高度契合的企业家、创新团队、高层次产业人才服务创新创业。形成资本高原，在基础研究方面，发挥合肥经验优势，采用政府基金＋市场资本方式成立大基金，以国家"卡脖子"技术为方向、以契合企业亟须突破领域为主导，引导企业参与，形成长期可持续稳定投入；在应用研究方面，紧跟市场方向，做好科技金融服务，畅通技术、产品、商品循环。

6. 扩大开放度

实行更加积极主动的开放战略，全面对接国际高标准市场规则体系，实施更大范围、更宽领域、更深层级的全面开放。拓宽高效率开放通道，巩固提升全国性综合交通枢纽地位，打造通江达海、联通全球的内陆国际枢纽；建设高水平开放平台，推动各类海关特殊监管区域优化升级，全力开展自贸试验区申建工作；推进高层次开放合作，落实"一圈五区"区域发展战略，全力推进合肥都市圈同城化发展；使得融入长三角一体化发展取得明显成效，开放型经济体系更加完善，经济开放度显著扩大，全球配置资源和运用市场的能力全面提升。

五、推动合肥市经济高质量发展的对策与建议

（一）提升实体经济能级

加快布局打造先进制造业产业集群。以链长制为抓手，聚焦平板显示、集成电路、人工智能、生物制药等新兴产业，加快形成一批具有全球竞争力的产业集群。加速布局数字

经济。布局 5G 基站、数据中心，找准大数据、人工智能、物联网等数字化产业发展为切入点，推动产业数字化发展壮大，以智能化推动促进"四新"经济发展，推进生产性服务业与制造业融合发展，以智能化推进现代服务业提质增效扩量。强化头部企业培育。扶持小微企业提档升级，持续扩大规模以上企业规模。加强对全市营收 1500～2000 万元的临规企业和营收 1000 万元以上高成长性企业监测调度，加快推动企业成长入库。围绕临规企业和新投产项目做好新增规模以上培育，鼓励工业企业做大做强。做强产业本地配套。针对电子信息产业，加强产业链上招商引资力度，弥补本地供应短板，借助联宝、宝龙达等吸引一批关键配套企业落户合肥，防止关键零部件"断链"风险，持续提升本地产业供应链稳定性。针对新能源汽车产业，大力孵化本地配套企业，推动县区配套企业与江淮大众、蔚来、长安等主机厂深度合作，支持龙头企业进行产业链上下游横向联合、纵向整合，提升汽车产业以点引链，以链结网的能力。

（二）提升创新发展动能

落实国家创新战略。加快高标准推动建设国家综合性科学中心，加快布局一批国家级实验室和一流科研机构、研究型大学、创新型企业，全面提升应用创新发展水平，打造全球创新策源地。提高科技成果市场化产业化水平，系统推进"全创改"，建设中国（合肥）知识产权保护中心，加强知识产权保护，优化创新创业良好生态。提高创新链与产业链一体化程度。大力推进工业强基工程、"振芯铸魂"计划、技术改造行动，全面推动产业链迈上中高端，围绕产业链和供应链上的缺失环节，打通上下游，延长产业链，构建可持续、有活力的产业生态圈。

（三）强化区域发展联动

加快基础研究应用突破。发挥新型举国体制优势，集中力量、集聚资源、集成政策，支持科学中心做大做强，围绕重点领域布局更多的大科学装置和国家实验室，更好地代表国家参与世界科技竞争合作。研究在财政投入、央地协同等方面制定科学中心支持政策，在若干基础研究领域实现世界领跑。支持建设首批国家实验室，围绕科学中心成果转化，支持建设国家应用技术研究中心、国家产业创新中心等。支持战略性新兴产业集聚试点示范。支持在存储芯片、智能语音、柔性显示、生命健康等领域具备领先优势的企业试点示范，以领军头部企业为牵引，以延链、补链、强链为抓手，集聚全球科技资源开展联合攻关、揭榜攻关，逐步解决核心技术受制于人的"卡脖子"问题。借力合肥、上海张江"两心同创"。出台更大力度、更深层次的政策举措，加快推动合肥、上海张江科学中心"两心同创"，推进长三角区域内科技园区合作、重大项目联合攻关、大型仪器联合共享等科技创新共同体建设，全力打造长三角协同创新产业体系，带动长三角更高质量一体化发展。加快合芜蚌等全创改创新示范。支持合肥深度参与全面创新改革试验，在体制创新、成果转化、人才激励等方面先行先试。高标准建设合肥滨湖科学城，打造创新驱动、绿色发展、智慧治理的示范区。加强市县区产业联动。盘活县域资源、产业优势，与经开、高新、新站三大开发区合作，加快打造一体联动、错落有致的产业链集群，加快县域园区转型升级，在土地、生态、人才等生产要素约束条件下，寻找一条适合自身的高质量发展道路。按照发展定位配置基础设施，提升重大产业项目承载能力，打造县域经济新优势，更快形成全市层面产业规模优势、完整链条。

（四）营造良好营商环境

对标世行《全球营商环境报告》标准，进一步推动市场化、法治化、国际化、便利化营商环境建设，强化市场化、法治化和国际化思维，深化"放管服"改革。进一步推动政府职能转变，大力吸引各类高端资源要素集聚，全面实施市场准入负面清单制度，最大限度减少各种审批事项，破除信贷、上市、税收、创新、招投标、人才等方面对民营企业存在的歧视性和隐性障碍，降低实体经济成本，加大力度培育头部企业，把握好政府与市场在经济高质量转型发展过程中的角色定位，更大力度激发民营企业参与相关项目建设的积极性，激发民间创新动力与创造活力。打开新的经济增长空间，让产业高质量发展驱动经济高质量发展，让经济高质量发展承载产业高质量发展。提高政策执行效率。加强政策宣贯力度，将社保、稳岗、减租等政策及时传导到企业。引导金融机构增加贷款额度、下调贷款利率，鼓励各银行机构压降成本费率，进一步降低企业融资成本。对部分即将政策到期的家电企业，积极与企业总部对接，开展政策研究，落实好政策延期工作，保障政策的连续性。

（五）优化发展要素保障

着力提高劳动者素质，促进产城融合、产教融合、科技融合和产学研用一体化，将职业教育、技能培训、继续教育等与产业转型升级紧密结合起来，注重人力资本投资以强化产业竞争优势，构建技术、产业、应用等环节的全链条人才体系，着力打造人才"强磁场"。消除户籍对人才流动的影响。贯彻中央《关于构建更加完善的要素市场化配置体制机制的意见》文件精神，深化户籍改革，一方面，推进非户籍人口在本市落户，调整完善积分落户政策以及放开放宽落户限制，探索推动在本区域内户籍准入年限同城化累计互认。另一方面，缩小常住人口和户籍居民之间的差异，包括建立基本公共服务与常住人口挂钩机制、推动公共资源按常住人口规模配置。疏通金融资本进入实体经济的渠道。发挥财政资金杠杆撬动作用，吸引社会资本，引导社会资本投向创新企业及战略性新兴产业；扎实推进发展普惠金融，加大对初创企业、小微企业和"三农"的支持力度；抓住再融资放宽、并购重组放松、科创板与注册制试点等政策利好，探索开发区融资平台整体上市的可行性，集聚更多资本助力开发区建设升级。提高用地准入门槛。建立负面清单制度，重点保障重大产业、重要基础设施、公共服务和民生工程项目用地需求，提高土地综合利用效率。推动政策落实。加强部门协同，强化政策落实"最后一公里"。加快"惠企12条"及"高质量发展170条"政策落实。

（六）提升民生保障水平

加大收入分配制度改革，提高居民经营性和财产性收入占比，推进农村综合改革，统筹推进乡村产业、人才、文化、生态、组织振兴。积极培育中高端消费，扩大旅游、健康、医疗、教育、娱乐等服务性消费有效供给，提升文化消费、旅游休闲、家庭服务等服务性消费品质；加强在信息、金融、医疗健康等新型消费领域及新技术、新产品方面的消费者保护。加大生态环境修复治理，认真落实《合肥市湿地保护修复制度实施方案》，对群众关心的水环境治理、饮水安全、大气污染治理、农村污水垃圾治理、农业面源污染治理等突出问题加大治理力度。加快推进新型信息基础设施建设。以加快建设现代化智慧城市为目标，推进公共服务、公共安全、城市治理、智慧产业等领域的应用工程建设，建立"防御、监测、打击、治理、评估"五位一体的网络安全保障体系；推进高端教育医疗资源均衡、城际城轨延伸建设，补齐短板、打通城乡壁垒。

（执笔人：王汝雯　李舒羽　黄传霞　杨慧宇）

合肥市检验检测高技术服务业发展调研报告

市市场监管局、市政府政策研究室联合调研组

检验检测作为国家质量基础设施，是指利用测试方法与技术为客户提供面向设计开发、生产制造、售后服务全过程的分析、测试、检验、计量等内容的活动，覆盖国民经济各领域，是国家治理体系的重要工具和技术保障，在推动高质量发展中发挥着重要作用。"十三五"期间，全国范围内布局建设 10 家左右检验检测高技术服务业集聚区，旨在推动检验检测产业向集聚化、全链条方向发展。2019 年 10 月 10 日，安徽省正式获批建设，成为全国第八个"国"字号检验检测高技术服务业集聚区（简称安徽集聚区），安徽集聚区将采取"一区三园"的建设模式，在合肥、芜湖、蚌埠三市共建，合肥片区由高新、包河 2 区共同打造。

一、当前国内外检验检测高技术服务业发展形势

（一）从发展趋势看，检验检测高技术服务业属高成长性产业之一

检验检测行业以工业化为开端，发展至今，日美欧国家等已形成较为规范的市场体系，建立了一整套技术标准和制度，出现了一批在国际上较有名望、有权威的质量检验检测认证机构，如 SGS（瑞士通用公证行）、BV（法国必维国际检验集团）、英国天祥集团（INTERTEK）、TUV（德国莱茵集团）、TVU（南德意志集团）等。随着制造业分工不断细化和科技迅猛发展、产品更新换代加快，检验检测已成为产品研发、技术转移、成果转化、质量监控的重要保障。近年来全球检验检测服务增长率一直高于世界经济增长速度，保持了 15% 左右的快速增长，市场规模接近 12000 亿元。国内市场规模也持续扩大，截止到 2018 年底，我国各类检验检测行业机构数 39472 家，较 2017 年增长 8.66%，实现营业收入 2810.5 亿元，较 2017 年增长 18.21%，增幅高于同期 GDP；从业人员 117.43 万人，较上年增长 4.91%。预计未来几年我国检验检测行业规模将稳步提高，2020 年将达到 3000 亿元，至 2024 年将突破 5400 亿元。

（二）从政策导向看，国家多重扶持政策为检验检测业增添发展良机

检验检测是近年来国务院确定重点发展的 8 大高技术服务业、11 大生产性服务业和 9 大科技服务之一，尤其是 2015 年《中国制造 2025》明确检验检测服务涵盖九项战略重点

任务中的七项，指出检验检测行业作用贯穿于创新能力提升、信息化与工业化深度融合、强化工业基础能力、加强质量品牌建设的整个环节。2019 年初《服务外包产业重点发展领域指导目录（2018 年版）》中，将仪器仪表行业检验检测服务作为外包产业服务发展的重点内容等。在"政策红利"的推动下，检验检测服务业发展快速，并呈现以下特点：一是战略地位逐步提升，市场活力充分释放，企业化检验检测机构成为行业主体；二是核心竞争力覆盖全链条，产业附加值不断增加；三是进一步与其他产业深度融合，新业态不断创新发展。

（三）从产业布局看，部分先行地区已初步形成全产业链发展的态势

检验检测全产业链是指在集聚区中，以检验检测服务为核心构建起来的包括上游设备及耗材试剂的研发制造，中游服务、技术标准制定和资质认证认可，下游技术咨询、人才培训、物流及法律服务等在内的检验检测产业体系。目前广州、上海、南京、常州等地相继建成了一批检验检测高技术服务业集聚区，探索构建上中下游互动融合发展的全产业链模式，推动形成各产业与检验检测服务业"双拉动"的增长格局。广州市作为第一个国家检验检测高技术服务业集聚区，全力建设泛珠三角地区检测认证中心城市；上海市在浦东依托自贸区创建首个国家公共检验检测服务平台示范区，服务范围辐射长三角地区乃至全国；南京市把检验检测服务业作为创建全国质量强市示范区的重要抓手，加速推进检验检测平台建设；常州检验检测认证产业园已建成面积 10.08 万平方米，国内外知名检验检测认证企业入驻率达 90%，年产值达 24.9 亿元，还成立全国首家检验检测认证学院。这些先发地区的特色做法为合肥市提供了有益借鉴。

二、合肥市检验检测产业发展及片区建设情况

（一）检验检测产业发展现状

合肥市产业基础雄厚，产业门类齐全，检验检测需求旺盛。在 2015 年和 2017 年出台的《关于聚焦重点领域产业推动创新转型升级发展的指导意见》《关于印发合肥市"十三五"现代服务业发展规划的通知》中，均将检验检测认证服务产业作为重点发展领域，明确 2020 年全市产业规模达到 200 亿元。目前合肥市以企业为主体、市场为导向、两轮驱动（高新区、包河区）、多翼支撑的检验检测产业正在形成。一是产业集群初具规模。2018 年初，全市获资质认定（CMA）的检验检测机构 309 家，固定资产 152128.8 万元，实验室面积 332248.3 平方米，从业人员 12498 人。2018 年底实现检验检测产业营收 62.43 亿元，其中高新园区实现营收 7.3 亿元，包河园区 10.2 亿元。二是技术服务网络初步形成。全市现已建成检验检测国家级质量技术中心 10 个，其中国家智能网联电动汽车质量监督检验中心正在筹建中；建成省级质检中心 23 个，初步形成了以国家级质检中心为龙头、省级中心为骨干、其他各类检测机构为延伸补充的检测技术服务网络。三是产业特色独具优势。与产业集群建设紧密结合，主要表现在高端装备制造和家电及配套件制造方面。如国家家用电器产品质量监督检验中心，检验能力覆盖家用电器领域 90% 以上

品种，功能覆盖全产业链。筹建中的"国家智能网联电动汽车质量监督检验中心"包含了整车、电池系统、动力总成、无人驾驶等8个试验平台，将填补我省新能源汽车产业国家级检验能力空白。四是国际合作初有成效。国家家用电器产品质量监督检验中心、省产品质量监督检验研究院为 SGS、TUV、BV、加拿大 CSA、澳洲 SAI Global、澳洲船级社 DNV GL Australia 签约实验室，开展国际互认检测业务，既为合肥出口企业节省了外送检测费用，也节省了送检时间，解决了企业出口检测难问题。通用机电产品检测院是美国空调制冷供热协会 AHRI 唯一授权的亚太地区检测机构，从事除美国本土以外的所有亚太地区 AHRI 认证检测。

（二）片区建设情况

合肥市检验检测高技术服务业集聚区建设模式为"一园两区"，"一园"是指全市，"两区"分别为高新区、包河经开区。重点聚焦新一代信息技术、智能制造、新能源汽车、高端装备、生物医药、集成电路等产业检验检测，打造东中部检验检测服务高地。其中，高新园区以智能家电与新兴产业为特色。2018年高新园检验检测与认证技术机构总计58家，营收7.3亿元，产业融合度较高，依托现有基础，结合未来产业布局，重点打造智能家电与新兴产业检验检测服务和标准化引领示范区，总体布局结构为"一核心示范两片区"（一核心示范区指新兴产业核心示范区，两片区分别是南翼柏堰科技园和北翼南岗科技园）。包河园区以高端装备制造与高新技术产业为特色。包河经开区承建包河园区，起步较早，2017年成为省级服务业集聚示范园区，目前检验检测企业/机构85家，2019年第一至第三季度营收7.1亿元。总体布局为"一核两组团"（一核指省级包河检验检测服务业总部功能区，两组团指合肥港检验检测园和滨湖卓越城检验检测园），拟建面积约4435亩。

三、合肥检验检测产业发展及片区建设的问题分析

（一）整体实力仍然不强，机构小散弱问题突出

发展规模小，还处于起步阶段。一是龙头企业少，规模偏小。全市309家机构年营收超1亿元的仅9家，其中超3亿元的1家、超2亿元的1家，其余7家超1亿元（见表1）；1000万元至1亿元的共66家，其余大部分年营收均在千万元以下。二是技术标准制订少，研发能力弱。制定国际标准仅1项，制订国家或行业标准13项。目前机构技术人员10人以下的有90家，占比近1/3，实验室面积200平方米以下的近30家，且多数分散在写字楼里，由于检验检测活动所产生的废气废液难以安全处置，环保隐患较大，竞争力低，呈低水平同质化发展态势。

（二）片区建设推进不平衡，与目标要求差距较大

目前高新园区、包河园区建设发展极不平衡，检验检测品牌机构不多，规划与实际发展不相适应，创建目标完成压力较大。对照2023年国家验收要求，除了园区检验检测认

证机构数 100 家指标可达标外, 其余指标有较大差距 (见表 2)。

表 1 合肥市检验检测机构营业收入亿元以上名称及分布汇总

序号	名称	收入(亿元)	单位性质	辖区	备注
1	合肥通用机械研究院有限公司	3.6	企业	蜀山区	
2	安徽省建筑工程质量第二监督检测站	2.1381	企业	蜀山区	
3	合肥市疾病预防控制中心	1.08119	事业	包河区	
4	安徽省高速公路试验检测科研中心有限公司	1.0581	企业	蜀山区	不含子公司
5	安徽省建设工程测试研究院有限责任公司	1.6267	企业	片区(包河园区)	
6	安徽省特种设备检测院	1.30367	事业	片区(包河园区)	
7	安徽省计量科学研究院	1.28916	事业	片区(包河园区)	
8	安徽省产品质量监督检验研究院	1.06997	事业	片区(包河园区)	
9	合肥通用机电产品检测院有限公司	1.86926	企业	片区(高新园区)	

表 2 合肥片区园区建设验收指标与现状对照表

序号	考核内容	2023 年目标	现状	辖区		备注
				高新园区	包河园区	
1	年营业收入	50 亿元	17.5 亿元	10.2 亿元	7.3 亿元	事业单位不计入营收范围
2	入驻第三方检验检测、认证及相关服务机构	100 家	145 家	60 家	85 家	
3	主导完成国际国内检验检测认证标准数量	50 项以上	国际无[①],国内 5 项	4 家	1 家	
4	引进和培育年收入大于 5 亿元的大型龙头企业数量	3 家	无	无	无	
5	引进和培育年收入过亿元的中型企业数量	15 家以上	5 家	1 家(企业)	4 家(省直事业单位)	

(三) 链化效应还未形成, 行业壁垒依然存在

检验检测产业链条长, 涉及领域广, 行业隶属不同的行政主管部门。一是业态较为单一。合肥市各类检验检测产业还停留在终端产品的检验检测服务上, 大量仪器设备和日常耗材购置、计量溯源等依赖外省市, 全市做检验装备的企业只有皖仪股份等少数几家, 检测装备的研发、生产制造创新几乎空白, 产业带动效应差; 二是创新活力不足。全市营收

---

① 中国建材检验认证集团安徽有限公司制定国际标准 1 项, 但该企业不坐落在园区内。

较大、检验设备较好、检验技术能力较高的机构大多为事业单位或前些年事业单位改制的企业，受机制体制改革滞后影响，这些事业单位多数缺乏自主的选拔用人权和激励性的收入分配权，专业性、高水平检验检测人员占比较低等，检验产能未能充分释放；三是类似行业存在碾压现象。类似行业由于隶属不同行政部门主管，存在相互之间不认可、有重复投入、重复评审的问题，如建设部门检验机构不能承检交通部门工程项目等，行业壁垒依然严重存在，严重增加了重复检验的无效劳动和企业负担。

（四）政策支持力度不足，缺乏产业发展合力

一方面，园区建设尚未进入市级统筹，仅限于部门层面调度，尚未形成发展合力。另一方面，扶持政策仅限于服务业领域，与整个产业发展规划和园区建设目标要求不相适应。目前市级每年对检验检测机构的奖补仅500万元，限定针对新成立机构、参与国际交流、制造业企业外包检验检测业务3项奖补，无论是对全市检验检测产业发展还是对集聚园区建设推动力度明显不够。检验检测机构多以中小型为主，资金压力大，技术服务能力有待提升，与着力打造国家检验检测产业布局的重要基地不相适应。

四、加快合肥检验检测高技术服务业发展的战略举措

（一）优化规划布局，统筹推动建设

一是提高规格。成立合肥市国家检验检测高技术服务业集聚区创建领导小组，由市政府主导，市市场监管局和发改委、投促、人社、财政以及高新区、包河区负责人共同组成，统筹推进解决创建工作中遇到的重大问题，并实施动态管理、监督和考核；二是以园区建设为抓手。加快推动发展面向涉及研发、生产制造、售后服务的检验检测全产业链服务，打造检验检测认证行业信息、人才、机构汇聚交流的重要基地。

（二）创新发展理念，建立政策体系

全面梳理现有政策，优化政策引导，完善出台检验检测产业扶持政策，推进建立省市区三级支持集聚区建设的政策体系。一是争取省级层面支持政策。加快推进省级检验检测机构市场化转型步伐。二是完善市级层面奖补政策。鼓励优势产业龙头企业检验检测服务部门成立独立机构，加强检验检测机构高新技术企业培育；拓宽检验检测认证机构融资渠道，支持符合条件的从业机构上市融资或发行债券；支持本地企业主持或参与制定行业、国家、国际标准，开展检验检测认证结果和技术能力国际互认。三是推进集聚区层面落实建设规划。坚持引出并重，深化对外开放与合作，引进一批与智能制造产业相匹配的国内外知名专业服务机构入驻，集聚一批具备核心竞争力、掌握关键技术或占有相当市场份额的全球优质高端机构、上下游企业落地园区，提升检验检测与园区产业的融合度。

（三）加大整合力度，提高检测能力

完善检验检测认证产业体系，建成一批国家级和省级质检中心，提升检验检测、科研

创新、标准研制和综合服务能力。一是加快检验检测事业单位市场化转型步伐。按照《国务院办公厅转发中央编办质检总局关于整合检验检测认证机构实施意见的通知》（国办发〔2014〕8号）加快推进改制整合，充分挖掘产能，提升市场竞争力；二是适应供给侧改革要求，优化检验检测资源配置，逐步消除行业壁垒，推行跨层级、跨区域协作或整合，做强做大检验检测机构；三是围绕"专业化提升，规模化整合，市场化运营，国际化发展"目标，加强检验检测方法和标准研发，加快战略性新兴产业、先进制造业检验检测机构的建设，满足合肥市产业布局需求。

（四）加强产业建设，提高行业效能

按照"主导产业、特色产业成链成群"的要求，在电子信息、生物医药、高端医疗器械、装备制造、新能源汽车、新材料、节能环保等重点领域有所完善和突破。一是支持传统领域积极开展技术研发创新，开展相关检验检测领域细分服务，完善专业化服务网点建设；二是应对柔性化生产、个性化制造的发展趋势，推动中小微检验检测机构开展服务能力建设，进一步满足生产和生活末端的检验检测需求；三是推动检验检测和认证一体化发展，打造研发设计孵化、检验检测认证、标准研修、培训考试、仪器设备耗材展示销售及售后服务"五大功能平台"于一体全产业链的检验检测高技术服务产业。

（五）顺应市场化趋势，加快产业融合

充分运用先进的技术与设备加快互联网、云计算与大数据技术运用，加强商业模式创新和技术集成创新，推进检验检测先进设备与互联网、云计算、大数据等技术的融合运用。一是积极打造"互联网＋检验检测"新业态，在信息安全、物联网产品、电商服务等领域率先试点。二是策划建设检验检测综合技术服务平台，涵盖机构信息、技术咨询、业务推介、商务会展服务、培训、孵化服务、融资结算等服务。三是完善战略性新兴产业、先进制造业、食品农产品质量等快速检验检测手段，为产品试验需求提供解决方案和定制化服务。

（执笔人：黄传霞　金东宛　王汝雯）

后 记

本书是安徽大学与合肥市政府共建的合肥区域经济与城市发展研究院发布和管理的合肥市政府年度开放式课题研究成果荟萃，也是合肥市政府政策研究室支持，安徽大学创新发展战略研究院资助的第六本 REUD 智库系列丛书《区域经济与城市发展研究报告（2019～2020）》。

全书由 3 个重大课题研究报告、5 个重点课题研究报告、2 篇储备性课题、7 篇政策解读专题报告组成。每一篇报告瞄准当下合肥市及合肥都市圈快速发展过程中亟待解决的问题进行研究，所提出的对策建议有较强的针对性和可操作性，其中不少已获有关部门领导的充分肯定，并在实际工作中被采纳，有效发挥了研究院和政研室作为合肥智库的建言咨政作用。

本书的出版要感谢合肥市政研室、安徽大学创发院和人文社科处的大力支持；感谢各课题组的辛勤付出；感谢孙久文老师为本书欣然作序。同时，也要感谢经济管理出版社张巧梅等老师的辛苦努力。最后还要感谢我们研究院办公室吴战强、陈静老师为本书出版做出的相关服务工作。

本书如有不足、遗漏甚至错误之处，恳请广大读者和同行批评指正。

合肥区域经济与城市发展研究院院长
安徽大学创新发展战略研究院副院长、教授、博士生导师
2021 年 6 月 15 日

第五章　保障措施与建议

一、保障措施

（一）切实提高思想认识

长三角区域一体化首先是交通一体化，要想在长三角一体化中实现跨越式发展，必须切实增强加快交通基础设施建设的紧迫感，把交通一体化摆在更加突出的位置，大力实施交通先行战略，补齐高速铁路、高等级公路、航空、港口等基础设施短板，不断缩小与沪宁杭先发地区的差距，尽快实现等高对接，以有形的连通促进无形的融合，有效支撑合肥在长三角一体化发展中实现共建共享共赢。

（二）推动长三角交通一体化机制创新

进一步发挥区域协调机制作用，加强长三角区域合作办公室统筹协调职能，强化顶层设计，协调解决干线铁路、城际铁路、机场、航道、高速公路等跨区域重大项目规划、设计、建设、运营中的关键问题、推进综合交通一体联通、运输一体衔接、运营管理一体协同。

（三）综合施策破解交通发展外部要素制约

1. 加强交通专项规划与国土空间规划的对接

按照《中共中央　国务院关于建立国土空间规划体系并监督实施的若干意见》（中发〔2019〕18号）规定"相关专项规划要服从总体规划，坚持先规划后实施，不得违反国土空间规划进行各类开发建设活动"。在布置区域交通运输一体化重大项目应注重与安徽省、合肥市国土空间总体规划有效衔接，严守永久基本农田、生态保护红线和城镇开发边界三条控制线，不超出土地利用总体规划或国土空间规划约束性指标，切实统筹好生产、生活、生态空间。按照统筹规划、合理布局、补齐短板、集约高效的要求，优化公路设施布局，减少线性基础设施分割国土空间。专项规划编制和审查过程中应加强与国土空间规划"一张图"的核对，批复后纳入同级国土空间基础信息平台，叠加到"一张图"上。

2. 推进公路建设与生态环境保护的和谐统一

公路交通基础设施项目基本上为线性工程，难以避让生态红线和永久基本农田，建议国家对凡是纳入各级国土空间规划的交通基础设施项目都允许占用。其中对穿越生态保护红线的，在采取生态保护措施后允许穿越，并视同符合红线管控要求不再调整和补划红线。对占用永久基本农田的，在同质同量补划后允许占用建设。

3. 建立耕地占补平衡国家统筹机制

耕地后备资源紧张是共性的问题，公路交通基础设施建设不可避免地要占用耕地，占补平衡压力巨大。目前安徽省的占补平衡指标的标准有所提高，但最高也只有 2.4 万元/亩。由于补充耕地少，只能通过市场调剂办法来完成占补平衡任务，而市场价格水田已经到 24 万元/亩。对于多出部分由于不能进入生产成本，基本上都由市县政府解决，导致市县政府解决耕地占补平衡的资金压力较大。建议国家对交通基础设施项目占用耕地的补充耕地实行国家统筹，并按照公益性项目的价格在全国范围内得到平衡。同时，允许将平衡成本纳入基础设施建设成本，减轻市县政府的资金压力。

（四）多渠道筹措交通建设资金

1. 积极拓展交通建设投融资渠道

加大政府投入，明确投资方向，继续争取国家和省在重点项目上的投资，加大市级财政投入力度，完善财政资金保障制度。积极推进交通项目建设的市场化进程。加强基金管理，从发挥交通整体优势和提升系统效率的角度出发，用好现有各类资金。加快形成举债规范、融资合理、风险可控的长效机制。创新交通投融资机制，联合成立长三角区域一体化发展交通专项基金。

2. 加大对公益性交通基础设施建设资金支持

普通国省道、农村公路以及政府收费高速公路是公益性基础设施，在国家严控政府性债务风险的要求下，难以通过市场机制筹集建设资金，除争取国家资金补助外，主要依赖地方财政，融资渠道较为单一，在此背景下，建议国家、省一级人民政府加强对公益性交通基础设施建设资金的补助。

二、工作协调推进机制方面的建议

（一）长三角层面

充分利用长三角地区主要领导座谈会在重大问题上的谋划和决策作用，同时发挥长三角地区合作与发展联席会议交通专题组的协调能力，提高协调层级，建立由省市分管领导牵头的工作协调平台，着力解决长三角交通协同发展的重点难点问题。提高交通专题组层面的执行力和工作合力，依托长三角区域合作办公室，发挥好三省一市交通专题组的基础性支撑作用，形成各方共同支持参与高效务实的工作网络。长三角交通协同发展规划实施及项目推进过程中，要加强领导，明确权责，建立省际间重大项目的协调推进机制，确保规划确定的各项目标和任务有序、同步推进。正确处理好政府与市场的关系，建立分类指导的实施机制。加强规划实施的跟踪，及时把握交通运输发展中出现的新情况、新问题，适时调整规划和相关政策，进一步增强规划的指导性。

（二）国家层面

建立交通运输一体化协同推进机制。建议由国家发改委、交通运输部牵头，成立由三省一市共同参加的交通一体化协调推进机构，定期对长三角一体化重大项目、重大事项进行调度，协调坚决干线铁路、省际公路等跨区域交通基础设施项目规划、建设、运营等问题，确保规划确定的各项目标任务按期完成。

尽快出台长三角交通发展专项支持政策。重点提请自然资源部在高速公路、国省干线等重大交通项目生态红线调整、用地报批等方面给予政策支持；提请交通运输部、财政部提高公路建设项目中央车购税补助标准，比照西部地区同类项目落实补助资金；提请国家发改委、交通运输部将联通长三角主要城市间的省际高速公路纳入国家高速公路网。

本课题组参与人员名单：

课题组成员：卢川（主笔）、黄传霞、陈晋

促进合肥夜间经济发展研究

合肥高德智库课题组

党的十九大报告中指出，中国经济已经由高速增长转向高质量发展。城市经济是国民经济的重要组成部分，发展城市的夜间经济更是实现高质量发展的必然要求。夜间经济因具备延长经济活动时间、提高设施使用率、激发文化创造、增加社会就业、延长游客滞留时间、提高消费水平、带动区域发展等优势，现已成为城市经济的新动能。

城市具备发展夜间经济的需求基础，人口规模大、人口密度高、人口结构优化，居民消费能力强劲、消费方式多样、消费潜力巨大。成熟的夜间市场供给和完备的公共品供给，能满足居民的"吃—住—行—娱—购—游"等多样化的个人消费需求，也能满足居民文化体育项目等公共消费诉求。基于此，本课题立足合肥市夜间经济发展现状，借鉴和吸收域外发展经验，找出目前合肥在发展夜间经济存在的优势与短板，针对性地提出鼓励夜间经济发展的对策与建议。

一、域外地区夜间经济发展的经验介绍与可借鉴之处

1. 夜间经济的内涵及趋势

夜间经济因可以延长经济活动时间、提高设施使用率、激发文化创造、增加社会就业、延长游客滞留时间、提高消费水平、带动区域发展，现已成为城市经济的新动能。商务部数据显示，我国60%的消费发生在夜间，大型商场每天18～22时的销售额占全天销售额的一半，夜间为消费的"黄金时段"；2018年全国夜间经济市场规模达到22.8万亿元，预计到2020年将突破30万亿元。夜间经济已成为一个城市经济开放度、活跃程度的重要体现。

2. 国内城市的成熟做法

发展规划：上海市发展夜间经济时加强规划引领，打造地标性夜生活集聚区的经验值得合肥市借鉴。合肥市目前的夜间经济规划更注重成熟综合体、商圈、商业街区的打造，较少地考虑生活聚集区发展规划的制定，以及如何结合实际，因势利导，因地制宜，做好业态发展引导，完善区域空间布局，加强各类设施配套。

协调机制：上海市借鉴国际经验，建立"夜间区长""夜生活首席执行官"制度，统筹协调夜间经济发展；北京市制定设立夜间经济"掌灯人"制度，推进夜间经济发展等配套政策，而合肥市缺乏该方面的协调机制，这可为合肥夜间经济协调机制建设提供

经验。

管理模式：上海市在等级、设施、区域、标识、时段、卫生等夜市运营相关方面建立统一管理标准；上海市实施包容审慎监管，在特定区域、特定时段，允许有条件的街区开展"外摆位"试点，以及试点分时制步行街，而合肥目前在管理模式上更多为"一刀切"的方式，日间和夜间无差异，处理夜间经济与现行制度的关系问题，缺乏弹性。

经营业态：上海市加快各类夜间文化旅游设施建设，丰富业态种类，增加文旅供给，具体包括引进各类剧种、审慎发展文化娱乐业、打造夜游项目。广州市成功举办多次体育赛事项目、联赛项目、延时开放体育场馆、提供多类型夜间体育运动服务、公共绿道累计贯通达到3400千米。合肥市可以借鉴上海经验，打造具有安徽文化特色的夜游、剧种及文旅项目，更好满足居民文化消费需求；借鉴广州经验，推进体育场馆建设，发展体育服务业，有序推动体院联赛的发展，将体育经济培育成为合肥的夜间经济新业态。

3. 发达国家的成功经验

法国的文化产业发展经验值得借鉴，具体包括持续的财税政策支持，将电影票的税收收入用于支持电影的制作、宣传和发布；丰富多样的文化夜生活，满足居民消费需求；延时开放多种类型的美术馆和博物馆。

英国的博物馆运营、开放、管理经验值得借鉴学习。伦敦通过建立伦敦夜间文化，尤其是博物馆，来满足伦敦本地人和游客的需求。具体措施包括：促进各种形式的文化和休闲，为各种年龄和兴趣的人提供广泛的活动；吸引投资和旅游；适当延长营业时间；确保居民、游客和夜间工作人员的安全和福利；与自治市和警方携手合作，建立平衡可持续的夜间活动。

二、合肥夜间经济的主要业态与发展成就

经历数年的发展，合肥夜间经济已取得很大发展，夜间经济规模日益扩大，居民夜间消费习惯逐渐养成，从事夜间经济的就业人数不断增加，服务业占比明显提高。

1. 夜间经济的分布区域

各区县夜间经济的发展总体特征：①主城区：蜀山区的夜间经济体量较大，夜态较丰富，经营相对成熟；包河区具有成熟的商业街；庐阳区小商品夜市颇具特色；瑶海区夜间文化艺术较为丰富；②开发区：高新区夜间经济以砂之船奥特莱斯为主，小型自发餐饮排档为辅；经开区的夜间经济以商业综合体和沿街商铺为主；新站区的夜市分布零散，缺少管理主体，发展不够成熟；③外区县：庐江县的夜间经济主要形态是超市商场和美食街；肥西县的夜间经济以三大商圈和一个景区为主；长丰县和肥东县的夜间经济以餐饮业态为主。巢湖市的夜间经济以步行街为特色。

各区县夜间经济的具体空间分布：基于城市夜间经济的空间集中程度和承载主体的不同，将合肥市夜间经济活动区域划分为三类：高密度的城市商业综合体、中密度的商业街以及低密度的夜市，各区县夜间经济分布状况如表2-1所示。

表 2 - 1　合肥市各地区夜市统计表

地区	综合体	商业街	夜市
庐阳区	新天地广场	淮河路步行街	
蜀山区	万达广场、华润万象城、之心城、国购广场、保利MOLL新地中心、港汇广场	金大地1912、官亭路美食街	贵池路食尚街、青阳路、田埠路
包河区		黉街、宁国路龙虾街、金水、后街坊	
瑶海区		瑶海大剧院、区文化馆、图书城	
高新区	砂之船奥特莱斯		
新站区	五里山天街、家天下生活广场、	黉街	
经开区	百乐门广场、尚泽·大都会、港澳广场		
肥东县			桦樃路、公园路
庐江县	安德利百货、华润苏果、百货大楼	培育恺姊街	中心城、汽车站
长丰县		双凤、双墩、水湖镇	
肥西县	名邦广场、绿地新都会		三河古镇景区
巢湖市		人民路步行街、耳街	安成路

资料来源：政研室相关调研资料。

2. 夜间经济的主要业态

购物方面：目前合肥市的购物区域主要分布在各区域的商圈，据商务局数据显示，市区主要有四牌楼商圈、三孝口商圈、濉溪路商圈、马鞍山南路商圈、环天鹅湖商圈、三里庵商圈、黄（山）潜（山）望（江）路商圈、站前路商圈、四里河商圈、滨湖商圈十个重点商圈。

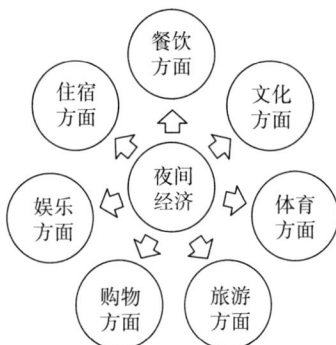

图 2 - 1　合肥市夜间经济发展主要业态

住宿方面：截至2017年底合肥市星级宾馆的数量为55家，其中五星级酒店11家；客房总量和床位数量分别为1.4万间和2.25万张。合肥市的酒店住宿承载能力能够基本

— 192 —

满足夜间经济发展的需求，但在高端酒店供给和住宿方面仍需提高（见表2-2）。

表2-2 合肥市星级酒店情况

	2014年	2015年	2016年	2017年
星级宾馆	71	68	57	55
五星级	11	11	11	11
四星级	20	21	19	19
三星级	31	29	24	24
二星级	9	7	3	1
客房（间）	6539	12095	10812	14092
床位（张）	10538	19574	17305	22526

资料来源：历年合肥市统计年鉴。

文化方面：目前合肥市的存量场馆包括文化性场馆（11个）、公共图书馆（9个）、博物馆（11个）、展览馆（9个），空间分布上主要集中在城市核心地区，而郊区较少（见表2-3）。

表2-3 合肥市代表性的博物馆和展览馆

序号	博物馆	所在地	序号	展览馆	所在地
1	合肥子木园博物馆	蜀山区	1	滨湖国际会展中心	包河区
2	安徽徽文化民俗博物馆	蜀山区	2	安徽省城市雕塑院	包河区
3	安徽省地质博物馆	蜀山区	3	城隍庙展览馆	庐阳区
4	安徽博物馆（新）	蜀山区	4	安徽好人馆	庐阳区
5	皖江文化博物馆	蜀山区	5	世博安徽馆	蜀山区
6	安徽古生物化石博物馆	蜀山区	6	中环艺术馆	经开区
7	安徽博物馆（老）	庐阳区	7	宗贤根雕艺术馆	肥西县
8	安徽农业博物馆	庐阳区	8	董寅初生平事迹展览馆	肥西县
9	巢湖市博物馆	巢湖市	9	周瑜史料展览馆	庐江县
10	安徽省聚贤报刊博物馆	肥东县			
11	中国稻米博物馆	庐江县			

资料来源：高德地图APP。

体育方面：据合肥市体育局统计资料显示，合肥目前现存90家体育运营公司、122家场馆（有连锁性质场馆）、公办场馆6家、民营场馆116家，公办场馆占比达到5%；现存体育俱乐部165家，其中119家俱乐部分布在合肥市区，占比达到72%（见表2-4）。

表 2 - 4　合肥市体育俱乐部供给情况

序号	体育场馆	数量	体育设施	数量
1	体育运营公司	90	体育俱乐部	165
2	连锁性质场馆	122	青少年体育俱乐部	43
3	公办场馆	6	市区体育健身俱乐部	119
4	民营场馆	116	其他体育俱乐部	3

资料来源：合肥市体育局。

旅游方面：合肥市是中国优秀旅游城市，现有 5A 级景区 1 家、4A 级以上景区 23 家、A 级景区 157 家。此外，合肥有 6 处全国重点文物保护单位，安徽省文物保护单位 36 处，市级文物保护单位 54 处。

3. 夜间经济的需求基础

从人口规模来看，合肥市人口总量呈现持续增加、稳中有升态势。相较于 2015 年，2018 年底户籍人口和常住人口分别增加 40.3 万人和 29.7 万人，增速分别为 2.05% 和 1.53%。人口规模的扩容和增速的加快势必产生更多的夜间生产和生活需求。从增速和增量来看，2015 年合肥市户籍人口新增仅为 7.3 万人，到 2018 年底数量增加到 15.2 万人；其中，机械增长人口在 2015 年占比为 20.79%，到 2018 年底该比重提高到 39.47%。日益剧增的新增人口为合肥夜间经济发展提供了巨大的潜力和空间（见表 2 - 5）。

表 2 - 5　近年合肥市户籍人口增长规模和结构　　　　　　　单位：万人，%

年份	户籍人口		常住人口		新增人口			
	总数	增速	总数	增速	总数	自然	机械	机械占比
2015	717.7		779		7.31	5.79	1.52	20.79
2016	729.8	1.69	786.9	1.01	12.1	8.42	3.68	30.41
2017	742.8	1.78	796.5	1.22	13	7.36	5.58	42.92
2018	758	2.05	808.7	1.53	15.2	9.21	6	39.47

资料来源：合肥市公安局和统计局。

从人口空间分布来看，2015 年合肥市有 34.98% 人口居住在城区，到 2018 年底该比重提高到 37.11%，总量净增加 30 万人。其中，瑶海区和庐阳区的人口占比在降低，其他地区在提高。包河区的人口占比提升 1.6 个百分点，净增加约 10 万人（见表 2 - 6）。综合来看，合肥市人口空间分布整体较为分散，集中度和规模效应不足，这种空间分布特征一方面导致市中心夜间经济的结构优化、层次提升和新经济产生缺乏人口支撑，也会暴露政府在非城区公共品供给的短板，进而加剧整个城市夜间经济的供需矛盾。

表 2 - 6 2015 年和 2018 年合肥市户籍人口空间分布状况

名称	2015 年		2018 年	
	人口（万人）	占比（%）	人口（万人）	占比（%）
县市	466.68	65.02	476.69	62.89
城区	251.04	34.98	281.27	37.11
瑶海	46.08	18.36	47.84	17.01
庐阳	46.84	18.66	50.02	17.78
蜀山	57.21	22.79	64.42	22.9
包河	55.65	22.17	65.57	23.31
高新	8.79	3.5	10.48	3.73
经开	19.90	7.93	24.21	8.61
新站	16.56	6.6	18.73	6.66

资料来源：合肥市公安局和统计局。

4. 合肥夜间经济发展成就总结与区域特色

基于合肥市夜间经济供给—需求现状的分析可以发现，合肥在夜间经济发展方面具有几大优势：市场供给体系、发展业态、承载主体相对成熟；公共设施的存量供给较为齐备，增量供给快速增加；夜间经济的存量需求不断增加、增量需求潜力巨大；配套设施和制度供给更加具有弹性，不断满足夜间经济的发展要求。

三、对标发达城市合肥夜间经济面临的问题与原因

相较于其他发达城市，合肥市的夜间经济发展仍面临着诸多问题与挑战：市场供给同质化严重，差异化和多样性不足；公共供给存在越位、错位与缺位并存的现象，资源整体利用率不高；存量需求尚未有效盘活利用，增量需求潜力亟须挖掘和培育；供需错配问题凸显，供大于求与供不应求的现象并存。

1. 市场供给同质化严重、层次低、差异性与多样化不足

目前合肥夜间经济的承载主体以商圈、示范街、购物中心、街边店为主，业态种类集中在餐饮、购物以及少量的文娱项目上。供给数量充足，层次相对低端，多属于传统业态，新业态和新经济供给明显不足。

主客观原因：合肥市民的居民收入相较于东部地区仍然偏低，购买力有限，同时城市化率仍然偏低，人口规模较小，较低的购买能力叠加偏小的市场规模，势必会阻碍合肥夜间经济的发展。

夜间经济供给和需求存在空间和时间错配。夜间经济的市场供给具有空间集聚特征，而合肥目前城市发展阶段以外延式主导，市场需求呈现分散化。夜间经济需求的发生时间多在夜间，而公共文化、基础设施供给时间多在日间。

2. 公共供给存在缺位、错位和越位并存的现象，利用效率不高

夜间经济发展必备的硬件（灯光），整体供给不足，缺位现象明显，如灯光球场、光

亮景点景区、灯光公共活动区等；供给错位问题凸显，公共场馆、景点景区的供给多在日间，而需求多发生在夜间和周末，导致日间公共资源利用率低，而周末和夜间供给相对不足；新增的文体场馆和景区多分布在城市新区，而人口分布重心在老城区或核心区。公共场馆、景点、设施的供给方和运营方均为政府，市场力量参与较少，供应缺乏弹性，利用效率低。

主客观原因：①相较于东部城市，合肥市的公共财政收入绝对规模较小，且经济发展处于快速发展期，存在明显财政和债务压力；②目前的公共场馆运营方以政府为主，运营考核机制，与服务规模、运营收入、利用效率等不直接挂钩；③受限于信息不对称，政府的公共供给通常滞后于夜间消费需求，导致供过于求和供不应求现象并存。

3. 存量需求尚未有效盘活和利用，增量需求潜力亟须挖掘和培育

合肥外延式的城市发展模式，导致人口密度降低、居住空间呈现分散化，存量需求参与夜间经济的成本提高；夜间消费需求的空间外溢明显，合肥的夜间消费需求在周末或节假日更多分流到南京，在总量上降低合肥整体的夜间消费需求；互联网等消费新业态的兴起，加速存量需求向网上转移；合肥市人口净流入规模较小，增量人口主要来自省内，或市内的农业迁入人口，以及高职、本科学历人口，增量人口整体收入偏低，消费能力不高，消费提升潜力巨大。

主客观原因：①相较于纵向提高密度—浓度模式，外延式发展模式的成本更低，这导致合肥人口居住空间分散，夜间消费需求难以聚集。②合肥与南京都市圈地缘位置接近、便捷的交通、消费层级的显著差距，这是消费外流的客观原因，主要是异质性、非标准化需要借助面对面形式消费的产品或服务。同时，合肥同质化和低层次的夜间经济发展现状无法满足消费群体的需求，是消费外流的内在原因。③互联网消费的低价格、多种类、低交易成本优势，是导致合肥夜间消费分流网上的客观原因，主要是标准化、同质性不需借助面对面交流的产品或服务。④相较于东部沿海城市，缺乏港口和外贸优势，导致合肥市乃至安徽省整体属于人口流出地区，这是人口流入少的客观原因；省际交流的合肥机场目前主要是经停机场，而非中转机场，如省外的黄山游客通常直飞黄山，而非中转合肥，导致合肥难以聚集省外人流；合肥高铁站的"米字形"优势和市内地铁网络正在形成过程中，目前尚未完全凸显聚集人流的功能。⑤高技能、高学历人口、高收入群体流入较少，客观原因在于合肥的经济规模和相关产业目前不足以承载相关人口，主观原因在于人才的引进政策、户籍的管理制度以及公共服务等的配套存在需要调整的空间。

4. 夜间经济发展面临总体规划、政策落实、协调机制、现行制度与成市冲击等方面的问题

规划与政策：①规划难以落地，规划落地过程中缺乏明确、具体的项目，导致县区级面临有方向、无行动的困境；②政策不够细化，有大政策，无小政策，缺乏具体可行项目，实现市级与区级的对接；政策制定方向，目前主要集中在传统经营业态，很少涉及新业态；③政策执行缺乏弹性，政策往往存在"一刀切"，弹性执法和区域性执法理念尚未深入。

协调机制：市级—区级间协调机制不细，实施过程中县区级面临的资金、土地指标等

问题，自身无法解决；区县间利益协调机制缺乏，负责处理各区层面的利益冲突以及公共诉求的解决。

现有制度矛盾：现行制度与夜间经济发展存在矛盾，如整齐划一的城管制度与夜间经济的摊位外摆需要、公共娱乐场所的夜间经济活动与社区管理和居民生活的关系、商业街和步行街的夜间开放与交通管理部门的关系、公共场馆的延时开放，如图书馆、博览馆、美术馆等非营利部门与员工收入和场馆管理之间。

经营成本冲击：夜间经济活动更多的为服务业，且需要数量庞大、相对廉价的劳动力，而合肥市乃至整个安徽省属于人口流出区域，年轻劳动力的相对缺乏，势必会带来劳动力成本的上涨。此外，夜间服务业的发展还需面临不断高涨的房租成本。经营成本的上涨势必抑制夜间经济的繁荣发展。

四、合肥夜间经济发展的进一步对策与建议

1. 构建夜间经济新布局

加强公共政策供给与消费需求的对接，强化宏观空间总体布局与微观功能分区的结合，全力打造两大夜间经济品牌。

（1）政策制定方面，夜间经济发展规划要符合城市总体规划和城市管理相关规定，要有利于集聚人气，以不影响公共安全、道路通行、不扰民为前提；政策落实方面，合肥市级层面应当将夜间经济发展的规划，按照区域、部门以具体项目的形式落地，而非停留在文件层面，实现市级负责规划制定与任务分配以及考核，区级政府负责项目规划的实施；协调机制方面，应当成立夜间经济发展的协调机构，涵盖市级政府与地区级主管部门的协调机制，处理上下级的信息反馈、执行监督与同级政府的利益协调、协同合作。具体对策如下：

总体布局：依托现有的商圈、特色街区、城市综合体、文体场馆、旅游景点和公园，合理布局居民夜间消费休闲场所，即打造核心夜间经济集聚区、建设改造夜市商业街区、培育社区型居民夜间消费节点，形成"一核十街多点"的空间格局。

（2）找准市场定位，差异化发展夜间经济。根据夜市街区所处地理位置、目标客群、消费层次、购买能力和需求等因素。按照"一街一特色"，强化行业引导，做到市场定位清晰、个性特征明显、业态结构合理、服务功能互补，避免夜市街区雷同化，实现有序错位发展。优化提高夜间经济载体发展质量，培育时尚发布地、网红打卡地、老字号展示地、名品集聚地、服务体验地，体现"最时尚"，更多地激发消费欲望。具体对策如下：

功能分区：一是打造核心夜间经济集聚区。中心城区以长江路为轴，沿地铁2号线向东延伸至大东门、向西延伸至大西门、向南至芜湖路、向北至环城路，依托四牌楼商圈，结合淮河路步行街创建国家高品位步行街区，串联李鸿章故居、逍遥津公园、明教寺、包公园、江淮大戏院、安徽剧院等旅游景点，打造市级核心夜间经济集聚区。二是建设改造夜市商业街。利用现有特色商业街区，明确夜市商业街区的空间规模、业态特点、服务特色，配套各类设施，完善服务功能。原则上四个城区各建设改造2个、三大开发区各建设改造1个夜市商业街，成为独具特色的地域性夜生活消费场所。四县一市根据实际建设特

色夜市街区（见表4-1）。三是培育社区型居民夜间消费节点。依托现有城市综合体、旅游景点、文体休闲场所，充分考虑居民夜生活需要，通过改造提升，满足居民"夜购、夜食、夜娱、夜行、夜学"需求。原则上四个城区各建设改造3~5个、三大开发区各建设改造2~3个夜间消费点，方便居民夜间消费（见表4-2）。

表4-1　合肥市夜市商业街改造工程计划

序号	项目名称	业态功能	牵头责任单位
1	老报馆夜市	美食、休闲类	庐阳区人民政府
2	长江东路夜市	文化创意类	瑶海区人民政府
3	北京路夜市	综合类	包河区人民政府
4	宁国路夜市	美食、休闲类	包河区人民政府
5	杭州路夜市	综合类	包河区人民政府
6	怀宁路夜市	美食、休闲类	蜀山区人民政府
7	环天鹅湖商务区	综合类	蜀山区人民政府
8	长宁大道夜市	购物、休闲类	高新技术开发区管理委员会
9	莲花路夜市	餐饮类	经济技术开发区管理委员会
10	职教城夜市	美食、休闲类	新站高新技术开发区管理委员会

表4-2　合肥市社区型夜间消费节点提升计划

序号	项目名称	业态功能	牵头责任单位
1	新天地广场	购物、休闲类	庐阳区人民政府
2	四里河商圈	综合类	庐阳区人民政府
3	中星城·海派风情街区	综合类	瑶海区人民政府
4	瑶海万达金街区	综合类	瑶海区人民政府
5	保利熙熙里街区	综合类	瑶海区人民政府
6	芜湖路万达金街	综合类	包河区人民政府
7	利港银河幸福广场钱龙街	综合类	包河区人民政府
8	融创1918·湖滨道街区	旅游、休闲类	包河区人民政府
9	金水坊文化产业园	餐饮类	包河区人民政府
10	贵池路街区	餐饮类	蜀山区人民政府
11	西七里塘商圈	综合类	蜀山区人民政府
12	半边街	文体、餐饮类	高新技术开发区管理委员会
13	港澳广场	综合类	经济技术开发区管理委员会
14	中环城	综合类	经济技术开发区管理委员会
15	武里山街区	综合类	新站高新技术开发区管理委员会
16	家天下生活广场	综合类	新站高新技术开发区管理委员会

序号	项目名称	业态功能	牵头责任单位
17	长临河	综合类	肥东县人民政府
18	三河古镇	旅游、休闲类	肥西县人民政府
19	北城	综合类	长丰县人民政府
20	耳街	综合类	巢湖市人民政府

（3）品牌打造：打造一台叫得响的"夜合肥"精品演艺。挖掘合肥历史文化元素，大力弘扬黄梅戏、徽剧、庐剧，积极引进知名演艺社团和经营机构，培育话剧、音乐会、歌舞剧、曲艺等各类夜间文化艺术项目，丰富剧场夜间文化演艺活动品类和场次。鼓励剧场、影院推出夜晚平价演出场次，满足市民及游客文体的多样化需求；打造特色旅游小镇，充分利用合肥市处于江淮分水岭和环巢湖优势，结合各地的历史文化、民俗风情和自然生态等特点，通过对长临河、三河、吴山、炯炀、柘皋、汤池、万山、安凹等集镇的建设改造，深度挖掘和提炼地方文化和传统特色，发展精品民宿、乡村旅游和农家乐，实现美食、美景和人文有机结合，吸引城乡居民和外地游客夜间前来休闲消费。

具体建议如下：

文艺会演面临的问题在于，市场需求存在，供给模式缺乏灵活性，导致发展滞后。建议采取政府＋市场的合作模式发展夜间文化，充分发挥企业的市场主体作用。学习法国、英国的文化产业发展经验，成立政府主导的文化发展经济，给予相关政策优惠，发挥企业主体的经营灵活性优势。

夜间旅游面临的问题在于，供给方式僵化，需求分散，缺乏市场规模。供给端，建议采用国家所有，企业运营的承包制或者政府＋市场的合作模式，提高旅游供给能力。经营风险的管理方面，企业方面负责日常风险和经营过程风险的管理，政府负责其他重大风险的管理。例如，在三河古镇旅游景点，合肥唯一5A景区，成立"政府＋企业"旅游景点管理体制的改革试点；需求端，通过聚流、引流、培育需求的模式，扩大消费规模。集聚现有消费群体，基于旅游资源的分布状况，通过资源打包、线路整合的形式，将分散的消费群体进行整合，壮大消费规模；引流核心区消费群体，采取政策鼓励或者郊区—核心区的点对面对接，打通城市核心区与旅游景点的直线连接，为郊区夜间旅游、特色景区发展，引入核心区的高端消费群体；逐步降低郊区入户门槛，推进零门槛落户政策，鼓励居民进城，改变当前农村人口分布分散、集中度低的局面，逐渐培育夜间旅游群体。

2. 巩固合肥夜间经济现有业态

目前合肥夜间经济传统业态整体发展良好，饮食、购物、住宿等业态发展成熟，消费基础好、市场规模大、成交活跃。存在的主要问题表现为，产品同质化严重，差异化不足；公共服务配套不完善，公共服务供给能力不友好。具体巩固措施包括：

（1）开展夜间特色餐饮活动。利用宁国路龙虾街、罍街、老报馆、黉街等特色餐饮街区，举办各类龙虾节、小吃节、美食节。引导知名餐饮企业弘扬徽菜文化，开发特色菜肴、精品菜肴，积极发展自助餐饮、商务餐饮、家庭聚餐、旅游团餐等多种业态，满足人们夜间的餐饮需求。开展美食街、美食夜市创建活动，丰富夜市餐饮市场。

（2）开展夜间购物消费活动。鼓励城市综合体、大中型商场、大卖场开展夜间推广展示、打折让利活动，在店庆日、节假日期间开展"不打烊"等晚间促销活动，为市民夜间休闲购物提供方便。积极引进和支持知名连锁便利店在居民社区开设24小时便利店，鼓励有条件的商业街区开展夜间经营和促销活动，丰富市民的夜间生活，扩大夜间的商品消费。

（3）开展夜间品质休闲活动，引导市场差异化竞争。结合合肥城市风貌、历史、人文特色，利用1912街区、长江180艺术街区等特色街区，规范发展KTV、酒吧、电竞娱乐等一批经营服务场所，打造富有现代时尚的酒吧街和休闲中心。根据季节不同，积极开发环巢湖夜游、环城公园夜游、逍遥津夜游等多元化都市夜游项目，打造一批精品夜间旅游产品。

配套政策如下：

（1）尊重城市经济规律，扩容人口规模，提高合肥首位度。合肥现有业态经济面临的同质化竞争、多样化不足以及供给层次低，很大程度上因为人口规模过小导致服务业发展不足、产业分工不细、就业机会不足、收入水平偏低。建议扩容人口规模、提高合肥首位度。

人口规模扩容可以为夜间经济发展（服务业主导）提供多层次、大规模、廉价的劳动力资源，降低夜间经济的生产成本；也可以为夜间经济提供市场规模和消费潜力，加速市场的精细化分工和专业化水平，带来更多就业机会、更高收入水平，为新业态、新经济的培育和发展提供可能，进而破解现有业态面临的同质化竞争、多样化不足、供给层次低的困境。

（2）亮化夜间消费环境，营造夜间经济氛围。实施夜生活集聚区、夜市商业街、城市综合体、旅游景点和地标性建筑美化亮化工程，统筹规划与建设老城区、东部新城、滨湖新区、政务区、高新区等商业街区、大型商业综合体、沿湖景区、公园及高架桥景观等灯光与照明系统。完善夜间标识指引、景观雕塑、休闲设施、环卫设施，建设具有合肥特色的"不夜城"，营造良好的夜间消费氛围。

（3）改革夜间经济管理新模式，推进夜间差异化、人性化执法。借鉴外地管理经验，本着"属地管理、适度放宽"的原则，实施包容审慎监管。在核心夜间经济集聚区和发展基础好、管理水平高的夜市商业街，试点在夜间特定时段，允许有条件的酒吧、餐饮店开展"外摆位"试点（上海和北京经验），允许沿街商户利用街面开展商品展示推广活动，放宽夜间外摆位管制。夜间商业街区及商户的店招店牌、指示牌设置审批从简从速。发布夜间经营管理指引，鼓励经营主体与社区居民共同开展自律管理，维护和谐社区环境。在郊区民宿方面，建议采取特定区域给予政策支持、进行政府引导、社会参与、多方监督的体制，调节土地制度与夜间经济发展的矛盾。

（4）运用网络技术，推进发展智慧夜间经济。实现夜间消费场所Wi-Fi全覆盖，通过智慧城市公共服务平台、微信、商业App等实现夜间消费导航、新品发布、精品展览、时尚活动、美食地图、娱乐指南、线上预订等智能服务，实现夜间经济线上线下消费体验的智慧融合和无缝对接。加强与市场上各种网络应用平台的政企合作，推进合肥夜间经济政策的网络评价体系建设，利用网络技术实现对夜间经济供需、政府配套政策的评估。

（5）加强夜间公共交通，保障夜间出行畅通。加强夜生活集聚区、夜市商业街及周边交通组织，优化夜间经济街区附近公共交通线路设置，加密公交车辆夜间运行班次，延长夜间公交车、地铁运营时间。引导出租车企业和网约车平台加强重点夜市区域的夜间车辆调配。规范夜间消费场所的停车位管理，增加夜间停车位、出租车候客点，允许夜间特定时段临时停车，鼓励免收或减收停车费。

3. 培育夜间经济新业态

发展体育经济，培育成为合肥夜间新业态。①盘活存量体育场馆资源，提高利用效用，重点盘活市内各大体育场馆、高校运动场、企事业单位"灯光球场"、社会健身场馆等体育设施，推进灯光球馆、灯光球场、室内场馆建设。该类存量体育场馆主要服务于城市核心区的消费需求，该需求群体有巨大的体育消费需求，受到灯光设施以及体育场馆的限制，消费需求受到明显抑制。②增加体育场馆数量、优化空间布局。结合合肥市发展规划、设施空间布局现状以及人口空间分布特征，针对性地建设一批公益性体育运动设施，优化空间布局。倡导夜间健身运动场所免费向公众开放，在城市公园和绿地增设运动场地，鼓励市民参与夜间群众性体育健身活动，组织开展群众性体育活动。增量体育场馆主要服务于城市新区居民和外来增量消费群体，该群体整体具有年轻化特征，体育经济消费潜力巨大、消费能力突出。③引导闲置资源转向体育经济。鼓励企业开发利用合肥现有的闲置厂房、地块以及商业地产等，打造和转型为体育场馆、体育设施，形成颇具特色的体育经济示范区和居民体育生活的打卡地。该类改造的体育场馆主要服务于城市的老城区居民或工业区居民。

培育文化消费习惯，挖掘文化消费潜力，繁荣夜间文化活动。①盘活现有存量，开放一批公益性文化场馆。博物馆、图书馆、阅览室等公益性场所夜间九点钟之前实行对外开放，开展夜间文化、科普、教育等夜间知识提升和普及活动，给市民夜间经济生活增添文化元素，增加群众文化休闲场所。②做大文化增量，新建一批文化场馆。合肥拟新建的文化类场馆，主要分布在城市新区，如政务区和滨湖新区。新场馆的建设可以缓解合肥新区基本公共服务供给相对不足的局面，更好地提升新区文化活动和消费，实现基本公共服务的均等化（见表4-3）。

表4-3 合肥新建场馆情况

序号	新建场馆	所在区域	具体位置
1	安徽创新馆	滨湖新区	云谷路与环湖北路交口
2	省科技馆新馆	蜀山区	彩虹路与石莲路交叉口西南
3	合肥市科技馆新馆	政务区	彩虹东路与石莲南路交口西侧
4	合肥市自然博物馆	政务区	彩虹东路与石莲南路交口西侧
5	合肥美术馆	政务区	省文博园东南角地块
6	合肥市中心图书馆	政务区	翡翠路与祁门路交口

续表

序号	新建场馆	所在区域	具体位置
7	省美术馆	滨湖新区	环湖北路与金斗西路交口处
8	省百戏城	滨湖新区	云谷路与环湖北路交口东北角
9	合肥市工人文化宫	新站区	铜陵北路与新海大道交口西南
10	瑶海全民健身中心	瑶海区	郎溪路与乐水路交口东北角

资料来源：高德地图 APP。

本课题组参与人员名单：
课题组成员：黄传霞、韩正龙、王汝雯、周影